関東の沢登り

宗像兵一＝写真

大滝の登攀「奥多摩／川苔谷逆川左俣」

懸垂下降［奥多摩／熊倉沢左俣東沢］

秋の沢登り［那須／白水沢衣紋滝］

一枚岩を流れるナメ滝［巻機山／ヌクビ沢布干岩］

澄んだ美しい大釜［南アルプス／大武川本谷］

奥武蔵

妙義・西上州

尾瀬・日光・足尾

（注）④タル沢〜悪沢を遡行して井戸沢を下降する。⑤栗原川本流〜ツバメ沢を遡行してケヤキ沢を下降する

水系（第2水系）	沢ルート名	日程	総合グレード	遡行グレード	ピッチグレード	ページ
渡良瀬川（神子内川）	手焼沢～長手沢⑥	1日	初級	1級上	Ⅱ	166
渡良瀬川（神子内川）	黒沢	1日	中級	2級	Ⅲ+	168
渡良瀬川（庚申川）	笹ミキ沢	1日	中級	2級上	Ⅲ+	170
思川（大芦川）	東大芦川ヒノキガタア沢	1日	中級	2級	Ⅲ−	172

那須・高原山

水系（第2水系）	沢ルート名	日程	総合グレード	遡行グレード	ピッチグレード	ページ
阿武隈川	白水沢左俣左沢	1日	初級	1級上	Ⅲ	176
阿武隈川	南沢	1日	中級	2級	Ⅲ	178
那珂川（苦土川）	大沢右俣	1日	中級	2級	Ⅲ+	180
那珂川（苦土川）	井戸沢	1日	初級	1級上	Ⅲ−	182
那珂川（箒川）	鹿股川桜沢・スッカン沢⑦	1日	初級	1級上	Ⅲ	184
那珂川（箒川）	赤川本谷	1日	中級	1級上	Ⅲ	186
鬼怒川	大下沢	1日	中級	1級上	Ⅲ−	188
鬼怒川（男鹿川）	坂本沢	1日	中級	2級	Ⅲ	190
鬼怒川（男鹿川）	小塩沢	1日	中級	2級	Ⅲ+	192

南アルプス

水系（第2水系）	沢ルート名	日程	総合グレード	遡行グレード	ピッチグレード	ページ
釜無川（神宮川）	ヤチキ沢	1日	初級	1級上	Ⅲ	196
釜無川（神宮川）	笹ノ沢	1日	中級	2級	Ⅲ	198
釜無川（尾白川）	鞍掛沢～乗越沢	1日	初級	1級上	Ⅲ−	200
釜無川	大武川本谷	2日	中級	2級上	Ⅲ	202
富士川（戸栗川）	西俣川温井沢	1日	中級	2級	Ⅲ	206

東京周辺その他

水系（第2水系）	沢ルート名	日程	総合グレード	遡行グレード	ピッチグレード	ページ
只見川	奥只見／恋ノ岐川⑧	2～3日	中級	2級	Ⅲ	210
魚野川（登川）	巻機／割引沢ヌクビ沢三嵓沢	1日	中級	1級上	Ⅲ−	212
魚野川（登川）	巻機／米子沢	1日	中級	2級	Ⅲ	214
魚野川（大源太川）	谷川／北沢本谷	1日	中級	2級	Ⅲ+	216
利根川（楢俣川）	奥利根／ヘイズル沢左俣右沢	2日	中級	2級	Ⅲ	218
利根川（宝川）	奥利根／板幽沢	1日	初級	1級上	Ⅲ	220
利根川（湯檜曽川）	谷川／東黒沢白毛門沢	1日	初級	1級上	Ⅲ	222
利根川（湯檜曽川）	谷川／白樺沢	1日	中級	2級	Ⅲ	224
久慈川（山田川）	奥久慈／竜神川	1日	初級	1級上	Ⅱ	226
新崎川	箱根／大杉沢	1日	初級	1級	Ⅱ	228
仁科川（大滝川）	伊豆／三階滝沢～中ノ沢⑨	1日	初級	1級上	Ⅲ−	230
木曽川（正沢川）	中央アルプス／幸ノ川	1日	中級	2級	Ⅲ	232
木曽川（柿其川）	南木曽／岩倉川樽ヶ沢	1日	中級	2級上	Ⅲ+	234

（注）⑥中禅寺湖スカイラインから手焼沢を下降して長手沢を遡行する。⑦遊歩道を利用して桜沢、スッカン沢の両方を遡行する。⑧下降点に車を1台まわしておいたうえ、健脚のメンバーでないと1泊2日は厳しい。⑨三階滝沢を下降して中ノ沢を遡行する

グレードについて

本書では3種類のグレードを表示した。技術グレード（ルートグレード）に関しては、踏査のうえ見直しを行なった。

［ルートグレード］

ルートの難しさを表わすグレードで、遡行グレードと総合グレードに分ける。遡行グレードは沢遡行のみのグレードを、総合グレードはアプローチから沢の遡行～終了、さらに下山までのすべての要素（体力度も含む）を勘案して決めている。

(1) 総合グレード

体力度と沢登りの経験が大きなウエイトを占める。初級、中級、上級の3段階で表わし、次の総合レベルの者がこなせるかどうかを、グレード付けの目安にしている。なお、下線の要素のうちひとつでも欠けていればグレードは下がる。

■初級

①岩登りやロープワークのトレーニングを経験し、②沢登りの基本装備を持って日帰りの沢登りができる体力がある者

■中級

①沢登りの経験が豊富で、沢下降の経験がある程度あり、②遡行グレード2級以上の技術をもち、③泊まりの装備を背負って沢を遡行できる体力がある者

■上級

①いろいろな山域の沢を数多く遡行・下降している経験が豊富で、②遡行グレード中級以上の沢をリードできる技術、体力がある者

なお、同じルートでも、アプローチが異なると総合グレードが変わる場合がある（遡行グレードは変わらない）。たとえば、マイカー利用と電車・バス利用とで、林道歩きのアプローチが数時間以上も変わる場合は、総合グレードが上がる場合もあり得る。そのようなケースは、できるだけ本文中でふれるようにした。

(2) 遡行グレード

従来から沢登りでは1～6級のグレード制が使われてきた。東京近郊の沢登りルートは、一般的な遡行対象としては3級が上限となっており、そのなかで、1級、1級上、2級下、2級、2級上、3級と、ほぼ6等級に分けてグレード付けした。次の技術レベルの者がこなせるかどうかを、グレード付けの目安にしている。本書は沢登り初級・中級者を対象とするため､1級と2級のルートを取り上げた。

■1級（初心者・初級者向け）

沢登りがまったく初めての者から、多少なりとも岩登りやロープワークのトレーニングを経験している者。経験者同行が条件

■1級上～2級下（初級者・中級者向け）

沢登りの経験が複数回あり、ロープワークをこなせる者。原則として経験者同行が条件

■2級～2級上（中級者向け）

沢登りの経験が豊富で、ルートファインディング、読図、岩登りなどの総合的な登山技術をもち、初心者・初級者向けの沢をリードできる技術、体力のある者

［ピッチグレード］

遡行ルート中の核心となる登攀部分のピッチグレードを記載した。本書は初級者・中級者が対象のため、ほとんどがⅡ～Ⅳの範囲となるので、RCCⅡのグレード体系をもとに、沢登りの視点から、ⅢからⅣのグレードを＋および－をつけることで細分化し、遡行時の感覚で比較検討したグレードを表記している。

グレード順ルート一覧1

遡行グレード順のルート一覧
＊［　］は総合グレード、丸数字は日程を表わす
＊行末の数字はルートの掲載ページ数

倉沢谷本谷のウォータークライミング

地谷は初級者のトレーニングに最適の沢だ。また近年、倉沢谷の本谷もウォータークライミングの人気ルートとなっている。右岸側は、日原集落上で流入する鷹ノ巣谷が、奥多摩の沢登り入門の沢としてよく登られている。

[小川谷流域]　日原川最大の支流で遡行価値の高い沢が多いが、近年、林道の崩壊により通行止めが長く続いた。2019年に工事が終わり通れるようになったが、日原鍾乳洞付近にゲートが設けられ、落石の危険等の理由で車も人も入れず、入渓できなくなっている。

秋川水系

戸倉三山、笹尾根、三頭山、鋸山、大岳山、御岳山、金比羅尾根に囲まれた秋川は、多摩川最大の支流で、南・北秋川、養沢川、盆堀川の４つの流域に分けられるが、養沢川で沢登りの対象となる沢はほとんどない。秋川水系一帯はスギやヒノキの植林が施され、いまだ多くの地域で伐採が行なわれており、伐採の倒木が沢床を埋め、沢登りとしての興味を半減させているのは残念だ。

[盆堀川流域]　戸倉三山に囲まれた盆堀川は、小粒ながらも遡行価値の高い沢が多く、楢葉窪、大滝とゴルジュの伝名沢三郎ノ岩道窪、千ヶ沢石津窪は秋川水系でも手応えのある沢だ。ほかにも遡行時間は短いが、沢登りの対象となる沢がある。

[南秋川流域]　三頭山を水源とする南秋川には支流は多いが、遡行対象となる沢は少なく、ほとんどが矢沢、小坂志川の枝沢に集中する。矢沢には小粒ながらもまとまった軍刀利沢があり、熊倉沢は連続遡下降の楽しめる沢だ。小坂志川は滝が少なく、沢登りとしての興味は薄いが、ウルシャ谷沢、湯場ノ沢が唯一登られる程度だ。

[北秋川流域]　沢登りの対象となる沢は少なく、唯一シンナソーが小粒ながらも小滝を懸けたゴルジュが続き楽しめる程度だ。神戸川のクドレ沢は徳兵衛滝、五郎滝といった大滝を懸けるが、水量がほとんどなく、岩がボロボロで、ガレた沢床に沢登りとしての興味は薄い。惣角沢、湯久保沢、水ノ戸沢はかつての面影はない。

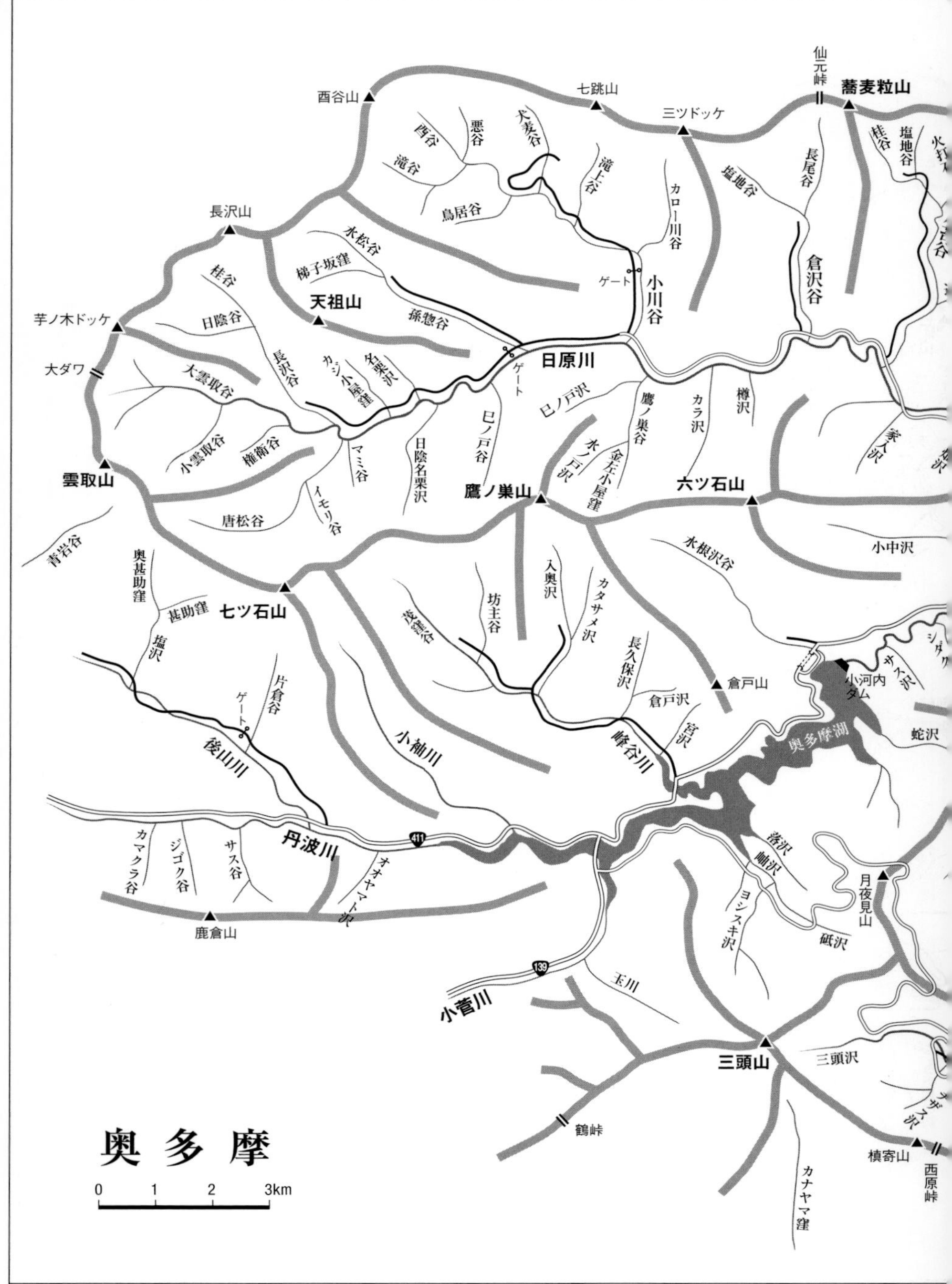
奥多摩
0 1 2 3km
仙元峠
蕎麦粒山
西谷山
七跳山
三ツドッケ
悪谷
西谷
滝谷
犬麦谷
鳥居谷
滝上谷
カロー川谷
塩地谷
長尾谷
桂谷
塩地谷
倉沢谷
長沢山
水松谷
梯子坂窪
天祖山
孫惣谷
ゲート
小川谷
日原川
芋ノ木ドッケ
桂谷
日陰谷
大ダワ
大雲取谷
長沢谷
カジ小屋窪
名栗沢
巳ノ戸沢
巳ノ戸谷
鷹ノ巣谷
カラ沢
樽沢
家入沢
小雲取谷
権衛谷
マミ谷
日陰名栗沢
水ノ戸沢
金左小屋窪
雲取山
鷹ノ巣山
六ツ石山
唐松谷
イモリ谷
青岩谷
水根沢谷
小中沢
奥甚助窪
甚助窪
七ツ石山
入奥沢
カタサメ沢
坊主谷
茂窪谷
塩沢
長久保沢
倉戸山
片倉谷
倉戸沢
小河内ダム
サス沢
宮沢
奥多摩湖
蛇沢
後山川
小袖川
峰谷川
丹波川
411
カマクラ谷
ジゴク谷
サス谷
オオヤマト沢
落沢
鞘沢
月夜見山
ヨシスキ沢
砥沢
鹿倉山
139
玉川
小菅川
三頭山
三頭沢
ナギ入沢
鶴峠
槇寄山
西原峠
カナヤマ窪

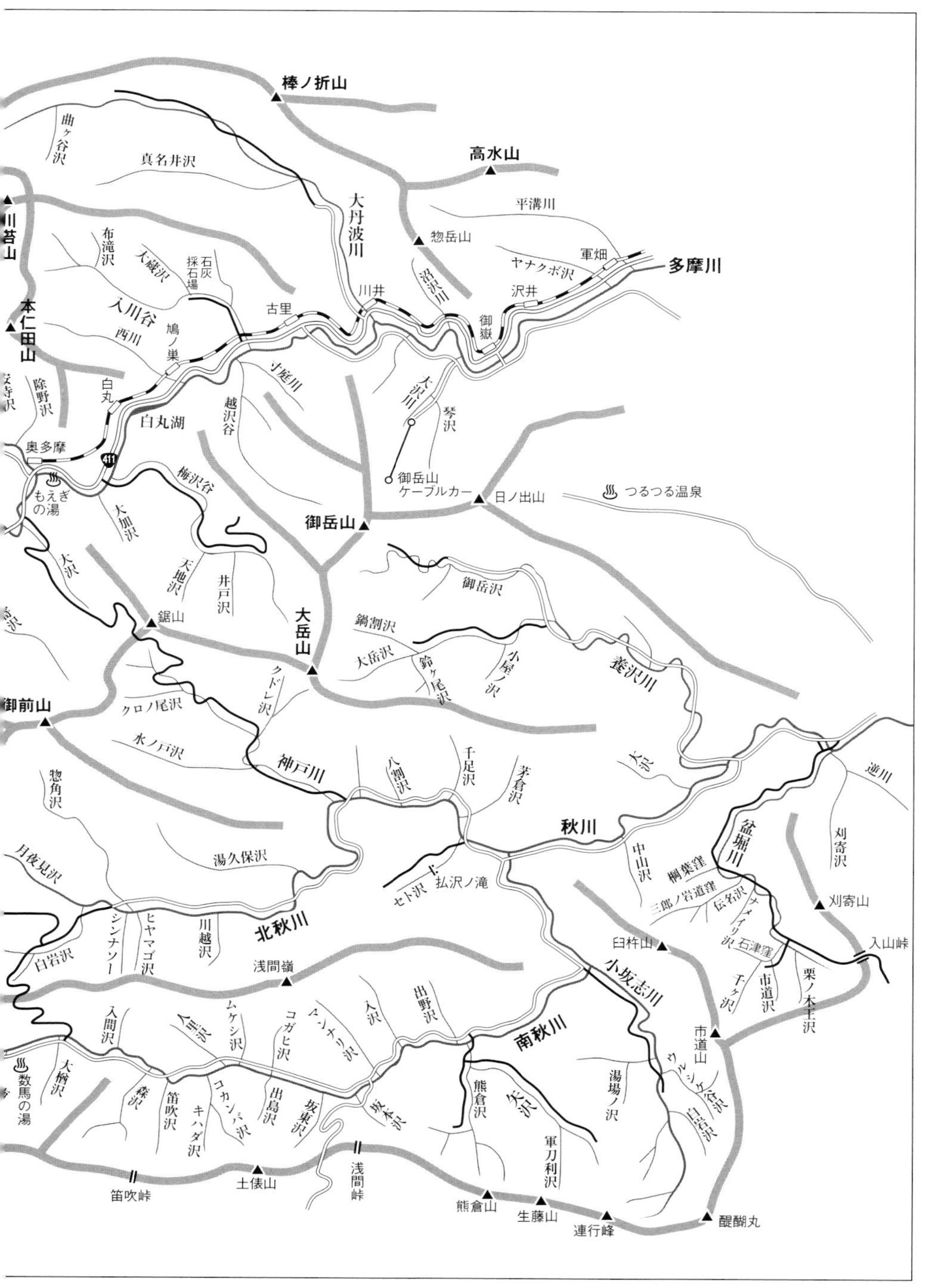

棒ノ折山
高水山
曲ヶ谷沢
真名井沢
大丹波川
平溝川
惣岳山
軍畑
ヤナクボ沢
多摩川
沢井
御嶽
沼沢川
川井
古里
布滝沢
大蔵沢
石灰採石場
入川谷
西川
鳩ノ巣
白丸
除野沢
白丸湖
奥多摩
411
もえぎの湯
寸庭川
越沢谷
大沢川
琴沢
御岳山ケーブルカー
日ノ出山
つるつる温泉
御岳山
梅沢谷
大加沢
大沢
天地沢
井戸沢
鋸山
大岳山
御岳沢
鍋割沢
大岳沢
鈴ヶ尾沢
小屋ノ沢
養沢川
クドレ沢
クロノ尾沢
御前山
水ノ戸沢
神戸川
八割沢
千足沢
茅倉沢
大沢
逆川
惣角沢
秋川
盆堀川
刈寄沢
湯久保沢
中山沢
月夜見沢
払沢ノ滝
セト沢
桐葉窪
三郎ノ岩道窪
伝名沢
ナメイリ沢
刈寄山
北秋川
シンナソー
ヒヤマゴ沢
川越沢
臼杵山
石津窪
入山峠
白岩沢
浅間嶺
小坂志川
千ヶ沢
市道沢
栗ノ木土沢
入間沢
ムケシ沢
コガヒ沢
入沢
出野沢
市道山
南秋川
数馬の湯
大楢沢
森沢
笛吹沢
コカンバ沢
キハダ沢
出島沢
坂東沢
坂本沢
熊倉沢
矢沢
湯場ノ沢
ウルシガ谷沢
白岩沢
軍刀利沢
笛吹峠
土俵山
浅間峠
熊倉山
生藤山
連行峰
醍醐丸
本仁田山
川苔山

秋川水系
盆堀川

千ヶ沢石津窪

中級 2級／Ⅲ＋
適期 3月〜12月
日程 1日（遡行2.5〜3時間）

小さな窪に多くの滝を秘めた秋川水系屈指の沢

遡行価値のある沢の多い盆堀川流域中では、短い流程のなかに、源流部まで大小いくつもの滝を懸け、そのほとんどが直登できる。ツメもヤブこぎなく登山道に上がれる中級者向きの楽しい沢だ。短い沢なので、どこへ行こうか迷ったときにおすすめの一本。滝の登攀が多く、巻きも悪いので初級者だけでは入渓しないこと。

アプローチ

バス道を少し戻って新久保川原橋を渡り、盆堀林道に入り約1時間20分で千ヶ沢林道入口。ここから林道を石津窪出合まで約10分。なお、盆堀林道は採石場までダンプカーの通行が多く、歩行者、車とも注意が必要。

下降ルート

登山道を臼杵山、荷田子峠を経て荷田子バス停まで約2時間。「瀬音の湯」が近い。車の場合は登山道へ上がらず、右岸尾根が沢床に接する源頭部の植林地付近から尾根に上がり、尾根上の作業道を半兵エ窪へ下るとよい。沢沿いの道は崩落したが（2020年3月確認）、沢を5分ほど下降して千ヶ沢林道の橋へ出る。尾根上から橋まで約30分、橋から盆堀林道まで20分ほどだ。

アクセス　行き：JR武蔵五日市駅（西東京バス7分）沢戸橋　**帰り**：荷田子（西東京バス13分）JR武蔵五日市駅
マイカー情報　五日市の街並みを抜ける小中野交差点から旧道を沢戸橋の先で盆堀林道に入り、採石場の脇を通り千ヶ沢林道入口まで。千ヶ沢林道はロープが張られて通行止めとなっている。伝名橋先にゲートがあるが、ほとんど開いている。
参考タイム　石津窪出合（1時間35分）大滝上（30分）二俣（25分）登山道
標高差　320m
装備　基本装備＋登攀具
地図　五日市
温泉　瀬音の湯（3・6・9・12月第2水曜休）
☎042-595-2614

末広がりの滝10m（❶）

大滝を登る（❸）

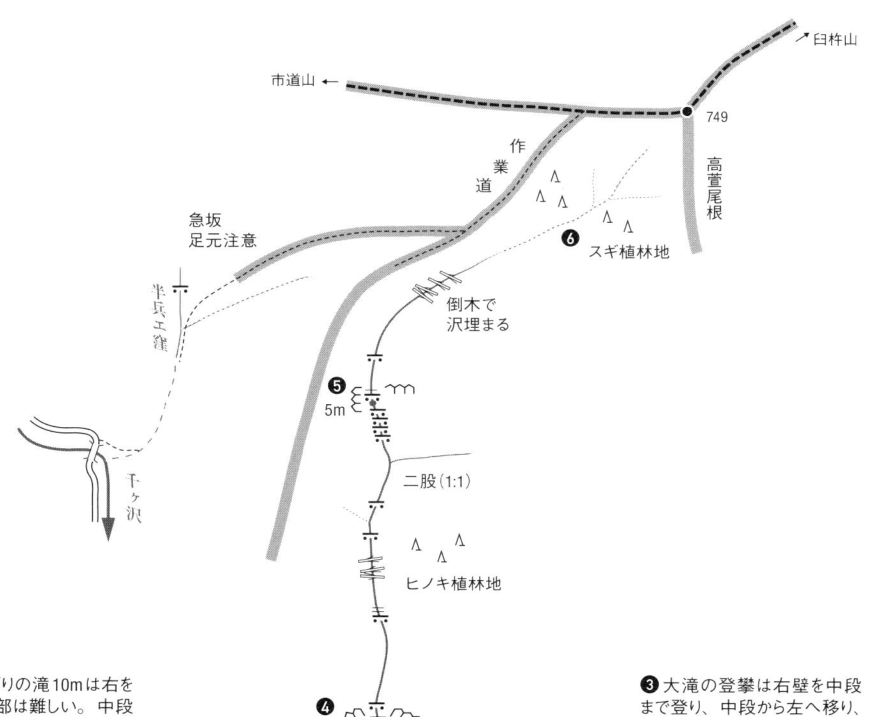

❶末広がりの滝10mは右を登るが上部は難しい。中段に残置ハーケンあり。

❷2段の滝の1段目は岩溝を流れ落ちる斜滝。水流を登るが、上部は立っているので慎重に。巻きは右をかなり上まで追い上げられそうだ。2段目は残置スリングのある右壁を登る。足場が少なく、かなり立っているので腕力登攀となる。

石津窪

遡行：2019.3
作図：宗像兵一

❸大滝の登攀は右壁を中段まで登り、中段から左へ移り、水流左を直上する。中段までは数カ所残置ハーケンがあり、ホールドは手足ともしっかりしている。上段は残置ハーケンが1カ所。水流を少し浴びながらの登攀となる。高度感があり、立っているので慎重に行動したい。残置ハーケンを確認し、必ずロープを使用する。中央から取り付いてそのまま直上することもできるがヌメリが強く、残置は上段までないので難しい。高巻きは以前のトラバース箇所が崩れて難しくなった。左岸ルンゼの右を直上し、傾斜が緩くなったところをトラバースして滝上に抜ける。かなり上まで追い上げられ、浮き石、枯れ葉が多いのでスリップに充分注意する。

❹7m滝は左壁を快適に直登できる。

❺5m滝はツルツル。巻きは右から。

❻源頭部はスギの植林帯で、伐採が入っているが、沢床は歩きやすい。

秋川水系
南秋川

矢沢軍刀利沢（やぐんだり）

初級 1級上／III
適期 4月～11月
日程 1日（遡行3～4時間）

沢登りの楽しさ、おもしろさの凝縮した沢

遡行時間が短いが、小ゴルジュ、連瀑、釜などが途切れることなく続き、滝も大きなものはなくほとんどが登れて、ツメのヤブこぎもない。下山路もいろいろとれ、地図読み下山によい尾根がある。新人のトレーニングや山岳会の講習会に最適な沢だ。

アクセス 行き：JR武蔵五日市駅（西東京バス41分）南郷 帰り：石楯尾神社前（富士急山梨バス22分）JR上野原駅、または上川乗（西東京バス46分）JR武蔵五日市駅
マイカー情報 落合橋で通行止めの場合が多く、付近に駐車スペースも少ないので交通機関利用が便利。矢沢林道が通れる場合は入渓点付近まで入れる。
参考タイム 軍刀利沢出合（1時間15分）大滝（1時間55分）三国峠
標高差 450m
装備 基本装備
地図 五日市、与瀬、上野原
温泉 瀬音の湯（3・6・9・12月第2水曜休）☎042–595–2614

アプローチ

南郷集落から矢沢林道に入り約20分で熊倉沢との分岐、落合橋に着く。橋から出合まで約40分。入渓点は木に赤テープが巻いてある。

下降ルート

JR上野原駅へ出るには、三国峠から佐野川峠経由で石楯尾神社前バス停へ約1時間。JR武蔵五日市駅へ戻る場合は、浅間峠経由上川乗バス停まで約1時間30分。いずれもバスの本数が少ないので、前もって時刻を調べておく必要がある。車で入渓したときは、登山道を茅ノ丸方面へ向かい、軍刀利沢左俣源頭付近の道標のところから山道を下ると、矢沢林道終点に出る。三国峠から入渓点まで約1時間。ほかに軍刀利沢左岸尾根を入渓点付近または落合橋へ下りるルートがあるが、読図力が必要だ。

右／大滝は右側を登る⑤
左／8mナメ滝は水流沿いに直上④

❻右手に炭焼窯跡を見るとすぐ5×6mナメ滝。左から取り付き、上部は右クラックを利用しフリクションを利かせて登る。次のCS5mは木が挟まったチョックウッド滝。下部のトイ状は突っ張りで上がり、シャワーを浴びながらチョックウッドを使って登る。上段は左へ逃げることもできる。巻きは左からだが、泥斜面で滑りやすく、慎重に。

❼残置ハーケンのある右壁を登る。巻きは残置トラロープのある右から。2mのナメ滝を上がると細長い淵で、左右ともへつりの練習に最適の場所。

❽右から巻くが、落ち口は滑りやすいので慎重に。これで滝場は終わる。

❾枝沢が次々に入るので、水量の多いほうを登る。最後にルンゼ状の小滝の連瀑が出てくれば、ヤブこぎなしで三国峠に飛び出る。

軍刀利沢

遡行：2017.4
作図：宗像兵一

❶ミニゴルジュを抜けると幅広2m滝となる。

❷滑りやすいナメ床を抜けると3×4mナメ滝と2条4mのきれいな滝が現われる。下のナメ滝は左から、2条4mは右から登るが、落ち口でスリップ注意。

❸左からが容易だが、落ち口付近はホールドとなる岩がもろいので注意。釜が深いのでへつりの練習を兼ねて右から登るのもおもしろい。

❹CS滝は意外に難しい。登れなければ左壁から、最初の一歩はフリクションを使って。巻きは右からだが、急斜面のトラバースがあり、かえって危険。8mのナメ滝は左から取り付き、水流を直上する。

❺大滝の1段目は巻き気味に中段の灌木まで登り、2段目は水流右を登る。2段目はヌルヌルなので要注意。通常は右から高巻きとなる。右ルンゼを登り、残置トラロープに沿ってトラバースして落ち口へ。初心者にはロープ使用。

秋川水系
南秋川

矢沢熊倉沢右俣

初級 1級上／III
適期 3月～11月
日程 1日（遡下降3～4時間）

遡下降を楽しむのにぴったりの沢

浅間峠から熊倉山にかけての笹尾根を水源とする熊倉沢は、熊倉林道終点付近で右俣と左俣とに分かれる。どちらも２本の手頃な沢をもち、遡行時間も短く、初心者・初級者向きの沢として知られる。ただ、右俣の右沢は初級者には難しく、陸軍滝や10m滝をもち、特にCS滝の登攀は沢慣れた人の同行が必要だ。左沢は難しいところはなく、中流部で２つに分かれ、どちらもガレた沢筋となって浅間尾根につめ上がる。左沢は初級者の沢下降の練習にもよい沢で、右沢を遡行して左沢を下降する遡下降のトレーニングとして組むとよいだろう。沢慣れた人なら左俣をセットにして１日４本楽しむこともできる。

アクセス　行き：JR武蔵五日市駅（西東京バス41分）南郷　**帰り**：上川乗（西東京バス46分）JR武蔵五日市駅
マイカー情報　檜原街道の南郷バス停手前から左折して矢沢林道に入る。熊倉林道入口の落合橋で通行止めの場合、落合橋手前の路肩に駐車スペース（2台程度）があるが、道が狭いので注意。ゲートが開いていれば林道終点まで入れるが、悪路で落石も多いので車高の高い車でないと厳しい。
参考タイム　落合橋（20分）林道終点（10分）二俣　右沢：二俣（1時間20分）登山道　左沢：二俣（1時間20分）登山道
標高差　350m　**装備**　基本装備
地図　五日市、猪丸
温泉　瀬音の湯（3・6・9・12月第２水曜休）
☎042-595-2614

アプローチ

南郷集落から矢沢林道を約20分で落合橋に着く。橋の手前から熊倉林道を進み、林道終点まで約20分。

下降ルート

浅間峠から上川乗バス停まで約40分。または右沢、左沢の中間尾根の踏み跡をたどって林道終点まで。遡下降をする場合は、右沢を遡行して左沢を下降するとよい。左沢下降は１時間～１時間30分。

陸軍滝は山道を利用して高巻く（❷）

10m滝を登る（❹）

❻右側を上がる。下降の場合は懸垂で。

❼水流の右側を登る。巻きは左のガレルンゼから。下降の場合は懸垂で。

❽右沢は出合の2段の滝のみ。巻き道は右岸にある。あとはただつめ上がるだけ。

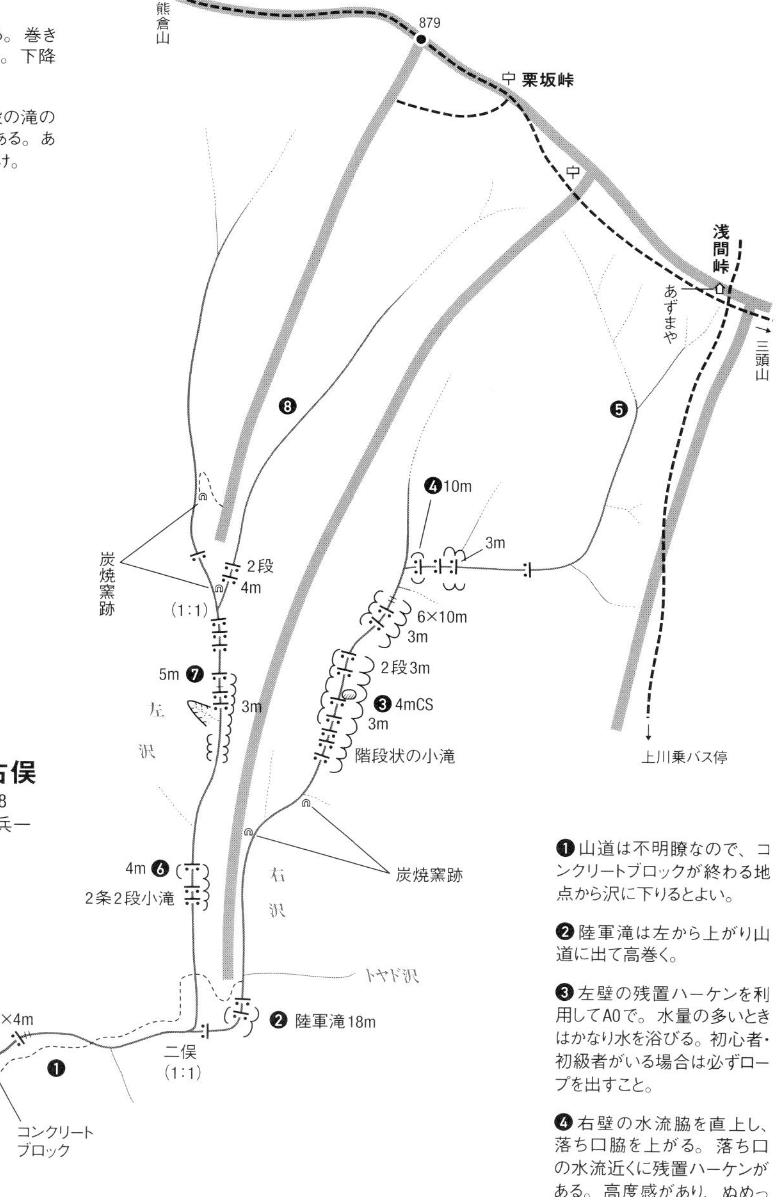

熊倉沢右俣

遡行：2019.8
作図：宗像兵一

❶山道は不明瞭なので、コンクリートブロックが終わる地点から沢に下りるとよい。

❷陸軍滝は左から上がり山道に出て高巻く。

❸左壁の残置ハーケンを利用してA0で。水量の多いときはかなり水を浴びる。初心者・初級者がいる場合は必ずロープを出すこと。

❹右壁の水流脇を直上し、落ち口脇を上がる。落ち口の水流近くに残置ハーケンがある。高度感があり、ぬめっているので必ずロープ使用のこと。巻きは右岸。

❺水流のある沢を上がると浅間峠のあずまやに出る。左の沢は、ほとんど水は涸れる。

秋川水系
南秋川

矢沢熊倉沢左俣

初級 1級上／III
適期 3月～11月
日程 1日（遡行3～4時間）

中間尾根を使って1日2本楽しもう

熊倉山北面を水源とし、熊倉林道終点付近で右俣と合流する沢で、右俣同様、短時間で遡下降を楽しめる。本流の東沢は、中流部までは顕著な滝が5つ懸かり、いずれも登れるので楽しいが、滝場が終わると単調な河原歩きに終始する。西沢の下流部は沢沿いに作業道が続き、中流部は伏流となり、上流部はチョロチョロの流れの中にCS滝と8mの難しい滝が懸かる。水量が少なく、伏流部分が多いので、沢としてはおもしろみに欠ける。西沢を遡行する場合は沢慣れた人の同行が必要だ。

アプローチ

南郷集落から矢沢林道を約20分で落合橋に着く。橋の手前から熊倉林道を進み、入渓点まで約20分。

アクセス　行き：JR武蔵五日市駅（西東京バス41分）南郷　**帰り**：上川乗（西東京バス46分）JR武蔵五日市駅、または石楯尾神社前（富士急山梨バス22分）JR上野原駅
マイカー情報　檜原街道の南郷バス停手前から左折して矢沢林道に入る。熊倉林道入口の落合橋で通行止めの場合、落合橋手前の路肩に駐車スペース（2台程度）があるが、道が狭いので注意。ゲートが開いていれば林道終点まで入れるが、悪路で落石も多いので車高の高い車でないと厳しい。
参考タイム　熊倉林道入渓点（10分）二俣・西沢遡行（1時間30分）熊倉山・東沢下降（1時間）二俣
標高差　520m　**装備**　基本装備
地図　五日市、猪丸
温泉　瀬音の湯（3・6・9・12月第2水曜休）
☎042-595-2614

東沢8m滝（❷、写真は下降時）

下降ルート

熊倉山から東沢と西沢の中間尾根の踏み跡をたどれば約30分で二俣に戻れる。武蔵五日市方面へは、熊倉山山頂から浅間峠経由、上川乗バス停まで約1時間10分。JR中央本線上野原駅方面へは、熊倉山山頂から三国峠、佐野川峠経由で石楯尾神社前バス停まで約1時間20分。

西沢4mCS（❼）

[東沢]
❶水流左を簡単に上がれる。

❷大岩で二分されている8m滝は右側の水流を上がるが、下部はホールドが手足とも細かく、ぬめっているので難しい（Ⅲ＋）。ここを上がれない場合は、左側のガレた斜面から上段の5mとも高巻いたほうがよい。8mを上がった場合、上段の5mは左の水流際を直上する。初心者・初級者にはロープが必要。

❸左壁を上がる。直滝なので初心者・初級者にはロープ必要。

❹東沢最後の滝は簡単に登れる。

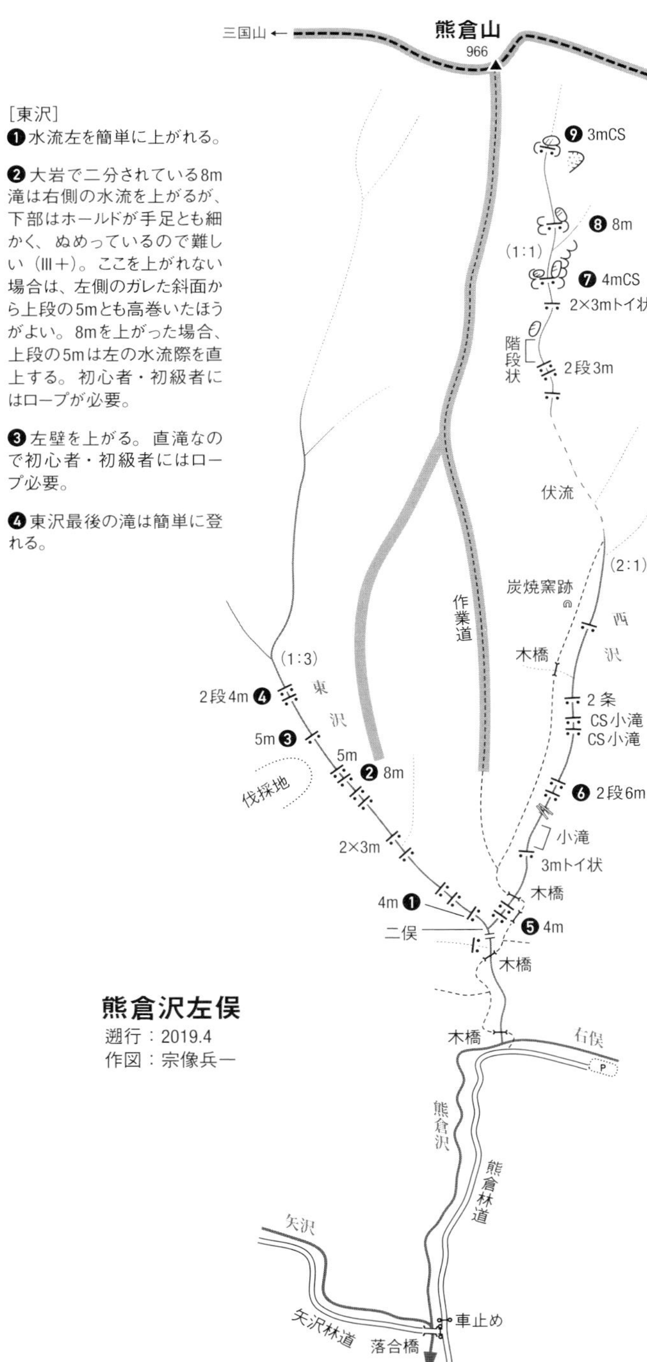

熊倉沢左俣

遡行：2019.4
作図：宗像兵一

[西沢]
❺入り口の滝は水流を登る。

❻上段4mは水流を浴びながら登る。

❼大岩と左の岩に挟まれた水流際を上がる。ホールドが手足ともに細かいのでスリップ注意。初心者・初級者にはロープ必要。

❽奥の二俣は左が本流で、岩溝状の最後に8m滝が懸かる。左側が少し内傾し逆層気味だが登れる。残置がなく、ぬめっているので要注意。右側の泥壁から上がることもできるが滑りやすい。巻きは左岸。初心者・初級者にはロープ必要。水流がある右沢を登ってもよい。稜線直下のツメが急なので、少し手前から右寄りにルートをとって登山道に上がる。

❾CS滝は難しいので高巻く。滝上は水も涸れるので、左岸から上がった場合は、そのまま登山道まで上がったほうがよい。右岸を巻いた場合は、稜線直下が急なので右寄りにルートをとって登山道へ上がる。

秋川水系
北秋川

シンナソー

初級 1級／III
適期 4月下旬～11月中旬
日程 1日（遡行2.5時間）

開放的なナメとスダレ状滝が印象的な深山の沢

浅間尾根につめ上がる沢は平凡な沢が多いが、この沢は、短いにもかかわらず二俣まで延々と小滝を懸けたゴルジュが続き、まったく飽きることがない。惜しむらくは、流程が短く、倒木が多いことだ。隣のヒヤマゴ沢とつなげれば一日楽しめる。入門者の最初の滝登り体験にも適している。

アプローチ

藤倉バス停から北秋川に沿って上流に進むと、すぐ川べりに廃屋がある。その脇から川に下りると、シンナソーが滝を懸けて出合っている。

下降ルート

右岸尾根に上がると藤倉へ下る登山道に出るが、急な登山道なので雨天時は注意。バス停まで約40分。時間があれば、浅間尾根に出て南秋川側の浅間尾根登山口に下りれば「数馬の湯」は近い。また、やさしい小滝の続く隣のヒヤマゴ沢を下降にとると一日楽しめる。

アクセス　行き：JR武蔵五日市駅（西東京バス50分）藤倉　**帰り**：藤倉（西東京バス56分）JR武蔵五日市駅、または浅間尾根登山口（西東京バス56分）JR武蔵五日市駅
マイカー情報　駐車スペースが少なく、住民の迷惑になるのでバス利用が望ましい。
参考タイム　藤倉（5分）シンナソー出合（35分）狭隘部出口（10分）5m滝（30分）3段15m滝（40分）二俣（20分）登山道
標高差　420m　**装備**　基本装備
地図　猪丸
温泉　①瀬音の湯（3・6・9・12月第2水曜休）☎042-595-2614　②数馬の湯（月曜休）☎042-598-6789

黒光りした5m滝（❸）

新緑が美しい3段15m滝（❹）

❶狭隘部は滑りやすいナメ滝が続くので慎重に。

❷狭隘部出口に懸かる3段10m滝は水流沿いを登る。中段が少し難しい。巻きは右だがグズグズの急斜面。滝上から穏やかな渓相となり、一息つけるところ。

❸黒光りした滝は左を直登できるが、岩がもろくぬめっているので注意。

❹クラック状3段15m滝は上段がハング気味だが、水流沿いをはい上がる。

❺二俣を過ぎると水も涸れ、左沢から傾斜の緩いガレ沢をつめて右岸の尾根に上がると、藤倉バス停に下る登山道に出る。

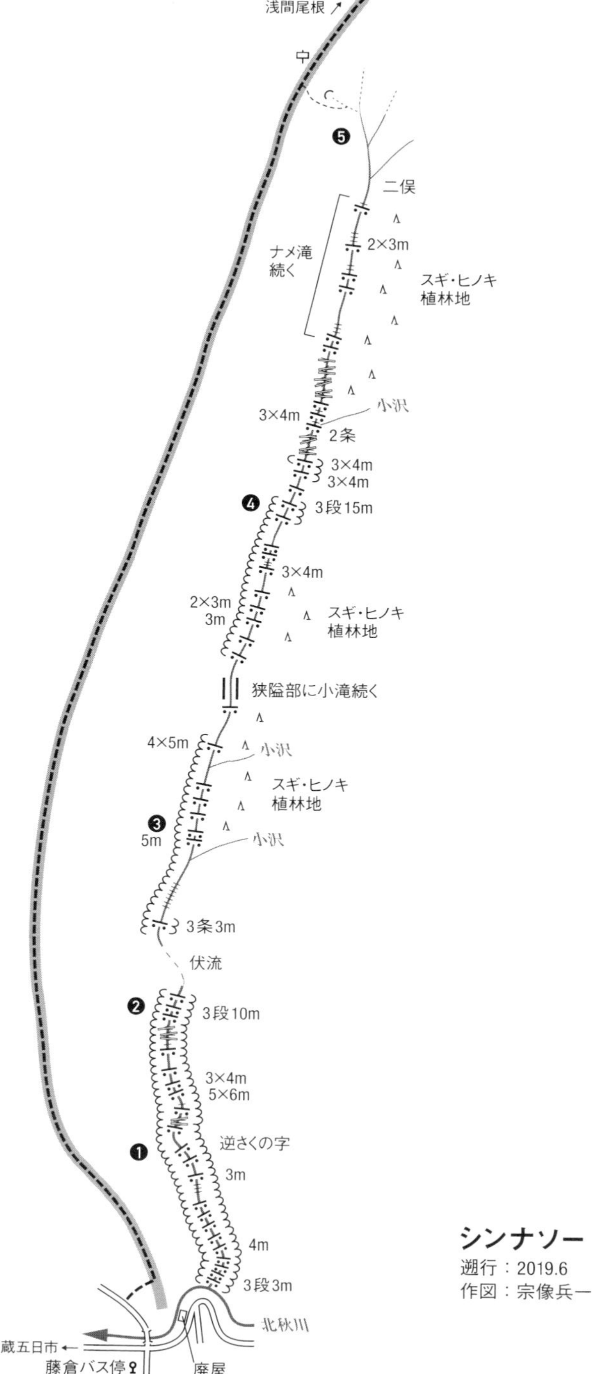

シンナソー

遡行：2019.6
作図：宗像兵一

多摩川水系
大丹波川

真名井沢（まないさわ）

初級 1級／III
適期　4月上旬〜11月
日程　1日（遡行5〜6時間）

小滝の連続する初級者向けの沢

川苔山東方の尾根上より流れ出し、深い森林に覆われたこの沢は、アプローチが比較的短く、中流部から小滝が連続し、それぞれ巻くこともできるため初級者向きの沢だ。遡行適期は春から晩秋までと長いが、特に4〜5月の新緑のころが美しい。ただ、源頭部のツメの斜面では滑落事故も起こっているので要注意だ。早めに右岸の登山道に上がることをおすすめする。

アプローチ

上日向バス停先の大丹波川に架かる橋を渡り、林道真名井線に入って、林道が右岸に渡る「とりがや橋」まで、徒歩約30分。土曜・休日はバスの本数が少ないが、川井駅から歩いても約1時間である。

下降ルート

登山道から林道真名井線をとりがや橋まで。途中、林道が大きく左に曲がるカーブミラーの地点から尾根を下ってショートカットした場合は約1時間15分。赤杭尾根登山道をそのまま下るとJR古里駅まで約2時間30分。

アクセス　行き：JR川井駅（西東京バス８分）上日向　帰り：JR古里駅、または上日向（西東京バス８分）JR川井駅
マイカー情報　青梅街道の川井駅から林道上成木川井線に入り、上日向バス停先を左折、ダートの林道真名井線を「とりがや橋」まで。空きスペースにじゃまにならないように駐車する。
参考タイム　とりがや橋（15分）第４堰堤上（１時間40分）二俣（１時間10分）奥の二俣（30分）遡行終了点（25分）登山道
標高差　720m
装備　基本装備
地図　武蔵御岳、原市場、武蔵日原
温泉　①もえぎの湯（月曜休）☎0428-82-7770　②梅の湯（第３水曜休）☎0428-20-1026

古いコンクリート集水桝と6m滝

魚止めの滝（❸）

❶仕事道が堰堤の手前まで続く。4つある堰堤は、それぞれ巻き道があるので、遡行開始は4つ目の堰堤上から。

❷しばらくはヤブっぽいが、ワサビ田跡をいくつか過ぎると小滝が続くようになり、ミニゴルジュもあって楽しめる。

❸魚止めの滝は、以前は左岸側に踏み跡があったが、今はない。ここは右壁を登る。難しくはないが黒苔でぬめっており、取り付き後の一歩が微妙なので、初級者にはロープが必要。滝上は石積みの堰堤だ。

❹広葉樹林に覆われたなか、苔むした沢筋に小滝やミニゴルジュが続き、なかなかきれいで楽しいところ。途中にある古い集水桝の脇にある6m滝は登れないので集水桝側から越える。続いて現われる落ち口に大岩のある5m滝は、一見登れそうもないが右壁が登れる。高さもありぬめっているので直登は注意。巻きは右岸。奥の二俣が近づくと、沢の中に倒木が目立つようになる。

❺奥の二俣を左に入り、沢幅いっぱいに広がる3条3mを越えると、右岸はスギの植林地となり、木にピンクテープが巻かれているところに出る。遡行はここで打ち切り、右岸の植林地に上がる踏み跡をたどる。斜面途中の段丘状の平らになった場所から上がらずに、斜面の傾斜の緩いところを横へ横へとトラバースし、エビ小屋山の北東尾根を越えた地点で登山道に出る。うまくルートをとれば地形図上の実線（林道真名井線）の終点に出る。

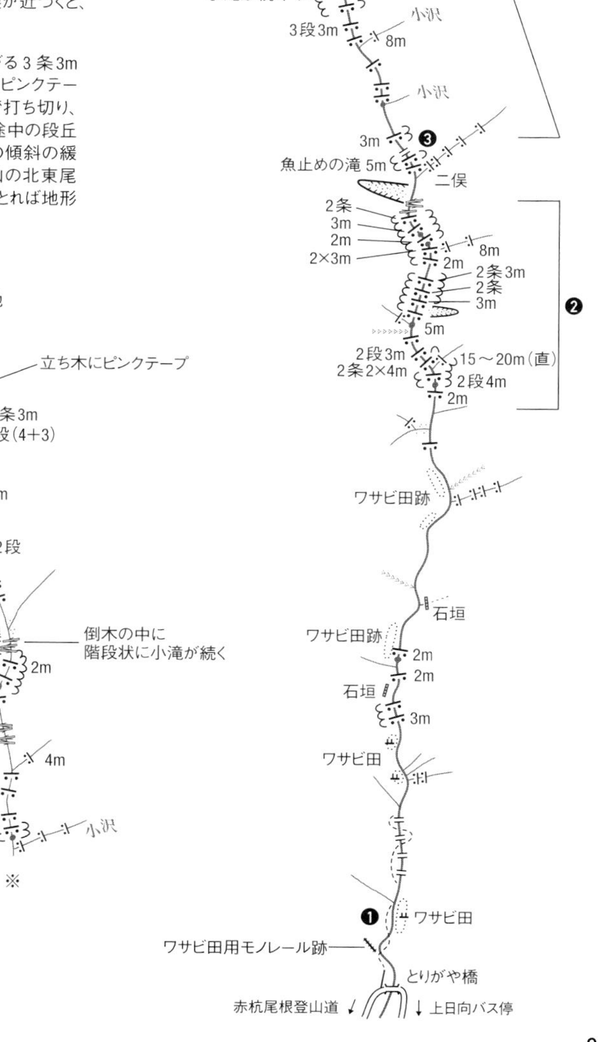

真名井沢

遡行：2019.6
作図：宗像兵一

多摩川水系 入川谷（いりがわ）

中級 2級／III
適期　4月～11月
日程　1日（遡行4時間）

多くの支流をもつ奥多摩の本格的な渓谷

名前のついた多くの滝とゴルジュ、支流を有する奥多摩の本格的な渓谷である。本流遡行はもちろんよいが、布滝（ぬのたき）沢、クマタカ沢などの支流もまた滝を連ねて興味深く、何度も訪れたくなる谷だ。真名井沢、逆川などと組み合わせて継続遡下降をするのも楽しい。ただ、釣り人が入るのでトラブルを起こさないよう注意。

アプローチ

JR古里（こり）駅から林道終点の広場まで約1時間。車利用の場合は、青梅街道からJR古里駅前、古里附橋を過ぎ、「アメリカキャンプ村」の看板のところを右折、入川沿いの車道を進む。途中、採石場を右手に見て、採石場事務所から林道に入り、2019年台風19号による崩落箇所手前の駐車スペースまで。ただし、林道手前で通行止めの場合がある。駐車スペースから広場まで約15分。なお、崩落箇所は1人ずつ通れる。

下降ルート

山道から鳩ノ巣登山道に出てJR鳩ノ巣駅まで約1時間30分。入渓点へ戻る場合は、鳩ノ巣登山道、峰集落跡経由で駐車スペースまで約1時間30分。

アクセス　行き：JR古里駅　帰り：JR鳩ノ巣駅
マイカー情報　青梅街道からJR古里駅を過ぎ、入川沿いの車道を進む。採石場事務所から林道に入り、崩落箇所手前の駐車スペース（2～3台）に駐車。林道手前で車両通行止めのことがある。
参考タイム　入渓点・広場（30分）布滝沢出合（2時間20分）速滝上（1時間10分）山道
標高差　480m
装備　基本装備
地図　武蔵御岳、奥多摩湖、原市場、武蔵日原
温泉　①もえぎの湯（月曜休）☎0428-82-7770　②梅の湯（第3水曜休）☎0428-20-1026

外道滝5m（❸）

前衛の10m滝と、奥に見える速滝20m（❺）

川苔谷逆川

遡行：2018.10（火曜山遊会）
　　　2014.9（右俣・左俣）
作図：宗像兵一

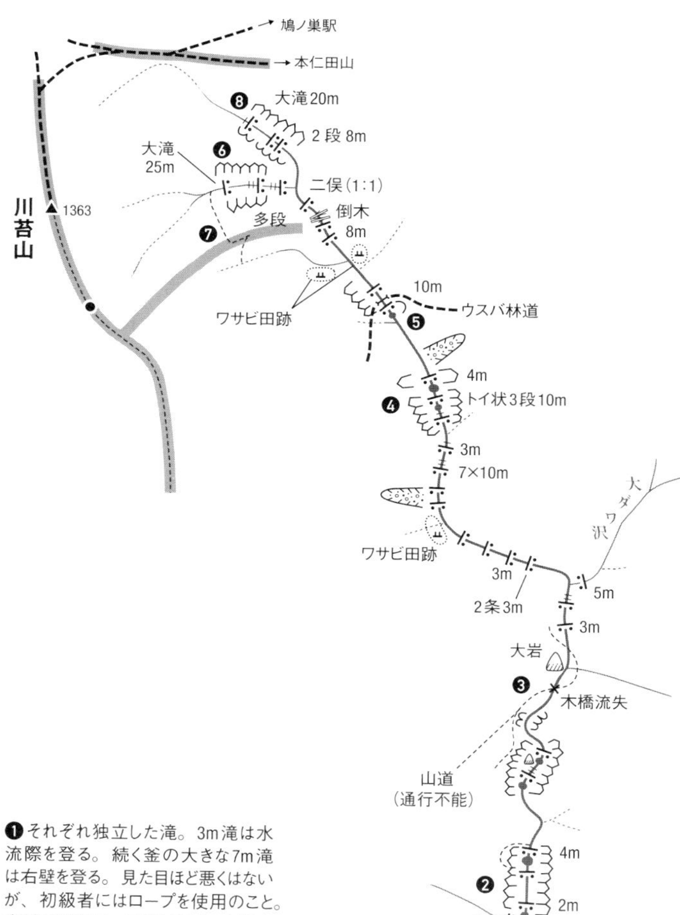

❶それぞれ独立した滝。3m滝は水流際を登る。続く釜の大きな7m滝は右壁を登る。見た目ほど悪くはないが、初級者にはロープを使用のこと。左壁に残置ロープがあるが、右壁のほうが容易。

❷大釜をもつ2m滝は泳いで正面を登る。へつりの練習にもよいところだ。濡れたくない場合は左から容易に越せる。その上は狭いゴルジュになり、出口にある4m滝が核心。以前は大釜を泳いで取り付いたが、今は釜が埋まり、容易に左壁に取り付ける。巻きは右岸側壁にルートがあるが、トラバースの一歩が難しい。初級者にはロープ使用のこと。

❸かつての木橋は流失し、山道もいたるところが崩落しているのでエスケープルートとしては使えない。

❹3段10m滝のいちばん上は突っ張りで登るトイ状滑り台滝。続く大釜をもった4m滝は右岸を巻く。この上で沢は大きく開け明るくなる。

❺ウスバ林道下の10m滝は右壁を登る。下部がぬめって滑りやすいが、上部はホールド豊富で容易。傾斜が強いのでロープを使用する。巻きは右岸を登ればウスバ林道に出る。

❻左俣25m滝は右壁を登る。見た目より簡単だが高度感満点なのでロープ使用（30mロープ１本では足りないので注意）。残置ハーケンあり。

❼25m滝上は平凡となる。登山道までつめると下山が長いので、滝上から右岸尾根に上がり、かすかな踏み跡から隣の沢に下りる。沢を下るとワサビ田跡の本谷に出る。ウスバ林道の木橋はすぐだ。

❽右俣20m滝は、通常は右岸を高巻く（高巻きもロープ使用）。直登は右からだがかなり悪い。

多摩川水系
日原川

倉沢谷塩地谷（くらさわ しおじ）

初級 1級上／III
適期 4月中旬〜11月
日程 1日（遡行5〜6時間）

初級者の沢トレーニングにぴったりの好渓

（沢トレ向き）

長沢背稜の縦走路上にある水場・一杯水を源頭として流れる沢が塩地谷である。初級の沢ではあるが、想像以上に沢幅が広く大きい。入渓してみると、思ったよりも明るい沢であることがわかる。遡行中は高巻き、懸垂下降、ロープを使った登攀、ロープを使ったトラバースと、沢登りの技術を使う箇所が随所に現われる。初級者が沢登りの技術をトレーニングするにはうってつけの沢である。

入渓するとまもなく突破困難なゴルジュと滝が現われ、高巻きを強いられる。高巻きのルート取りから下降点の選定、懸垂下降2ピッチと、いきなり沢登り特有の技術を再確認させられる。下り立った沢床は小滝が連続し、小滝とゴルジュをへつったり巻いたりして突破する。場所によってはロープを使用して越えていく。中盤に現われる7mほどの滝では、ロープをフィックスしてのトラバースが体験できる。

ひととおり滝場を過ぎると、最後は急斜面のツメとなる。ヤブこぎもなく、息が上がってくるころ一杯水につめ上がる。

アプローチ

倉沢バス停から林道を魚留橋まで約30分。魚留橋から林道をさらに進み、塩地谷出合が見えるところから倉沢谷の崩れやすい急斜面を下って出合に出る。林道から斜面に下りるところの足場が悪く急なので注意。地蔵橋から長尾谷を下降して出合に出ることも可能。魚留橋から出合まで約30分。

下降ルート

一杯水からヨコスズ尾根経由東日原まで約1時間40分。入渓点へ戻る場合は、棒杭尾根経由魚留橋まで約1時間30分。

アクセス 行き：JR奥多摩駅（西東京バス20分）倉沢 **帰り**：東日原（西東京バス27分）JR奥多摩駅
マイカー情報 奥多摩駅入口先の日原街道を行き、倉沢橋から倉沢林道に入り魚留橋まで。魚留橋手前に駐車スペースあり。倉沢林道は荒れており、4輪駆動車以外通行不可。林道に入らない場合は、林道入口に3台程度の駐車スペースがある。
参考タイム 出合（2時間30分）小屋跡（25分）棒杭沢出合（1時間10分）1070m右岸枝沢出合（1時間）一杯水
標高差 700m
装備 基本装備 **地図** 武蔵日原
温泉 ①もえぎの湯（月曜休）☎0428-82-7770 ②梅の湯（第3水曜休）☎0428-20-1026

トイ状の滝をツッパリ登攀で

地蔵滝上に懸垂下降（❷）

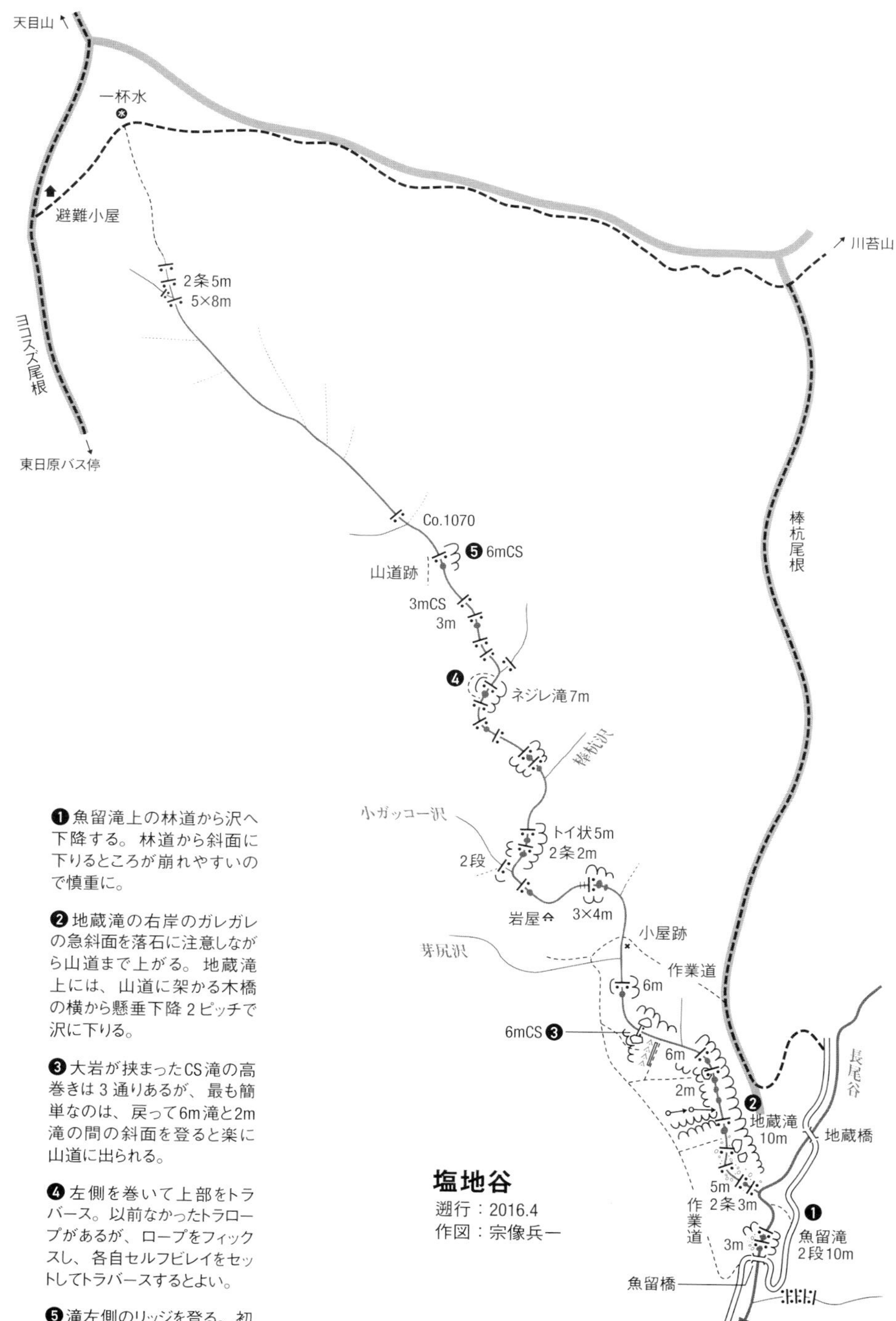

塩地谷

遡行：2016.4
作図：宗像兵一

❶魚留滝上の林道から沢へ下降する。林道から斜面に下りるところが崩れやすいので慎重に。

❷地蔵滝の右岸のガレガレの急斜面を落石に注意しながら山道まで上がる。地蔵滝上には、山道に架かる木橋の横から懸垂下降2ピッチで沢に下りる。

❸大岩が挟まったCS滝の高巻きは3通りあるが、最も簡単なのは、戻って6m滝と2m滝の間の斜面を登ると楽に山道に出られる。

❹左側を巻いて上部をトラバース。以前なかったトラロープがあるが、ロープをフィックスし、各自セルフビレイをセットしてトラバースするとよい。

❺滝左側のリッジを登る。初級者にはロープを出そう。

多摩川水系
日原川

鷹(たか)ノ巣(す)谷

初級	1級上／III
適期	4月中旬～11月中旬
日程	1日（①2.5時間②5時間）

奥多摩を代表する初級者向けの沢

鷹ノ巣山を頂とし、標高差1000m超を日原川本流に向かって一気に流れ落ちているのが鷹ノ巣谷である。奥多摩ではメジャーな沢のひとつで、登れる滝が連続し、入渓者も多く人気が高い。標高差1000mを遡行した後は、稲村岩尾根の急傾斜を一気に下山する体力ルートで、沢登りの体力をつけるにはうってつけである。ただ、金左小屋窪、水(み)ノ戸沢とも平凡な沢で、つめ上がるまでが長いうえ下山も長く、初級者や中高年にはつらい。沢登りに興味をもってもらうには、金左小屋窪・水ノ戸沢の出合まで遡行して、同沢を下降するのもよい。

アクセス　行き・帰り：JR奥多摩駅（西東京バス27分）東日原
マイカー情報　青梅街道を奥多摩方面へ向かい、奥多摩駅入口先の日原街道を右折し、東日原バス停手前の観光客専用駐車場まで。駐車料金500円。
参考タイム　①鷹巣谷出合（2時間20分）金左小屋窪・水ノ戸沢出合　②水ノ戸沢遡行（2時間30分）稲村岩尾根登山道
標高差　1010m
装備　基本装備
地図　武蔵日原、奥多摩湖
温泉　もえぎの湯（月曜休）☎0428-82-7770

アプローチ

東日原バス停から鍾乳洞方面へ進み、中日原バス停のすぐ先で左の稲村岩尾根登山道に入る。巳ノ戸橋で日原川本流を渡り、鷹ノ巣谷に架かる朽ちた木橋のたもとから入渓する。東日原バス停から約15分。

下降ルート

稲村岩尾根登山道を下り、東日原バス停まで約1時間45分。金左小屋窪・水ノ戸沢出合から沢を下降した場合は、バス停まで約2時間45分。初級者には沢下降のよい練習になるだろう。

大滝2段20mの登攀 ⑨

❼3段10mの下段は右側を簡単に上がれる。続く中、上段は垂直に立った右岩壁を上がるが、ホールド豊富で意外に簡単だ。初心者にはロープを出そう（Ⅲ-）。

❽幅広の4mは、右側の乾いた右壁との凹部分にある残置ロープを利用して登る。水量が少なければ左壁際も登れる。

❾大滝はホールドがあるので意外に簡単に登れる。1段目途中までは簡単。1段目途中から2段目（大滝）は、右壁の中段にテラスがあるので、2人以上のパーティの場合は中段テラスで一度ピッチを切れば30mロープ1本でも登れる。確保支点は、中段テラスは立ち木の根を使い、上段は残置支点がある。下段、上段ともに残置ハーケンがあるのでランニングの支点として利用するとよい（Ⅲ）。

❿金左小屋窪はしばらくワサビ田跡の荒れた河原が続く。赤ナギ窪を入れると滝場が出てくるが、源頭部はササのヤブこぎとなる。

⓫水ノ戸沢のツメは長いが、うまくルートをとれば、わずかのササヤブこぎで登山道に出る。

鷹ノ巣谷

遡行：2019.4
作図：宗像兵一

❶水量が多いときは2条になる滝。中央の岩をフリクション登攀で登る（Ⅲ-）。

❷地蔵滝は右の岩場からワサビ田跡に上がるのが簡単。中段から左に横断するルートもあるが、水量が多いと足元をすくわれるので注意。滝下から右岸に移り登ることもできる。

❸深い大釜をもったトイ状3mは釜の右側をへつり、滝壁に取り付き上がる。

❹小滝と堰堤に塞がれたところは、小滝の右側から堰堤に続くツルツルのナメ岩壁をフリクションで登り（Ⅲ）、堰堤右脇を上がる。巻きは手前にあるトラロープを利用。下降時はトラロープ側から懸垂で。

❺釜が深くて取り付けないので左岸の壁を登り滝上に出る。残置ハーケンがある。下降はこの残置を利用。2段目は倒木が挟まっている。

❻ナメ滝4mは右から簡単に上がれる。続く4mは右の岩場を登るルートと対岸に移り左側を登るルートがある。左ルートは水量が多いと水をかぶるが簡単。右ルートはホールド豊富だが、岩場が立っているので初級者はロープが必要（Ⅲ）。

多摩川水系
日原川

巳(み)ノ戸(と)谷

中級 1級上／III
適期 4月下旬～11月上旬
日程 1日（遡行4.5～5時間）

遡行から下山まで、沢登りの楽しさ、難しさがいっぱい

鷹ノ巣山から日陰名栗峰東の肩の水を集めて北流し、日原川に注ぐ険谷。中・下流部に多くの滝を懸け、特に「忌山の悪場」といわれるゴルジュをもつ。日原水系のなかでは唐松谷に次ぐ悪渓として知られるが、F1の大滝15mと忌山の悪場の中ほどにある8m滝以外はほとんどの滝が登れる楽しい沢だ。上流部は平凡なため遡行対象となるのは中・下流部のみだが、ここ数年倒木が沢床を埋め、沢が荒れてしまったのは残念だ。ワサビ田や植林が行なわれなくなった今、両岸にある作業道は廃道化し、下山路の選択が難しくなった。

アクセス 行き：JR奥多摩駅（西東京バス27分）東日原 ※平日は日原鍾乳洞下車 帰り：峰谷（西東京バス36分）JR奥多摩駅
マイカー情報 青梅街道を奥多摩方面へ向かい、奥多摩駅入口先の日原街道を右折、日原集落を通過して小川谷橋を渡り、日原林道を八丁橋まで。八丁橋手前に駐車スペースがある。
参考タイム 入渓点（15分）巳ノ戸谷出合（35分）忌山の悪場入口（1時間35分）鞘口窪出合（1時間20分）8m直滝（55分）五平窪出合
標高差 460m **装備** 基本装備
地図 武蔵日原、奥多摩湖
温泉 もえぎの湯（月曜休）☎0428-82-7770

直滝2条8m（❺）

アプローチ

日原林道を上流へ歩き、天祖山登山口先の林道ゲートを通過し、さらに15分ほど歩くと巳ノ戸谷出合手前のガードレールの隙間から日原川へ下る踏み跡がある。急な下りで荒れているので滑落注意。下降点まで東日原バス停（土・休日）から約1時間15分、鍾乳洞バス停（平日）から約50分。車利用の場合は八丁橋まで入れる。

下降ルート

五平窪手前の左岸涸れ沢を少し上がると山道があるので、これをたどって日原川の吊橋を経て八丁橋に戻るまで約2時間40分。途中、大ガレで山道が崩れているので、懸垂で中ほどまで下降し、急斜面を登り返して山道に出る。この山道は、孫七窪と2条8m直滝の間にある大ガレまでは非常に不明瞭なので注意。大ガレを越えてからは明瞭な山道が続いている。日原林道に戻らない場合は大クビレ窪を上がり、鷹ノ巣避難小屋から浅間尾根を峰谷へ下山する。

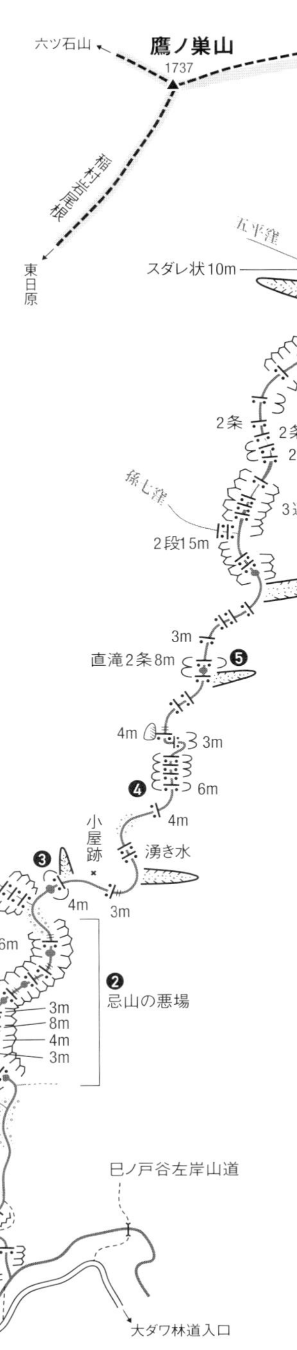

巳ノ戸谷

遡行：2017.5
作図：宗像兵一

❻五平窪にはスダレ状のきれいな滝が懸かり、本谷は倒木で埋まる。倒木を抜けると穏やかな流れとなり、ワサビ田跡がある。山道は倒木を抜けたところの左岸側に下りてきているが不明瞭なので、五平窪出合で遡行を打ち切り、少し戻った左岸側の涸れ沢から山道に上がる。

❶大滝は登れないので左岸の踏み跡を利用して高巻く。大滝上流はワサビ田のあったところで、広い河原が忌山の悪場入口まで続く。

❷ガレの押し出しを過ぎると沢は大きく左に曲がり、忌山の悪場と呼ばれる核心部となる。最初の3つの滝は濡れた右壁を登り、次の深い釜をもった8m滝が核心だ。直登は難しいので、通常は4m滝の大釜の落ち口を対岸に渡り、右岸の窪の滝を登り、8m滝上に出る。続く深い釜をもった3m滝もホールドが細かくぬめっている。初心者・初級者はお助けひもで上げてやるとよい。トイ状のナメを過ぎると忌山の悪場最後の6m直滝となる。直登は左壁。ここには最近まで倒木が立てかかっていたが、これが右に移動し、左壁の取り付きが少し厳しくなった（Ⅲ）。

❸大釜をもった4m滝は釜の右側をへつり、右壁に取り付いて越える。ここを越えると右岸に小屋跡がある。

❹左壁を直登する。最後がかぶり気味なので初心者にはロープを出そう。

❺右壁を直登する。下部で少し水をかぶるが、ホールドは手足ともにある。巻きは左岸（Ⅲ）。

多摩川水系
日原川

唐松谷（からまつ）

中級 2級／IV-
適期 4月下旬～11月上旬
日程 1日（遡行3.5～4時間）

豪快な滝をもつ日原川水系を代表する沢

小雲取山を水源とする日原川水系を代表する厳しい沢だ。水量が多く、深く切れ込んだ下流部には野陣ノ滝、2段の大滝と豪快な滝が懸かり、ツルツルに磨かれた沢床は非常に滑りやすい。唐松林道（登山道）が沢床に近づくと上部は平凡な渓相となる。沢登りの対象となるのは登山道が沢床に近づく1300m付近まで。日原林道の天祖山登山口先にゲートが設けられ一般車が入れなくなったので、往復2時間半の林道歩きはつらい。

アプローチ

日原集落の外れから小川谷橋を渡り、日原林道を富田新道（登山道）入口まで歩く。登山道に入って日原川を吊橋で渡ったところから入渓。東日原バス停（土・休日）から約2時間30分、鍾乳洞バス停（平日）から約2時間5分。車利用の場合は、八丁橋から唐松谷入渓点まで約1時間30分。

下降ルート

唐松林道を登りブナダワ経由鴨沢バス停まで約3時間。地形図上の唐松林道の位置が、実際と違っているので注意。車利用の場合は、唐松林道を入渓点まで約50分、さらに日原林道を八丁橋まで約1時間。

アクセス　行き：JR奥多摩駅（西東京バス27分）東日原　※平日は日原鍾乳洞まで運行し所要31分　**帰り**：鴨沢（西東京バス34分）JR奥多摩駅
マイカー情報　青梅街道を奥多摩方面へ向かい、奥多摩駅入口先の日原街道を右折、日原集落を通過して小川谷橋を渡り、日原林道を八丁橋まで。八丁橋手前に駐車スペースがある。
参考タイム　唐松谷出合（40分）野陣ノ滝（1時間）大滝（1時間40分）唐松林道・終了点
標高差　370m
装備　基本装備
地図　雲取山、丹波
温泉　もえぎの湯（月曜休）☎0428-82-7770

3段7mを上から望む（❹）

大滝2段15m（❸）

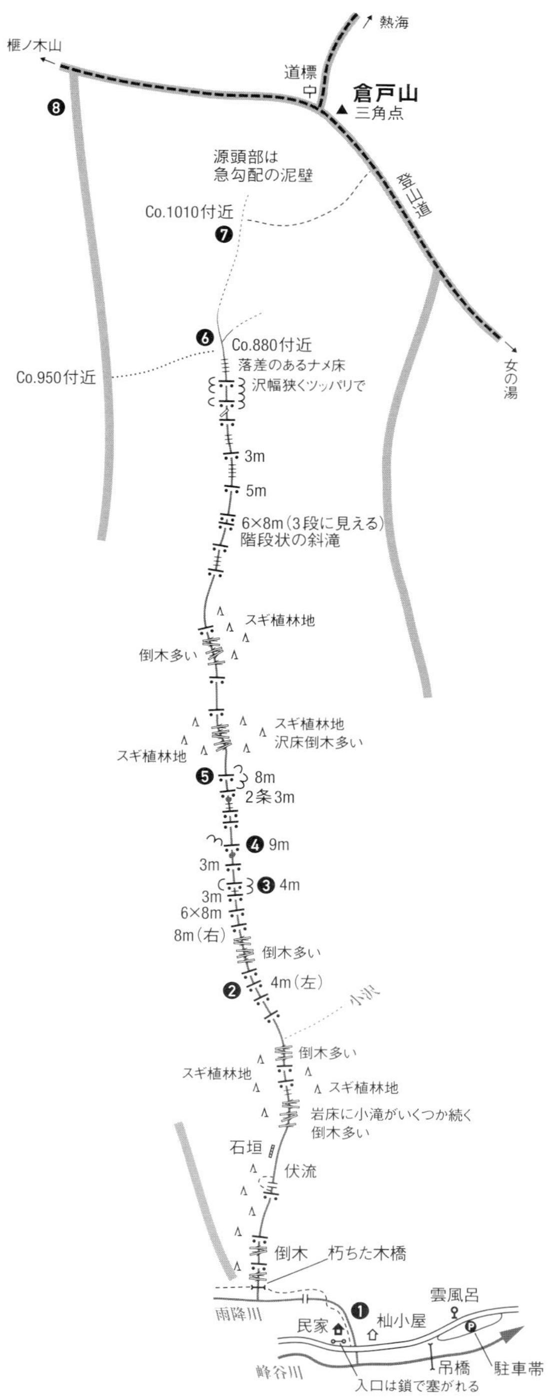

倉戸沢

遡行：2019.4
作図：宗像兵一

❶雨降川に沿った山道に入り、倉戸沢出合の木橋は朽ちているので、直接倉戸沢に下りて入渓する。

❷滝場が始まる。

❸左の水流際が簡単そうだが、岩がはがれやすいので注意。左のチムニー状を上がる。

❹右壁はロープが必要だがそれほど難しくはない。左側の巻きルートは落ち葉の斜面をはい上がり、岩場に取り付いて上がる。

❺右は中間点にある立ち木の根に取り付くまでが足場となるホールドが細かく、直登ラインの右壁が垂直に立っているので難しい。立ち木にランニングをとってから落ち口に向かって斜上する。岩がもろいので注意。左は階段状の岩場で、上部は立ち木の根が張り出し、これを使えば簡単に上がれる。

❻突っ張りで越えた滝の上で、沢床は平凡となり倒木で埋まっている。出合に戻る場合はここから右岸尾根に上がったほうがよい。

❼源頭部は急勾配の泥壁となり、最後はかなりの急斜面なので、1010m付近から左岸尾根に上がり登山道に出る。

❽右岸尾根の入口は非常にわかりにくく、かなりの急斜面なので要注意。950m付近からは、急なところはあるが比較的歩きやすい。出合の山道に下るところが急だ。

多摩川水系
峰谷川

坊主谷（ぼうずだに）

初級 1級上／III
適期 4月中旬〜11月
日程 1日（遡行4〜5時間）

山里に隠れた、連瀑帯と水を愛でるひそやかな渓

鷹ノ巣山避難小屋手前の登山道の水場から流れ出る沢が坊主谷だ。ここを源頭とする坊主小屋沢は、途中シダノ沢を合わせて坊主谷と名を変える。

核心部は下流部から中ノ沢出合まで。小ゴルジュに詰まった連瀑の突破や小滝の深い釜のへつりはスリル満点だ。特に井戸状の大滝突破は、深い釜のへつり、ロープワーク、落ち口での身のこなしなど、基本技術を確認するには最適な場面だろう。

水線遡行に徹するなら「水と親しむ、知られざる夏の渓」ともいえる。一方、ゴルジュには巻き道もあり、新緑や紅葉に映える滝場を楽しむのもよかろう。ただ、上流部には取水設備やワサビ田跡が連なり、山あいに暮らす人々の生活を支える大切な沢なので、心して入渓してほしい。また、浅間尾根登山道へ続く水源巡視路はエスケープルートとなるが、いたるところで崩れている。鎖が張られてはいるが、初級者がいる場合は要注意。鉄板の橋は滑るので、渡るたびに外さなければならないが、チェーンアイゼンがあるとよい。そのままつめ上がり登山道に出たほうが安全だ。

アプローチ

峰谷バス停から坊主谷の橋まで約35分。車利用の場合は入渓点まで入れる。

下降ルート

水場から浅間尾根登山道を下り、奥集落を経て峰谷のバス停まで約1時間40分。入渓点まで戻る場合は、浅間神社先の左急カーブから浅間尾根の踏み跡に入り、モクボ谷沿いの林道へ下りることもできる。坊主谷の駐車スペースまで約1時間20分。この踏み跡は不明瞭なので注意。

アクセス　行き・帰り：JR奥多摩駅（西東京バス36分）峰谷　※バスの本数が少ないので注意
マイカー情報　青梅街道を奥多摩湖へ向かい、峰谷橋手前の信号を右折し、峰谷バス停を過ぎて奥集落手前の三沢橋からモクボ谷沿いのダートの林道を坊主谷の橋を越えた駐車スペース（1〜2台）まで。停められない場合は少し先の路肩を利用する。
参考タイム　坊主谷に架かる橋（1時間40分）5連瀑の大滝入口（1時間10分）中ノ沢出合（55分）取水槽（1時間）登山道
標高差　820m
装備　基本装備
地図　奥多摩湖、丹波
温泉　①もえぎの湯（月曜休）☎0428-82-7770　②小菅の湯（金曜休）☎0428-87-0888

5連瀑4番目の12m大滝（❺）

❶CS滝は背の低い人には厳しいが、ショルダーしてやるとよい。2条5mは右側を登る。右岸の巻き道から2条5m滝の上に下降できるが懸垂となる。

❷左の水流沿いを登り、落ち口近くで右側に横断する。水量の多い場合は右岸の岩場を登って越える。こちらのほうがホールドが多くあって簡単。

❸7m滝は水流左側を登る（Ⅲ-）。続く5mは右の落ち口近くの水流際に立ち木の太い根があるので、これを利用して登る。

❹右側の水流際をフリクションで登るが、滑りやすいので注意。

❺5連瀑で高度を上げる。入口の岩の挟まった5mと続く2連瀑最初の滝は、右岸の枯れ葉で埋まるグズグズの急斜面からまとめて巻き、3番目の滝は水流左の岩場を落ち口に向かって登り滝上に出る。続く4番目の12m滝が5連瀑突破のポイントとなる。深い釜を反時計回りでへつり、斜上する右壁バンドを伝う。上部が悪いので、途中の立ち木に中間支点をとりたい。落ち口手前に残置ハーケンがあるので、以前より登りやすくなったように感じる（Ⅲ）。高度感があるのでロープワークは慎重に。最後の5mは右壁を登る（Ⅲ-）。巻きは3つ目の滝の右岸から上がり、懸垂で最後の滝上に下りる。

❻中ノ沢との出合先の石積み堰堤上から渓相が一変し、沢筋が開け、崩れかけた石積みだけが残るワサビ田跡が続くようになる。昔はこの石積み堰堤の上にワサビ田の作業道がきていたが、今は道形もない。ここからは倒木も多くなり、簡単に登れる滝が懸かるのみ。滝といえる滝は取水槽まで。

❼シダノ沢出合を過ぎると坊主小屋沢と名を変え、ワサビ田跡も残る急なガレガレの沢床となる。登山道の水場までつらい登りが続く。

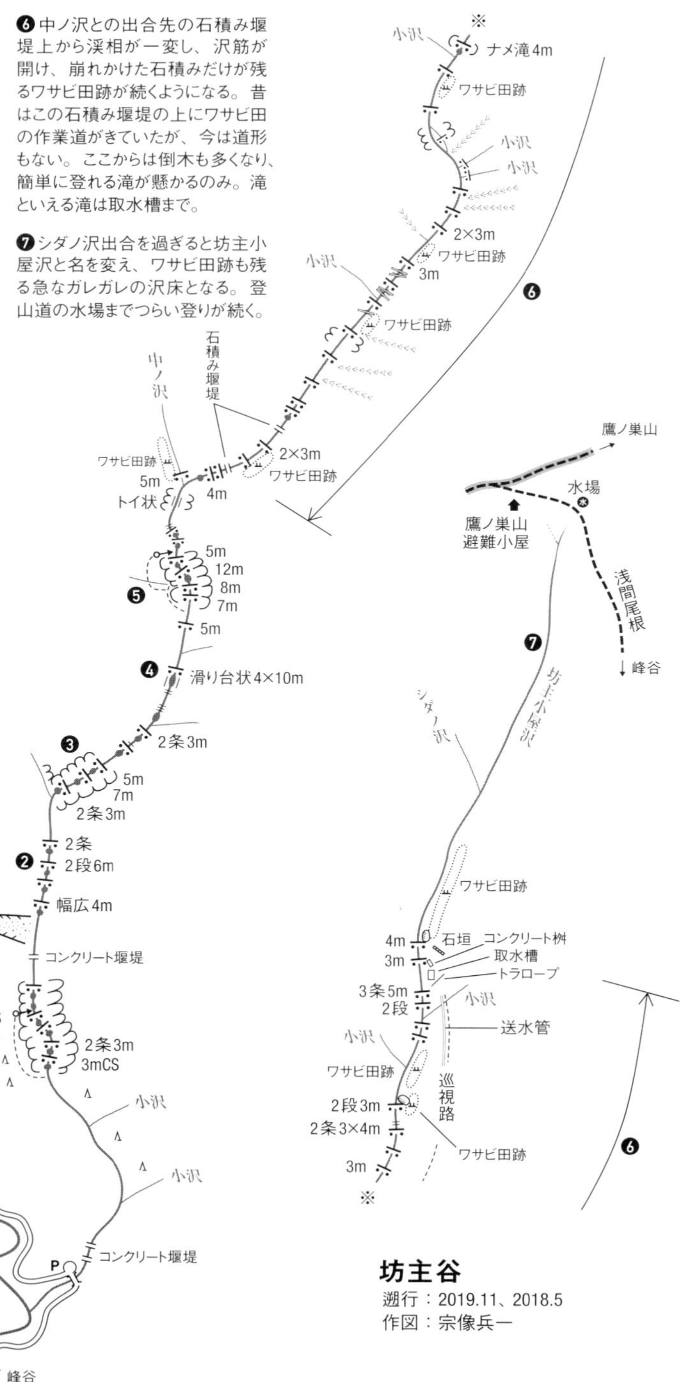

坊主谷

遡行：2019.11、2018.5
作図：宗像兵一

多摩川水系
後山川

塩沢甚助窪（しおじんすけくぼ）

初級 1級上／III
適期 4月中旬〜10月中旬
日程 1日（遡行3〜3.5時間）

深山の明るい渓相に癒やされる沢

塩沢は小雲取山と七ツ石山の南面を水源とし、奥甚助窪、中甚助窪と本沢の3つが合流して後山川に流れ込んでいる。明るい渓相のなか、適当な間隔でナメやナメ滝、ミニゴルジュ、美滝が現われる。初級者には手応えのある快適な遡行を楽しめ、深山の雰囲気も満喫できるところ。中甚助窪以降、癒やしの渓相は一変して沢は傾斜を増す。奥の二俣の右沢は胸突き八丁のガレとササの急登が続き、最後は体力勝負のツメとなる。左沢は水量もあり小滝が連続して懸かる。二又手前にある2連の滝を越えると急なツメとなる。初級の沢を2〜3回経験した人向きの沢だ。

アクセス　行き：JR奥多摩駅（西東京バス38分）お祭　**帰り**：鴨沢（西東京バス34分）JR奥多摩駅
マイカー情報　国道411号（青梅街道）のお祭から後山林道へ入り片倉橋先のゲートまで。片倉橋手前に6〜7台程度の駐車スペースがある。
参考タイム　塩沢林道終点（40分）諸左衛門谷（1時間25分）奥甚助窪（1時間25分）1350m奥の二俣（1時間10分）登山道
標高差　880m
装備　基本装備
地図　丹波
温泉　①もえぎの湯（月曜休）☎0428-82-7770　②小菅の湯（金曜休）☎0428-87-0888

アプローチ

お祭バス停から後山林道を塩沢橋まで約1時間45分、さらに塩沢沿いの林道を終点（ヨモギ尾根登山口）まで約10分歩く。車利用の場合、片倉橋の駐車スペースから入渓点まで約45分。

下降ルート

登り尾根を下り鴨沢バス停まで約2時間30分。片倉橋ゲートへは七ツ石尾根にあるモノレールの軌道沿いを約2時間30分。車2台の場合、鴨沢の駐車場に1台デポすれば、下山後の回収もスムーズにできる。

小屋跡下の8×10mの滝を登る

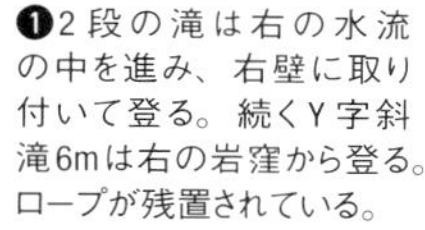

❶2段の滝は右の水流の中を進み、右壁に取り付いて登る。続くY字斜滝6mは右の岩窪から登る。ロープが残置されている。

❷深い釜をもった3m滝はフィックスロープの垂れ下がる左壁を登る。上部はハングするので注意。沢への下降ルートは高度感があり、足場が不安定なので慎重に。ここにもフィックスロープがある。

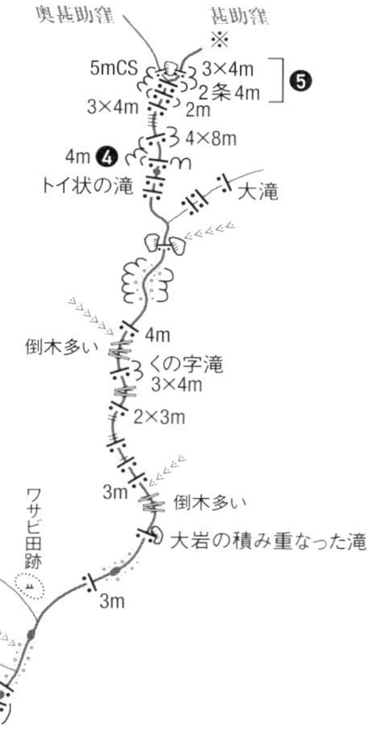

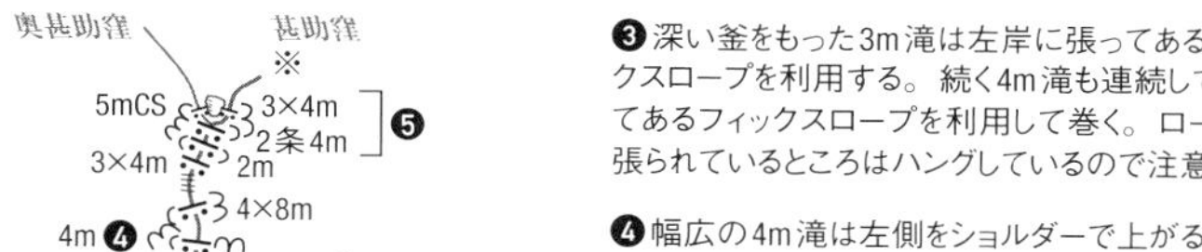

❸深い釜をもった3m滝は左岸に張ってあるフィックスロープを利用する。続く4m滝も連続して張ってあるフィックスロープを利用して巻く。ロープの張られているところはハングしているので注意。

❹幅広の4m滝は左側をショルダーで上がる。

❺2条4mは左壁を直登。続く大岩で挟まれた左CS5mと右3×4mは右側の斜滝を大岩の下をはい上がるように登る。上がったところが奥甚助窪との出合（1:1）だ。

❻2条5mはホールドが細かく難しいので、右岸を高巻き、懸垂で沢床に下りる。

❼奥の二俣は水流のある左沢へ入る。右沢はチョロチョロだが七ツ石尾根へは最短で上がれる。左沢は小滝が続く。

❽左沢最後の二又下に2連の大滝が懸かる。調査遡行時は時間がないので右岸のスギ植林帯を上がり、枝尾根に出て登山道に上がった。大滝1段目の7m滝は左に傾いた斜滝で右壁が登れる。上の滝は登っていないので不明。両岸が岩壁となっているので、上段が登れない場合は滝下まで戻って高巻きしなければならない。

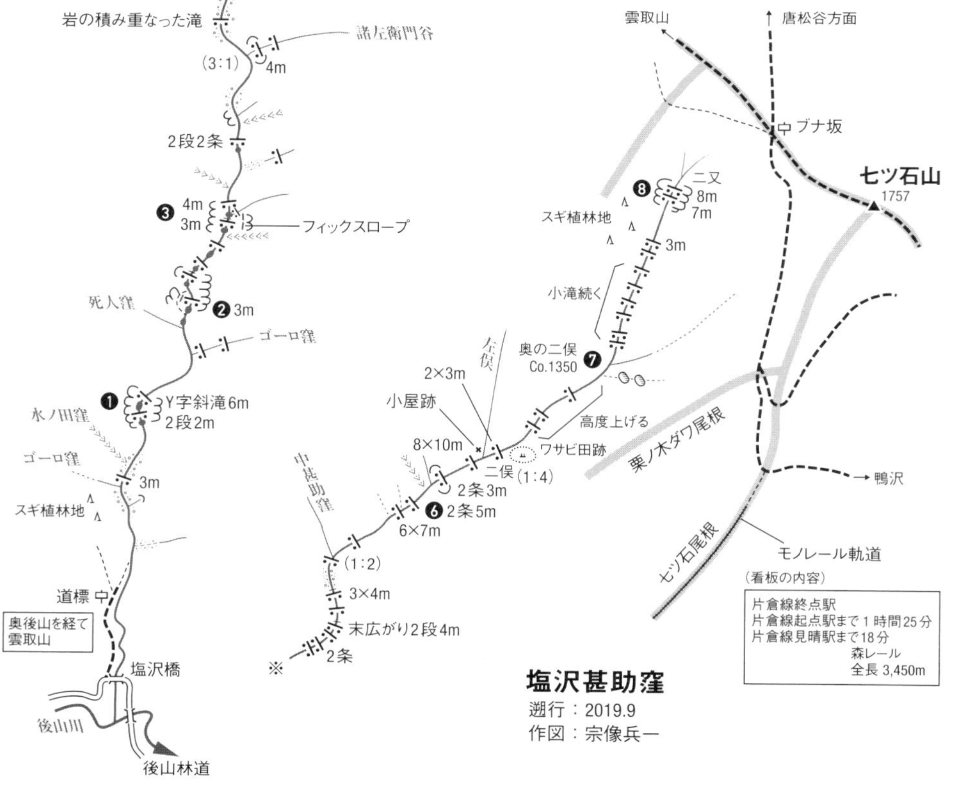

塩沢甚助窪

遡行：2019.9
作図：宗像兵一

奥秩父の沢

奥秩父の沢は山梨県側の笛吹川水系と多摩川（丹波川）源流、埼玉県側の荒川水系に分けられ、県境の奥秩父の山々を挟んで、まったく渓観が異なる。笛吹川水系の沢は比較的アプローチが短く、首都圏から日帰りのできる沢が多い。特に東沢の各沢は、白い花崗岩系のスラブの岩壁に囲まれた明るい沢が多く、ナメとナメ滝とスラブをフリクションを利かせて登る登攀的な沢が多い。多摩川源流の谷と荒川水系の沢は交通の便が悪く、特に荒川水系の沢はアプローチも長い。沢登り目的で入る人は少ないが、苔むした深山幽谷の趣が濃く、昔から美渓、悪渓といわれる沢や谷の多い水系だ。

多摩川水系

[丹波川流域]　後山川右岸の沢に三条沢、権現谷、御岳沢があり、いずれも初級者向きの沢だが、片倉谷の橋付近に車止めのゲートができたことで日帰りが難しくなった。中流部の滑瀞谷は、すぐに小常木谷と火打石谷とに分かれる。小常木谷は難しい登攀を強いられる谷で、置草履の悪場と呼ばれる滝場をもち、中級以上の遡行者を迎え入れる美渓だ。

丹波川本流の泉水谷出合から一之瀬川出合まではウォータークライミングの好ルートだったが、本流沿いを通る青梅街道のトンネル工事の影響で多くの淵が埋まり、水も汚れ、以前の面影はない。

[一之瀬川流域]　多摩川の水源である一之瀬川の支谷には、多摩川源流域を代表する美渓といわれる大常木谷、竜喰谷がある。一之瀬川本流の大ゴルジュは、首都圏のウォータークライマーを虜にする魅力ある好ルートだ。

荒川水系

[大血川流域]　地味な流域だが、西谷に遡行価値のある沢があり、本谷のワレイワ谷はコバルトブルーの淵をもつ神秘的な谷だ。石楠花沢は、すぐに右俣と左俣とに分かれるが、ともに大滝をもち、中級者向きのなかなか楽しめる沢だ。

[中津川流域]　中津川の集落までバスが通っており、川沿いに長野県側へ抜ける道が続いているので入渓しやすい流域だ。奥秩父側の右岸の沢では、大若沢が初級者向きの沢として登られる程度だ。

[大洞川流域]　三峰山、雲取山、将監峠と連なる奥秩父主脈の山々と、仙波尾根から二瀬尾根に囲まれた広大な流域面積をもち、荒川水系中、最も遡行価値のある沢が多い。本流の井戸沢は奥秩父有数の悪渓といわれる沢で、上流部の支沢である椹谷、栂ノ沢、惣小屋谷、荒沢谷、中下流部の市ノ沢、手戸沢、和名倉沢などがよく登られている。ただ、近年鮫沢の橋のところにゲートが設けられ荒沢橋まで車で入れなくなっているので、入渓が非常に不便になっている。特に井戸沢の遡行が１泊２日では難しくなってしまったのは残念だ。

[滝川流域]　雁坂トンネルの開通により入渓しやすくなったが、国道140号の工事の影響をもろに受け、変貌の著しい流域だ。本流筋はトンネル工事の影響で水量が少なくなり、度重なる台風による豪雨で多くの淵が埋まり、以前のようなダイナミックな渓谷遡行は期待できなくなったが、古礼沢、槙ノ沢、八百谷、金山沢は工事の影響を受けることはなく楽しめる。支沢で工事の影響を受けたのは豆焼沢だが、上流部の大滝

大常木谷の不動滝2段5+7m

を筆頭とした滝群の美しさは健在だ。また、近年「瀧谷洞」という関東地方最大級の洞窟が豆焼沢で発見されている。

[入川流域]　荒川の源流となる流域で、真ノ沢、股ノ沢、大荒川谷があり、本谷真ノ沢は、奥秩父の代表的な名瀑「千丈ノ滝」をもち、上流部は原生林の中をゆったりと流れ、ほかのどの沢よりも奥秩父を感じる深山幽谷の沢だ。股ノ沢は流域のなかでは美渓として知られ、大荒川谷はナメとナメ滝の連続するきれいな沢だ。

笛吹川水系

沢登りの対象となる上流部は、国師ヶ岳から甲武信ヶ岳、雁坂峠と連なる主稜線の山々と国師ヶ岳から黒金山の支尾根に囲まれた流域で、主役をなすのは東沢だ。

[東沢流域]　本谷の釜ノ沢は奥秩父を代表する名渓だ。初級者憧れの沢で、千畳のナメ、両門ノ滝は観光ポスターにも使われるため入渓者が絶えない。ほかに東のナメ、西のナメ、乙女ノ沢、ホラノ貝沢があるが、傾斜がきつく、難しい登攀を強いられ一般的ではない。鶏冠谷はきれいなナメやナメ滝が多く、笛吹川水系では遡行価値の高い沢だ。また釜ノ沢の上流部には、ナメ滝を連続させるカラ沢が人知れず眠る。

[その他]　西沢は観光地化され、上部に林道が通り、この流域の沢を登る人はまれだ。東沢・西沢出合の下流で左岸に流入するヌク沢の左俣には250mを超える大滝があり、初級者にも登れるので人気の沢だ。西破風山を水源とする久渡沢ナメラ沢は平ナメの続く明るくきれいな沢で、初心者向きの沢として紹介されるが、ツメと下山が長く、下山路の選択次第で沢登りの楽しさをなくしてしまうので注意しよう。

＊

そのほか、国師ヶ岳から金峰山、小川山の主稜線の長野県側には千曲川支流の金峰山川、梓川が、山梨県側には釜無川支流の荒川、塩川流域の各沢があるが、沢登りとしてのおもしろさはない。唯一、山梨県側の本谷川金山沢が登られる程度だ。

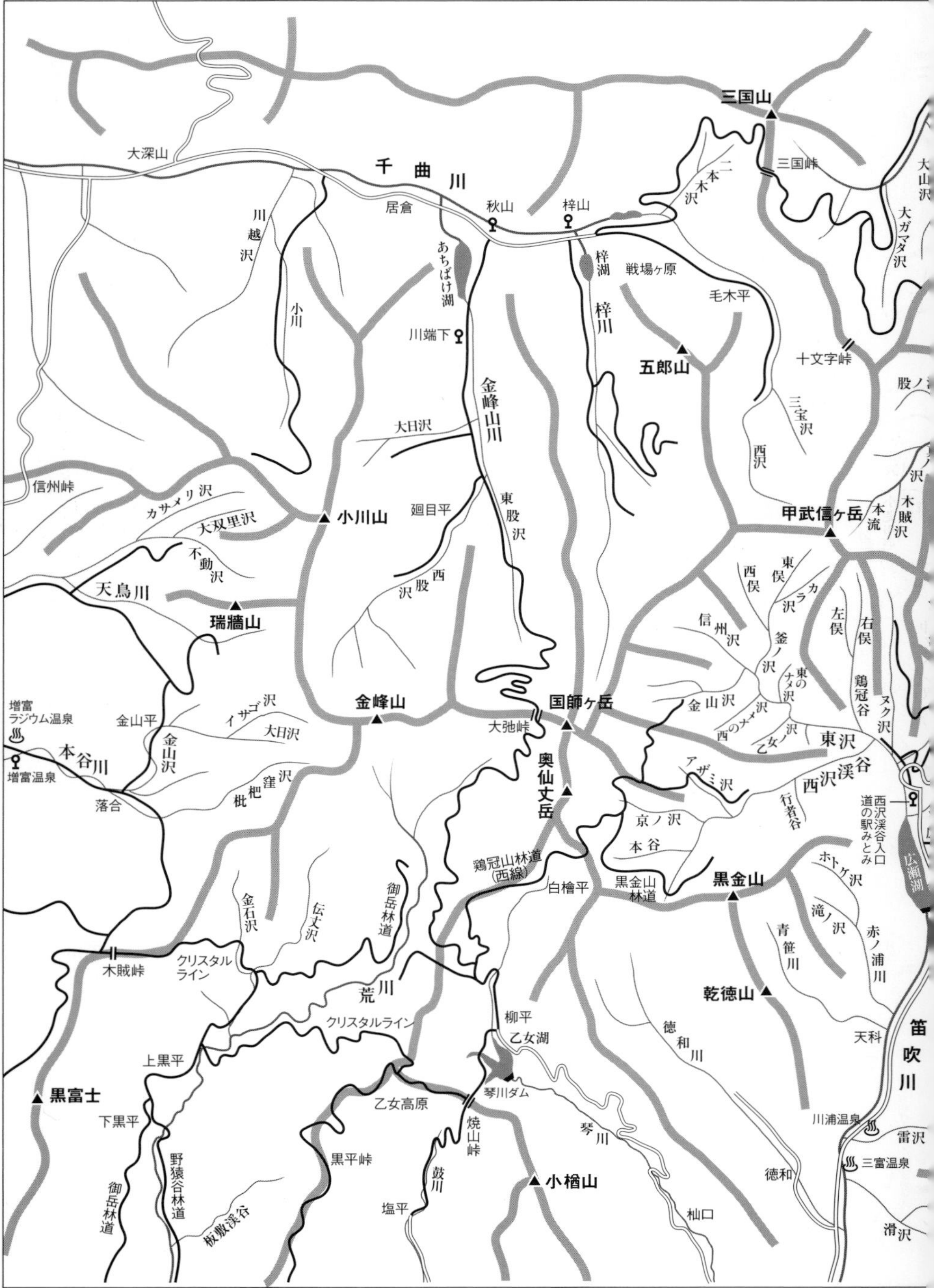
三国山
三国峠
大山沢
大ガマダ沢
大深山
千曲川
居倉
秋山
梓山
二本木沢
川越沢
あちばけ湖
梓湖
戦場ヶ原
毛木平
小川
梓川
川端下
五郎山
十文字峠
金峰山川
三宝沢
大日沢
西沢
信州峠
カサメリ沢
大双里沢
廻目平
東股沢
小川山
甲武信ヶ岳
本流
木賊沢
不動沢
西股沢
東俣
西俣
カラ沢
天鳥川
瑞牆山
信州沢
釜ノ沢
左俣
右俣
東のナメ沢
鶏冠谷
ヌク沢
増富ラジウム温泉
イサゴ沢
金峰山
金山沢
国師ヶ岳
金山平
大日沢
大弛峠
西のメメ沢
乙女ノ沢
東沢
金山沢
西沢渓谷
本谷川
奥仙丈岳
アザミ沢
増富温泉
琵琶窪沢
行者谷
西沢渓谷入口
道の駅みとみ
落合
京ノ沢
本谷
広瀬湖
ホトケ沢
鶏冠山林道（西線）
白檜平
黒金山林道
黒金山
御岳林道
金石沢
伝丈沢
滝ノ沢
青笹川
赤ノ浦川
木賊峠
クリスタルライン
荒川
乾徳山
柳平
乙女湖
徳和川
クリスタルライン
天科
笛吹川
上黒平
黒富士
乙女高原
琴川ダム
川浦温泉
下黒平
焼山峠
雷沢
黒平峠
琴川
三富温泉
鼓川
徳和
小楢山
野猿谷林道
御岳林道
板敷渓谷
塩平
杣口
滑沢

❺左右に固定ロープや残置スリングがあるが、ホールドがないので泳いだほうが早い。

❻右岸を簡単に巻ける。

❼下段5mは右側を、上段7mは左側を登る。上段は最後が立っており、水量が多いときはシャワークライムになるので難しい（Ⅲ+）。通常、上段は右岸の枝沢を上がり、以前は懸垂で沢床に下りたが、そのままトラバース気味に沢に下ることもできる。

❽カンバ谷出合を過ぎると開けた谷となり、ゴーロ状の河原となる。

❾会所小屋跡付近で大常木林道が谷を横切るがわかりにくい。日帰りの場合はここで遡行を打ち切り、大常木林道を二ノ瀬または林道の途中から竜喰谷を下降して一之瀬林道に出る。大常木林道はかなり荒れているので注意。

❿上流部に入って、しばらくはゴーロ状の河原にナメやナメ滝が続く。タエモン沢出合上部の釜付きのナメ滝群は問題なく登れる。

⓫大岩で水流が二分された滝。右側が簡単。左はシャワークライムとなる。

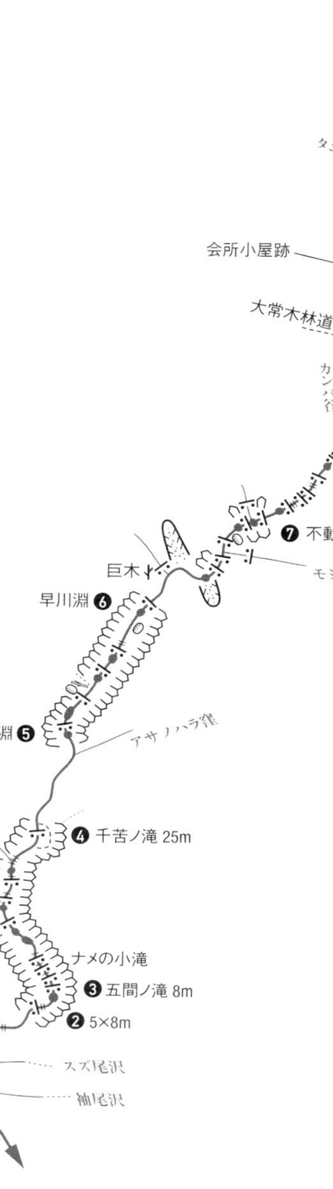

大常木谷

遡行：2017.5（会所小屋跡まで）
作図：宗像兵一

❶「山火事防止（～以下略）」神金分団第九部の看板があるところが入渓点。ここから支尾根沿いに踏み跡が一之瀬川に下っているが、非常に急で転落事故が多いので充分注意すること。下りたら一之瀬川に沿って下降する。

❷倒木を利用して滝に取り付き登る。倒木がないと泳ぎとなる。巻きは右から。この滝のナメの部分の壁に奇岩があるのでのぞいてみよう。

❸五間ノ滝は地形図上の滝記号よりも上にある。ここは釜の右側をへつり、水流右脇を登る。ホールドが豊富にあり、快適に登れる。ただ釜のへつりは取付が深く、少し泳ぐことになる。

❹左岸の踏み跡に従って高巻く。高度感があるので慎重に。トラバース箇所にロープがフィックスされているが、持参したロープを使ったほうが安全だ。

丹波川水系
一之瀬川

竜喰谷（りゅうばみ）

中級 2級下／III＋ ＊すべての滝を登った場合
適期 5月上旬〜11月上旬
日程 1日（遡行5.5〜6時間）

滝の美しさに魅了される谷

水量の多い谷で、「滝に始まり滝に終わる」といわれるほど多くの滝が懸かり、そのひとつひとつが非常にきれいな滝だ。またナメ床も多く、中流部までの深い谷筋を覆う広葉樹林は深山幽谷の趣を漂わせ、上流部のカラマツ林が、水に打たれ滝を登ってきた遡行者の心を和ませる。竜喰谷は沢登りの楽しさ、おもしろさが凝縮された奥秩父の名渓だ。すべての滝が登れる中級者向きの沢だが、釣り人が多いため巻き道もしっかりしており初級者でも登れる。なお、国土交通省京浜河川事務所のHPでは、下駄小屋ノ滝はヤソウ小屋ノ滝、曲り滝は竜神ノ滝となっている。

アクセス　行き・帰り：JR奥多摩駅またはJR塩山駅（タクシー約50分）石楠花橋手前
マイカー情報　奥多摩または塩山方面から青梅街道を一ノ瀬方面へ進み、一之瀬高橋トンネル西側から一之瀬林道に入り、石楠花橋手前まで。付近に駐車スペースがある。
参考タイム　一之瀬林道（10分）竜喰谷出合（40分）精錬場ノ滝（1時間）下駄小屋ノ滝上（1時間5分）曲り滝上（10分）中ノ平沢（2時間20分）大常木林道
標高差　460m（大常木林道横断地点まで）
装備　基本装備
地図　柳沢峠、雁坂峠
温泉　①のめこい湯（木曜休）☎0428-88-0026
②大菩薩の湯（火曜休）☎0553-32-4126

アプローチ

タクシーまたはマイカーで一之瀬林道の石楠花橋手前まで。林道から踏み跡を一之瀬川に下り、本流を徒渉して出合に着く。本流に懸かる竜喰谷出合滝の中段で出合うのが竜喰谷だ。行き・帰りとも車利用でないと日帰りは難しい。

下降ルート

大常木林道を二ノ瀬または三ノ瀬へ下山する。大常木林道は中ノ平沢乗越を過ぎ、2つ目の枝沢のところの分岐を左に折れ、山道を道なりに進めば二ノ瀬に、分岐を直進すれば三ノ瀬に下れる。二ノ瀬までは約1時間40分。

上／曲り滝10m（❻）
左／下駄小屋ノ滝12mを登る（❸）

❶直登は右壁からだが、最後がいやらしい。巻き道は左にある。

❷金鉱が近くにあることから名づけられた8mの幅広滝。右を登れるがぬめっており、岩がもろいので注意。巻きは右から。滝上右岸に二ノ瀬からの山道がある。

❸竜喰谷最大の落差をもつ下駄小屋ノ滝は釜をへつり、左のリッジから登る。中段が黒光りして滑りやすいので慎重に。上段は外傾したバンドにある細かいホールドを利用してへつり落ち口へ。2018年は残置ロープがあり簡単に落ち口へ出ることができた。巻き道は右岸にある。

❹水流を登れるが、通常、左壁の水流際を登る。滝上はナメ床が続く。

❺左側から滝の中央を水流を浴びながら登る。

❻曲り滝は直瀑。ここは右壁から取り付いて登る。中段までは残置ハーケンがあるが、上部は残置がなく、かぶっていて悪い。しっかりしたホールドがあるので、飛沫を浴びながら登れる（Ⅲ+）が、水量の多いときは迷わず高巻くこと。巻き道は❺の滝手前から右岸にあり、大高巻きになる。この巻きでは転落事故が起きているので充分注意すること。曲り滝手前からも巻き道に上がれる。

❼中央をシャワークライム。巻きは左岸のササの中から。

❽左壁を登る。ホールドが細かく、岩がもろいので注意。巻きは右岸の枝沢から。

❾倒木が立てかかった左壁から取り付き、落ち口は倒木の隙間から強引に上がる。右壁からも登れるが落ち口が滑りやすい。巻きは左岸。

❿楢ノ沢を分け、井戸沢に入るとすぐ大常木林道の木橋に出る。ここから上流はササがかぶり遡行価値はない。

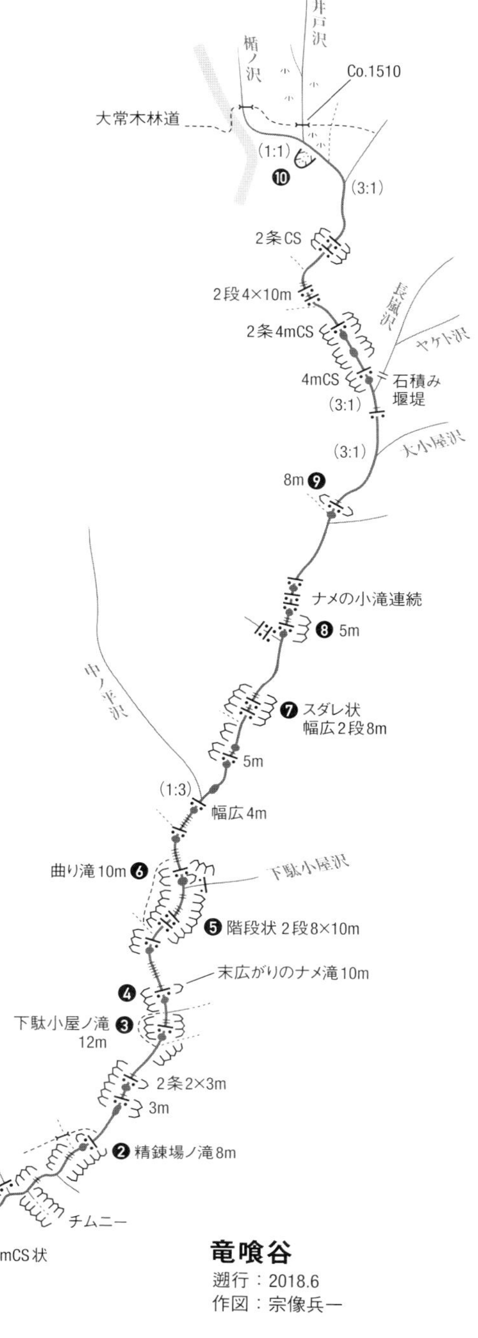

竜喰谷
遡行：2018.6
作図：宗像兵一

＊右俣遡行4～4.5時間、左俣遡行3～3.5時間

荒川水系
大血川

西谷石楠花沢（にししゃくなげ）

中級 2級下／III-
適期 4月下旬～11月
日程 1日（遡行7～8時間）＊

奥多摩の裏側にこんな沢があったとは……

大血川（おおち）流域は、奥多摩のすぐ裏側にありながら、アプローチの不便さからほとんど登られることはない。この石楠花沢は苔むした谷底と緑濃い樹林に囲まれた中に、多くの滝をもちなかなか手強い沢だ。

本流であるワレイワ沢との出合からしばらく行くと二俣となる。右俣は出合から連瀑帯となり、特に、奥にある30mの滝は大血川水系一の大滝だ。中流部もゴルジュの中に滝が連続して非常に楽しめる。源頭部は急激に高度を上げて、ヤブこぎなしに長沢背稜の登山道に上がれる。

一方、左俣の出合付近は右岸の大崩壊で埋まっているが、ここを過ぎると苔むした小滝が続くようになり、この沢のポイントとなる大滝の「通らず」が現われる。苔むした大きな滝をもつ連瀑帯なので、ここは左岸から高巻く。滝上にも4つほど滝が懸かるが、最後の滝を越えると水量もなくなり、ヤブこぎなしに登山道に上がれる。

アクセス　行き・帰り：秩父鉄道三峰口駅（タクシー約25分、約11km）入渓点
マイカー情報　国道140号の太陽寺入口から大血川林道に入る。大血川渓流観光釣場を過ぎ、1.8kmほど先で林道が大きく右に曲がり、西谷から離れる付近が入渓点だ。
参考タイム　西谷林道入口・入渓点（35分）ワレイワ沢・石楠花沢出合（10分）二俣（右俣遡行：2時間）奥の二俣（1時間15分）登山道（25分）長沢山（左俣下降：30分）奥の二俣（2時間）二俣（35分）入渓点
標高差　700m　**装備**　基本装備
地図　雲取山
温泉　①祭の湯（無休）☎0494-22-7111
②武甲温泉（無休）☎0494-25-5151

アプローチ

西谷に向かい延びている林道に入り、適当なところから入渓する。

下降ルート

滝の多い右俣を登り、左俣を下降すれば約3時間で入渓点へ戻れる。

右／中流部ゴルジュ帯の8m滝
左／石楠花沢二俣

④

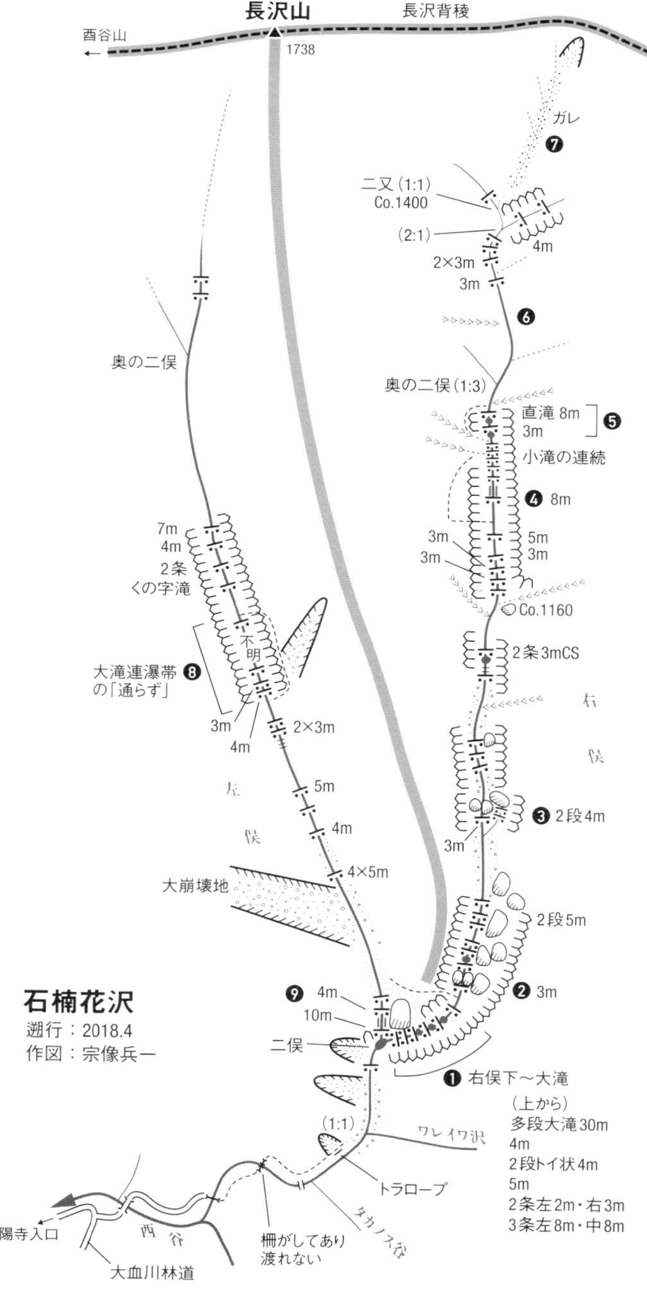

石楠花沢

遡行：2018.4
作図：宗像兵一

❻ガレの荒れた沢床が続く。

❼沢全体がガレに埋め尽くされた急斜面。落石に注意しながら上がる。最後は左の枝尾根から登山道に出る。

❽左岸のガレルンゼから高巻く。最後の滝上にはトラバースしていくが、岩が立っているので注意。

❾右岸を高巻き10m滝上に出る。右俣の滝を2段トイ状4m滝まで登り、二俣を分ける大岩側から上の河原に出ることもできる。

❶2段トイ状の滝までは簡単に上がれるが、水量の多いときは、左俣から上がりトイ状滝に出る。続く4m滝は右の壁際をスリップに注意しながら上がる。滝上に出ると正面に多段の大滝が現われ行く手を塞がれる。この滝は登れないので右岸を高巻く。高巻きは4m滝の下降が難しいので、トイ状滝手前から左俣に入り、左俣左岸を高巻いて滝上に出るとよい。

❷右の大岩を上がり滝上に出る。

❸洞窟に分け入る滝。左の大岩の隙間からはい上がる。高巻きは左岸。

❹左から取り付き、水流を直上する。滝上のトイ状部分はスリップ注意。水量の多いときは5m滝を上がったところから右岸を高巻いて滝上に出る。高巻きは傾斜が急だが20mほど上がるとかすかな踏み跡があるので、それをたどりガレルンゼを下る。

❺直登不能な8m直滝は手前の滝とともに右岸から高巻く。右俣の核心部はここまでで、滝上は開けた渓相となる。

荒川水系
中津川

大若沢（おおわか）

初級 1級／Ⅲ－
適期 4月下旬～11月上旬
日程 1日（遡行2.5～3時間）

沢沿いに遊歩道完備、大釜とナメ状滝の多い初級の沢

白泰山の西、赤沢山を水源とする沢で、下流部は彩の国ふれあいの森として遊歩道が沢沿いに整備されている。水量も多く、適度にきれいな滝が懸かり、そのほとんどが登れるので、初心者・初級者も沢登りの楽しさ、おもしろさが充分堪能できる沢だ。特に周辺は天然林が残され、新緑のころはすばらしい渓谷美を見せる。ただ長滑沢出合を過ぎるとゴーロとなり、沢も荒れてくるので、遊歩道の終点である長滑沢の出合で遡行を打ち切り、遊歩道を下山するとよい。下山路にはアズマシャクナゲの自生地があるので、沢登りの帰路、周遊コースを探勝するのもよいだろう。

アクセス　行き・帰り：秩父鉄道三峰口駅（西武観光バス1時間5分）中津川　※土曜・休日は下り始発便・上り終発便が西武秩父駅発着となる
マイカー情報　関越道花園ICまたは中央道勝沼ICから国道140号、県道210号経由で中津川方面へ向かい、中津川バス停を過ぎて学習の森大若沢休憩所まで。無料駐車場とトイレがある。
参考タイム　学習の森大若沢休憩所（10分）勘兵衛ノ滝（25分）金山沢出合（40分）920m二俣（30分）長滑沢出合（25分）1060m奥の二俣（20分）長滑沢出合
標高差　220m
装備　基本装備
地図　中津峡
温泉　遊湯館（木曜休、GW・夏期・紅葉期は無休）☎0494-55-0126

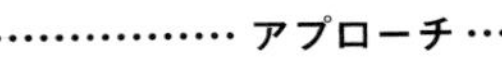

アプローチ

中津川バス停から大若沢休憩所まで徒歩約30分。バスの便が少ないのでタクシーまたはマイカー利用が便利だ。

下降ルート

長滑沢出合から学習の森登山道を大若沢休憩所まで約45分。中津川バス停までさらに約30分。

不動滝を登る（❸）

魚止ノ滝を登る（❻）

❺小滝や長淵、ナメの続く、非常にきれいなところ。

❻大きな釜をもったナメ状の非常にきれいな滝。釜の左側をへつり、左壁に取り付き登る。滑りやすく、初心者・初級者にはロープ必要。

❼大釜の左側をへつり、滝の中段をトラバースして越える。

❽お椀のような形をした濃いエメラルドグリーンの深い釜をもった直滝。右岸を簡単に巻けるが、右壁を登ることもできる（初心者・初級者にはロープ必要）。滝上は長いトロ場となっている。

❾本流はゴーロとなり河原歩きに終始するので、ここで遡行を打ち切るとよい。ここまで遊歩道が続いている。長滑沢は20mほどの大滝があるが、それ以外は平凡な沢。

❿苔が多く、一面緑のじゅうたんを敷きつめたような景観が広がる。時間があれば奥の二俣まで遡行するとよいだろう。

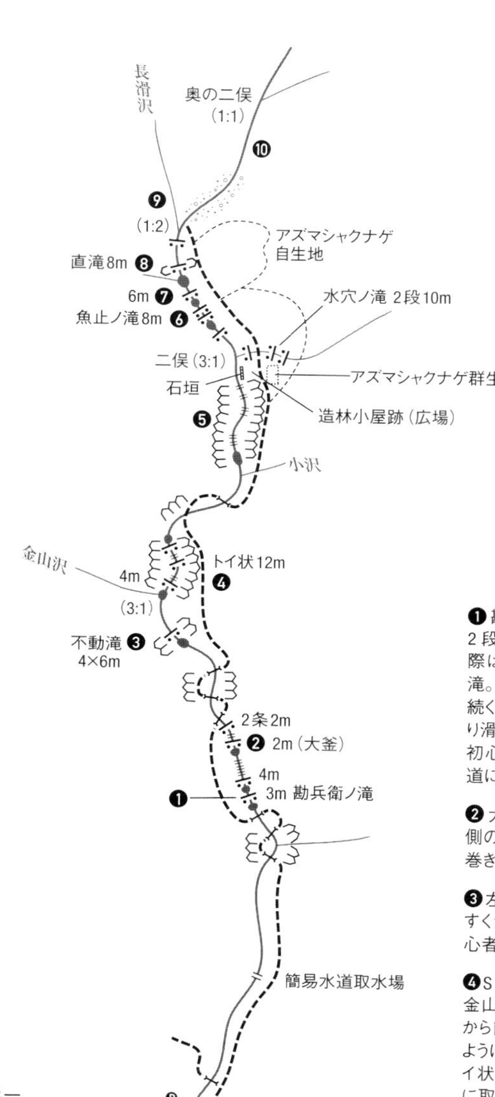

大若沢

遡行：2017.7
作図：宗像兵一

❶勘兵衛ノ滝は、遊歩道から2段の滝のように見えるが、実際は大きな釜をもった独立した滝。最初の3mは左壁を登り、続く4m滝は水際が黒光りしており滑りやすいが左右とも登れる。初心者・初級者は迷わず遊歩道に上がり高巻く。

❷大釜をもった滝で、釜の左側の水流際をへつり、滝を登る。巻きは右岸。

❸左壁からだが、最後が滑りやすく注意。残置支点あり。初心者・初級者にはロープ必要。

❹S字状に屈曲したゴルジュ。金山沢出合に懸かる4m滝を右から簡単に越えると、U字溝のようになって流れ落ちる12mのトイ状の滝で滑りやすい。左壁に取り付き、残置支点を利用してリッジを上がる。初心者・初級者にはロープ必要。

荒川水系
大洞川

和名倉沢（わなぐら）

中級 2級／III
適期 5月～10月
日程 2日（遡行8～9時間）

豪快な滝を数多く有する大洞川出色の渓谷

奥秩父の秘峰・和名倉山を水源とし、幽邃な深い森の中を大小数多くの滝を懸けつつ豪快に流れ下る、大洞川（おおぼら）出色の渓谷である。その水の多さ、滝の多彩さ、谷の深さ、どれも特筆に値し、奥秩父の渓谷を志すならば一度は遡ってみたい一本である。奥深い位置にあるため、遡行に1日半、下山に半日を要する。渓流釣りの解禁日以降は釣り人も入渓してくるので、くれぐれもトラブルのないようにしたい。また、ヌメリが強くゴム底の靴は滑りやすいので注意。

アプローチ

雲取林道入口から県道を少し戻り、ガードレールの切れ目から踏み跡をたどって入渓点へ。駐車スペースから約30分。吊橋がロープで封鎖され渡れないので、河原に下りて対岸へ上がる。

下降ルート

二瀬尾根の登山道を秩父湖方面へ下る。あまり歩かれていない登山道だが、迷うほどのことはない。県道まで約3時間40分。

アクセス　行き：西武秩父駅（西武観光バス1時間）雲取林道入口　※秩父湖～三峰神社はフリー乗降区間　**帰り**：埼玉大秩父山寮前（西武観光バス55分）西武秩父駅
マイカー情報　国道140号を秩父湖方面へ向かい、秩父湖の二瀬ダム駐車場の先で県道278号へ左折、県道が大きく左へアピンカーブするところの雲取林道入口に駐車スペースがある。または秩父湖二瀬ダム駐車場に駐車し、バスを利用する。
参考タイム　入渓点（3時間10分）大滝上（2時間40分）1470m幕営地（1時間）1680m二俣（右俣1時間）登山道
標高差　1420m　**装備**　基本装備
地図　三峰、雲取山、雁坂峠
温泉　①遊湯館（木曜休、GW・夏期・紅葉期は無休）☎0494-55-0126　②祭の湯（無休）☎0494-22-7111

弁天滝（❶）

大滝2段40m（❹）

❼右岸から高巻く。下降点にフィックスロープがある。

❽放射線状の多段の滝は右岸から高巻く。下降点にフィックスロープがある。

❾下段5mは右側を登る。続く8mは左岸のルンゼから高巻く。

❿下段は左岸枝沢から高巻き、上段は右を登る。

⓫左俣、右俣どちらをとってもヤブこぎなしに登山道に上がれるが、右俣は沢床に倒木が多くなる。

❶左岸のガレルンゼから高巻く。赤テープがある。

❷大釜をもつ6m直瀑は上段が見えないが２段の滝となっている。左岸から高巻く。

❸「通らず」は8×15mから始まる多段のナメの連瀑帯である。右岸に明瞭な踏み跡があるので、これをたどり大滝下に出る。赤テープが随所にあり、悪場には固定ロープも張られている。

❹大滝は左岸ルンゼから取り付き、トラバースして滝上に出る。赤、青色の古いテープがあるので見落とさないように。下りたところの船小屋窪先に絶好の幕営地がある。

❺上段が２条の15m滝は右岸から高巻く。

❻右岸を小さく巻いて、落ち口へ向けて水流際を斜上して越える。

和名倉沢

遡行：2017.6
作図：宗像兵一

荒川水系
大洞川

荒沢谷

初級 1級上／II

適期 5月上旬～10月

日程 2日（遡行5.5～6.5時間）

豊かな水量で流れる大洞川流域入門の沢

雲取山北西面を水源とし、アシ沢、桂谷を合わせて大洞川に注ぐ荒沢谷は、大洞川流域入門の沢だが、荒沢橋からは想像もできない水量の多い沢だ。側壁が朱色に見えることからベンガラの滝と呼ばれる荒沢谷唯一の直瀑と、唯一の「通らず」である井戸淵が、障壁となって入渓を阻んでいる。以前は足のそろったパーティなら日帰り可能だったが、現在はかなり手前の鮫沢橋にゲートがあり日帰りは難しい。釣り人とのトラブルを避けるためにも、午後から入渓し、1泊2日の余裕ある日程としたい。

アプローチ

雲取林道（大洞林道）入口から鮫沢ゲートまで約40分、ゲートから入渓点の荒沢橋まで約1時間。

下降ルート

登山道から雲取山荘経由鴨沢まで約3時間30分。山荘経由で三峰神社へ下ると約4時間30分。車利用の場合は、狼平から狼谷を下降して荒沢橋まで約3時間40分。ここから鮫沢ゲートまで約1時間。雲取山荘から三峰神社方面へ向かい、炭焼平付近から尾根を鮫沢ゲートへ下ることも可能だが、ルート取りが難しく時間もかかる。

アクセス　**行き**：西武秩父駅（西武観光バス1時間）雲取林道入口　※秩父湖～三峰神社間は自由乗降区間　**帰り**：鴨沢（西東京バス37分）JR奥多摩駅、または三峰神社（西武観光バス1時間15分）西武秩父駅
マイカー情報　国道140号を秩父湖方面へ向かい、二瀬駐車場の先で三峰神社方面へ左折、途中から雲取林道へ入り鮫沢橋まで。ゲート前駐車スペースがいっぱいのときは手前の路肩にもスペースがある。
参考タイム　荒沢橋（1時間20分）菅ノ平（1時間）狼谷出合（1時間10分）大雲沢・北雲沢出合（北雲沢遡行1時間50分）登山道
標高差　1050m　**装備**　基本装備
地図　雲取山
温泉　①遊湯館（木曜休、GW・夏期・紅葉期は無休）☎0494-55-0126　②もえぎの湯（月曜休）☎0428-82-7770

ベンガラの滝（❸）

上流部も苔むした沢の遡行が続く

❶荒沢橋からは、踏み跡をそのままたどると尾根に取り付くので注意する。右岸に比較的明瞭な踏み跡がアシ沢まで続いている。

❷ナメ滝が続くが、釜が深い。右岸を巻ける。

❸ベンガラの滝は左側にはっきりした巻き道がある。下降は滝を越えてすぐのところにあるチムニー状から懸垂下降する。踏み跡は菅ノ平まで続いている。

❹ベンガラの滝上のゴルジュの中はゴーロをなし、2〜3mの滝が連続する。増水時の遡行は難しい。

❺菅ノ平と呼ばれる平地は絶好のビバーク適地だ。

❻井戸淵はゴルジュの中に深い釜をもった小滝が連続するところ。泳いで滝に取り付き突破するが、通常は左側の踏み跡を拾って大きく高巻く。かなり急斜面につけられた道で、初心者・初級者がいる場合はロープで確保しながらになる。少し戻って左岸の小沢から高巻いたほうが安全だ。

❼狼谷出合からもしばらくゴルジュが続くが問題はない。谷が大きく左に曲がるあたりはビバーク適地。

❽北雲沢はしばらく2〜3mの滝が続き、滝場が終わるとガレた河原が続く。枝沢が入り組んでいるのでルート取りが難しい。地形図1775m点の右鞍部をめざしてルートをとると、ササヤブこぎわずかで縦走路に出る。

❾大雲沢のツメは長い急傾斜のガレが続くので落石に注意。ガレを登りきると雲取山西側の登山道に出る。

荒川水系
滝川

豆焼沢（まめやき）

中級	2級上／III
適期	5月中旬〜10月
日程	1日（遡行6〜7時間）

ナメ滝が連続する奥秩父の癒やし系の沢

雁坂嶺（かりさかれい）を水源とし、関東最大級といわれる鍾乳洞「瀧谷洞（ろうこくどう）」からの流水を集める沢で、手応えのある滝を秘め、滝川水系でも秀逸な渓だ。雁坂大橋がホチの滝の上に架かり、興ざめするかもしれないが、ホチの滝、トオの滝、大滝ともに堂々とした美瀑だ。何より圧巻は、この沢の看板ともいうべき両門ノ滝から続くスダレ状のナメ滝だ。心ゆくまで癒やされよう。中級の実力がついたらぜひともチャレンジしていただきたい。ただ釣り人の入渓も多いため、トラブルの報告も聞かれ、残念なことである。

足のそろったパーティであれば日帰りも可能だが、釣り人を避けて遅く入渓し、沢でのんびり1泊するほうが楽しめる。

アプローチ

出会いの丘裏のヘリポート付近からワサビ沢と本流が出合う地点をめがけて下降し、入渓する。下流部をカットする場合は、ヘリポート脇の山道をたどればトオの滝の手前まで行ける（約1時間20分）。本流遡行より1時間30分程度短縮可能だ。

アクセス　行き：秩父鉄道三峰口駅（タクシー約50分）出会いの丘　**帰り**：道の駅みとみ（山梨市民バス57分）JR山梨市駅、または西沢渓谷入口（山梨交通バス１時間）JR塩山駅
マイカー情報　中央道勝沼ICから塩山方面を経由して国道140号を北上、または関越道花園ICから国道140号を秩父・三峰口方面へ向かう。雁坂トンネル北側にある出会いの丘駐車場まで。
参考タイム　出会いの丘（1時間20分）トオの滝（2時間30分）大滝（1時間15分）両門ノ滝（1時間10分）登山道
標高差　1030m
装備　基本装備
地図　雁坂峠
温泉　①遊湯館（木曜休、GW・夏期・紅葉期は無休）☎0494-55-0126　②花かげの湯（月曜休）☎0553-35-4126

下降ルート

登山道を雁坂小屋、雁坂峠経由で西沢渓谷へ下山する。約３時間。出会いの丘へ戻る場合は、雁坂小屋経由で黒岩尾根登山道を約３時間50分。

上／両門ノ滝（⓫）
右／トオの滝の登攀（❸）

❿6mは右岸から巻き、続く4段20mは左岸の踏み跡に従って高巻き、2条5m滝下に下り、続く4mを左側から登ると沢が開ける。4段20mは登ることも可能だが、ここも難しい登攀（Ⅳ+）となるので巻き道を使って高巻く。ヌメリが強いのでむやみに取り付かないこと。

⓫二俣は両門ノ滝となっている。正面左俣は2段15mのスダレ状の滝、本流右俣は50mのスダレ状の滝となっている。右俣の50mのナメ滝登りが豆焼沢の核心。心癒やされるところだが、傾斜は緩いが距離はあるので足元を確認しながら慎重に、しかし楽しみながら登ろう。

❹左岸から水量の多い沢が入るが、この沢の奥に関東最大といわれる鍾乳洞「瀧谷洞」があり、入口の豆焼沢鍾乳洞から水があふれ出ている。

❺ツバクラの滝は2連の滝で、下段は右壁を、上段は左右どちらも登れるが、水量が少なければ左壁のほうが簡単だ。

❻下からは8mくらいに見える滝だが、さらにその上にも続いている12mほどの滝。右壁の水流脇を登るが、滑りやすいので注意。

❼以前、左壁に残置支点があったが、現在はなくなっている。右側が登れる。

❽大滝を直登する場合は、上・下段とも水流右側にルートがとれるが難しい登攀を強いられる（Ⅳ+）。通常は少し戻って右岸のガレ場から高巻く。巻き道は明瞭だ。

❾2条5mは左壁に残置支点はあるが難しい登攀になる（Ⅳ）。手前の4mともども左岸から高巻く。

❶ホチの滝は右岸のガレを使い巻く。踏み跡は明瞭だ。

❷前半の核心部ゴルジュ。小滝の奥に懸かる5mは残置スリングのある左から取り付いて登るが、水量が多いと厳しい。巻く場合は左岸から。続く3mもまとめて巻ける。沢に下りる地点に残置ロープがある。

❸トオの滝は2連の滝。下の滝は左壁を登り、上の滝も左側を巻き気味に滝上に出る。巻きは右岸。

荒川水系 入川 真ノ沢（しん）

中級 2級／III
適期 5月中旬～10月
日程 2日（遡行9時間）

甲武信ヶ岳北東面の水を千丈ノ滝に集める荒川の源流

甲武信ヶ岳東面を水源として、三宝沢、木賊沢、武信白岩沢といった顕著な支流を合わせ、柳小屋付近で股ノ沢と合流して入川となる。中流域までは沢を縫うように真ノ沢林道が通っているが、上流域は針葉樹の原生林の中をナメとなって滑り落ち、奥秩父の山深さを味わえる秀渓である。

股ノ沢出合はゴーロで、まもなく「通らず」となる。水量が多く突破するには相当な困難を伴いそうだ。釜をもつ小滝をいくつか越えていくとゴーロとなり武信白岩沢が出合う。千丈ノ滝2段35mは絶壁の間に全水量を豪快に落としている。この滝を見にくるだけでも価値はある。木賊沢出合付近は苔むした台地状の河原が広がり、ビバーク適地もある。標高1700mあたりからナメが続き沢幅が狭まってくる。多段のナメ滝を越えると三宝沢出合となる。所々両岸が切り立った岩盤帯をしばらく遡行すると、荒川源流の碑が立つ奥の二俣となる。

アプローチ

川又バス停から入川林道に入り、観光釣場の横を通り、入川に沿った軌道跡の登山道を真ノ沢を渡るところまで。観光釣場から真ノ沢まで約4時間。

「通らず」の入口（❶）

アクセス　行き：西武秩父駅（西武観光バス1時間2分）川又　**帰り**：西沢渓谷入口（山梨市営バス58分）JR山梨市駅　※JR塩山駅行きの山梨交通バスもある
マイカー情報　国道140号川又の入川橋から入川林道へ入る。入川渓流観光釣場の有料駐車場を利用。
参考タイム　真ノ沢の橋（3時間）千丈ノ滝下（1時間5分）木賊沢出合（2時間30分）三宝沢出合（1時間40分）荒川源流点（30分）甲武信小屋
標高差　1040m　**装備**　基本装備
地図　中津峡、雁坂峠、金峰山
温泉　①遊湯館（木曜休、GW・夏期・紅葉期は無休）☎0494-55-0126　②みとみ笛吹の湯（火曜休）☎0553-39-2610

下降ルート

西沢渓谷に下山する（最終バス時刻に注意）。車利用の場合は、車を2台用意して、1台を西沢渓谷にデポしておくとよい。

千丈ノ滝（❸）

❶水流が出てくると沢が大きく左に曲がるところに懸かる5mほどのナメ滝から傾斜のある大ナメ帯が始まる。沢幅いっぱいに広がるスラブ床に3～15mのナメ滝がほとんど切れ間なく次から次と懸かる。沢が大きく蛇行を繰り返す1950m付近までは、両岸のスラブ壁も傾斜が強い。1カ所、直上できずに側壁の樹林帯まで追い上げられて、懸垂で沢床に戻るところがある。そこを越えれば針葉樹林帯が沢床近くまで下りてくるので、ほとんどの滝は側壁を登れるようになる。

❷幅広のスラブ滝。逆層で傾斜も強く、左岸の側壁は切り立っているので、右岸側の壁際を登る。滑りやすいので注意。

❸8m滝の下から見ると、見上げるような大ナメ滝。とても登れそうには見えないが、右岸側を巻き気味に登れる。スリップすると止まらないので充分注意する。

❹針葉樹林の中を急峻なナメ床が続き、傾斜が緩くなってきたところで鶏冠尾根に上がる。鶏冠尾根の明瞭な踏み跡をたどって登山道に出る。

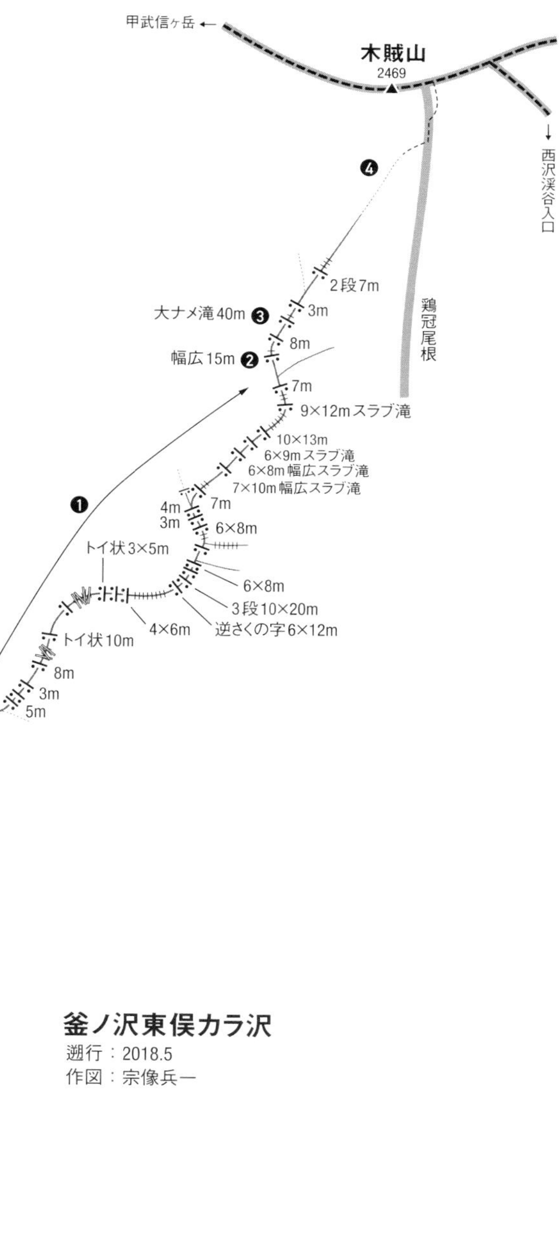

釜ノ沢東俣カラ沢

遡行：2018.5
作図：宗像兵一

大菩薩・御坂の沢

沢登りの対象となる大菩薩・御坂の沢は、大菩薩連嶺では多摩川水系、相模川水系（山梨県内の名称は桂川）の各流域にあり、笛吹川水系にはほとんどない。

桂川支流の葛野川上流には、かつて関東屈指の名渓といわれた小金沢本谷や土室川水系がある。小金沢本谷は上流部でマミエ沢と大菩薩沢に分かれ、本谷は工事の影響をそれほど受けていないが、右岸の支沢は影響をかなり受けているようだ。土室川水系は、以前から沢登りの対象としては見向きもされなかったところだが、左岸の枝沢は非常にきれいな沢が多い。

大菩薩連嶺に隣接する御坂の沢は、桂川水系上流域と、笛吹川水系芦川流域に集中している。距離が短いわりに滝が多く、登攀的な魅力ある沢が多い。

多摩川水系

[丹波川流域]　遡行価値の高い沢は、泉水谷右岸の小室川谷、大黒茂谷だが、小室川谷は水量が多く、ゴルジュや滝が連続する大菩薩連嶺を代表する名渓だ。大黒茂谷はナメ滝の多い初級者向きの好ルートだが、泉水谷の林道が三条新橋先のゲートで通行止めのため、入渓が不便になっている。

[小菅川流域]　本谷は小滝やナメ滝を懸け、これといった悪場もないので初級者向きの好ルートとなっている。

相模川水系

[葛野川流域]　小金沢の林道は入口にゲートが設置され車は入れないが、名渓といわれた本谷は発電所建設の影響をそれほど受けることもなく、ウォータークライミングの好ルートとなっている。

大菩薩沢は、マミエ入り沢出合手前までは深いゴルジュが続き、大きく深い釜をもった難しい滝が懸かる非常に楽しめる沢だ。マミエ入り沢はこれまでほとんど登られてこなかったが、ゴルジュの中に滝場が続き、非常に楽しめる沢だ。同じく今まで見向きもされなかった土室川左岸の沢も、短いながらもナメ滝が途切れることなく続くきれいな沢が多い。ただ松姫湖左岸の林道は車が入れないので、入渓するには牛ノ寝通りの登山道から支尾根を下降するしかない。アプローチの負担が大きいため、車利用でないと日帰りは厳しい。

以前は入渓者がほとんどいなかった深城ダム下の深入沢、釜入沢は、最近はかなりの入渓者があるようだ。中流部に流入する奈良子川にもニカイ谷がある。

[笹子川流域]　滝子山南面に上がる沢が登られる程度だったが、大鹿川ズミ沢（平ツ沢）も最近よく登られるようになった。

[鶴川流域]　大菩薩連嶺の東端にある奈良倉山を源頭とする鶴川流域では、沢登りの対象となるのは尾名手川右岸の沢のみだ。

[桂川上流域]　三ツ峠山の沢はアイスクライミングのゲレンデとして知られるが、沢登りでも大幡川四十八滝沢がよく登られるようになった。

笛吹川水系

[日川流域]　大菩薩・小金沢連嶺西面に位置するが、沢登りの対象は少なく、わずかに曲沢が登られる程度だ。

[芦川流域]　御坂山塊北面に位置する。アイスクライミングで登られる横沢、濁沢は滝場が多く遡行価値は高い。グレードは高めで中級者以上が対象の沢だ。

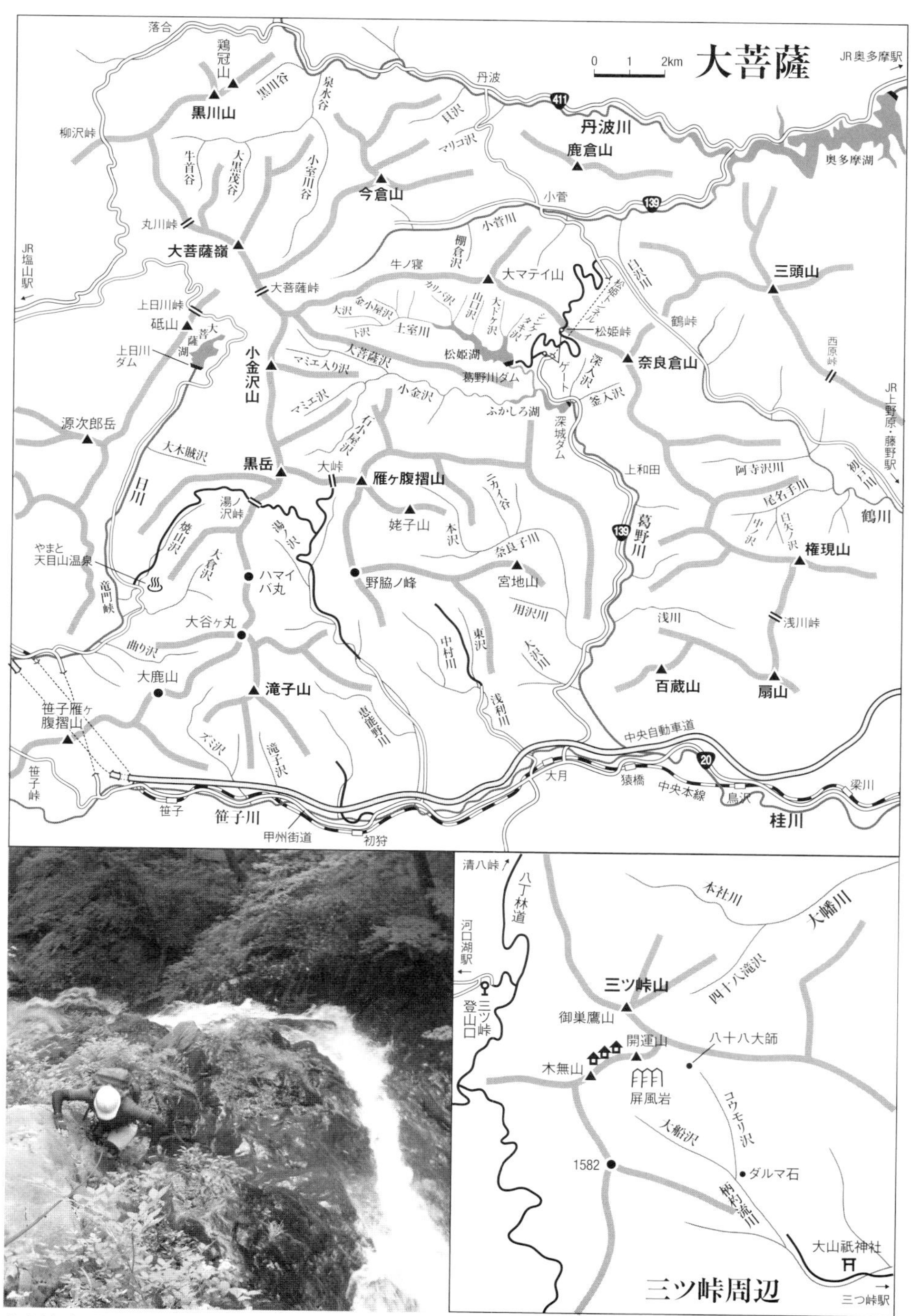

大鹿川ズミ沢モチヶ滝（大滝）

多摩川水系

小菅(こすげ)川本谷

初級 1級上／II
適期 4月～11月
日程 1日（遡行3.5～4時間）

大菩薩峠へ初級者向けの好ルート

大菩薩峠の東面の水を集めて奥多摩湖に注ぐ川で、その源流部は東京都の水源林として保護されている。苔むした沢床と樹林の美しさから、大菩薩峠への沢からの好ルートとして知られる初級者向きの沢だ。

アプローチ

小菅役場前バス停から大菩薩峠日向沢登山口先の林道終点広場まで約2時間20分。広場の「釣り人の皆様へ」の看板のところから踏み跡を下って堰堤下の河原へ約10分。

下降ルート

1690m付近山道から登山道まで約10分。そこから小菅大菩薩道を下って日向沢登山口まで約1時間10分。交通機関利用の場合は、大菩薩峠経由上日川峠バス停まで約1時間15分。

アクセス　行き：JR奥多摩駅（西東京バス53分）小菅役場前　**帰り**：上日川峠（栄和交通バス45分）JR甲斐大和駅
マイカー情報　中央道大月ICまたは奥多摩方面から国道139号を小菅村方面に向かい、小菅村役場から大菩薩峠線へ入って日向沢登山口先の林道終点広場まで。数台分の駐車スペースあり。
参考タイム　入渓点（35分）ワサビ田跡下・山道木橋（30分）トリゴヤ沢出合（1時間）二俣（30分）天狗棚沢出合（10分）奥の二俣（50分）山道・脱渓
標高差　630m
装備　基本装備
地図　丹波、七保、大菩薩峠
温泉　①小菅の湯（金曜休）☎0428-87-0888　②やまと天目山温泉（水曜休）☎0553-48-2000

連瀑帯入口の滝（❸）

小菅川の大滝12m（❻）

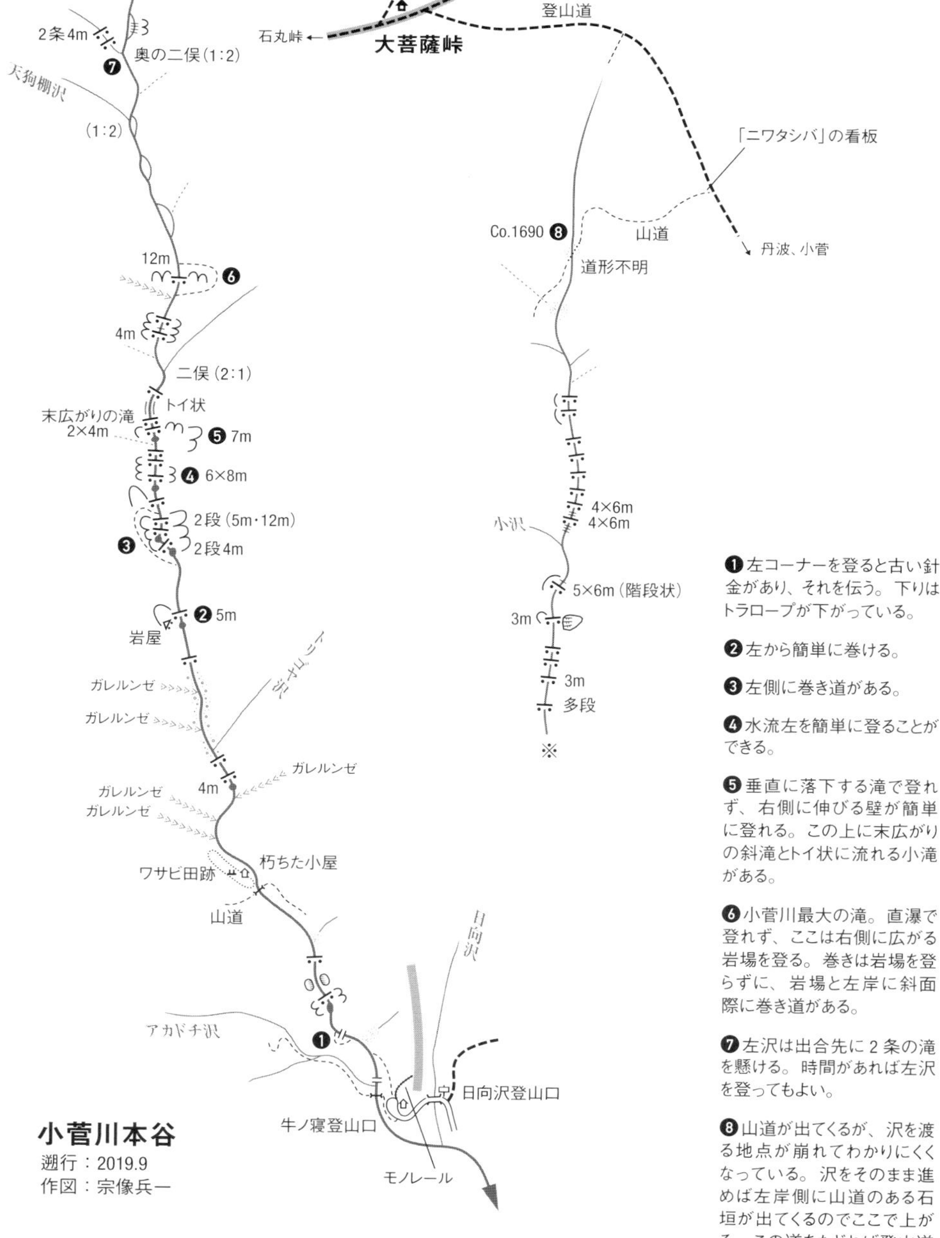

小菅川本谷

遡行：2019.9
作図：宗像兵一

❶左コーナーを登ると古い針金があり、それを伝う。下りはトラロープが下がっている。

❷左から簡単に巻ける。

❸左側に巻き道がある。

❹水流左を簡単に登ることができる。

❺垂直に落下する滝で登れず、右側に伸びる壁が簡単に登れる。この上に末広がりの斜滝とトイ状に流れる小滝がある。

❻小菅川最大の滝。直瀑で登れず、ここは右側に広がる岩場を登る。巻きは岩場を登らずに、岩場と左岸に斜面際に巻き道がある。

❼左沢は出合先に2条の滝を懸ける。時間があれば左沢を登ってもよい。

❽山道が出てくるが、沢を渡る地点が崩れてわかりにくくなっている。沢をそのまま進めば左岸側に山道のある石垣が出てくるのでここで上がる。この道をたどれば登山道まで10～15分。

丹波川水系
泉水谷

小室川谷(こむろがわ)

中級	2級／III
適期	5月中旬～10月
日程	2日（遡行9.5～10時間）

沢登りの醍醐味を実感できる大菩薩の大渓流

大菩薩嶺の南東を源とし、蛇抜沢、中ノ沢、松尾沢といった大きな枝沢を合わせて北上する泉水谷の一大支流である。S字峡、小室ノ淵など数々のゴルジュ、さまざまな滝が遡行者を飽きさせない。ただし、釣り人も多いのでトラブルに注意したい。

出合からしばらくは平凡な渓相だが、S字峡あたりからゴルジュや滝が連続しておもしろくなってくる。4段40mの大ナメ滝の上、1240m付近左岸枝沢までは、左岸側に水源巡視路があるので、季節や水量、パーティの技量に応じてさまざまなルート取りが考えられるが、一般的には1泊2日の行程だ。体力トレーニングの渓として、意図的に日帰り遡行をする強者もいる。

アクセス　**行き**：JR奥多摩駅（西東京バス54分）丹波　**帰り**：上日川峠（栄和交通バス45分）JR甲斐大和駅
マイカー情報　青梅街道を奥多摩湖方面に向かい、丹波を過ぎて、トンネルを2つ抜けた先の泉水谷出合付近に架かる三条新橋を渡り林道ゲートまで。ゲート前と青梅街道側に駐車スペースがある。
参考タイム　小室川谷出合（2時間30分）松尾沢出合（1時間40分）中ノ沢出合（3時間25分）蛇抜沢出合（2時間）稜線登山道
標高差　1130m
装備　基本装備
地図　丹波、柳沢峠、大菩薩峠
温泉　①のめこい湯（木曜休）☎0428-88-0026　②やまと天目山温泉（水曜休）☎0553-48-2000

アプローチ

バスで入山した場合は、丹波バス停から三条新橋先の林道ゲートまで約2時間35分。さらに泉水谷林道を歩き、小室川谷出合に下りる踏み跡をたどり、泉水谷の橋を渡った先の水源巡視路から小室川谷の出合に下りる。ゲートから約25分。

下降ルート

終了点の登山道から大菩薩峠経由で上日川峠バス停まで約1時間10分。駐車スペースに戻る場合は、大菩薩嶺、丸川峠を経て、泉水谷林道をゲート前まで約3時間15分。

4段40m大ナメ滝上部を登る ⑧

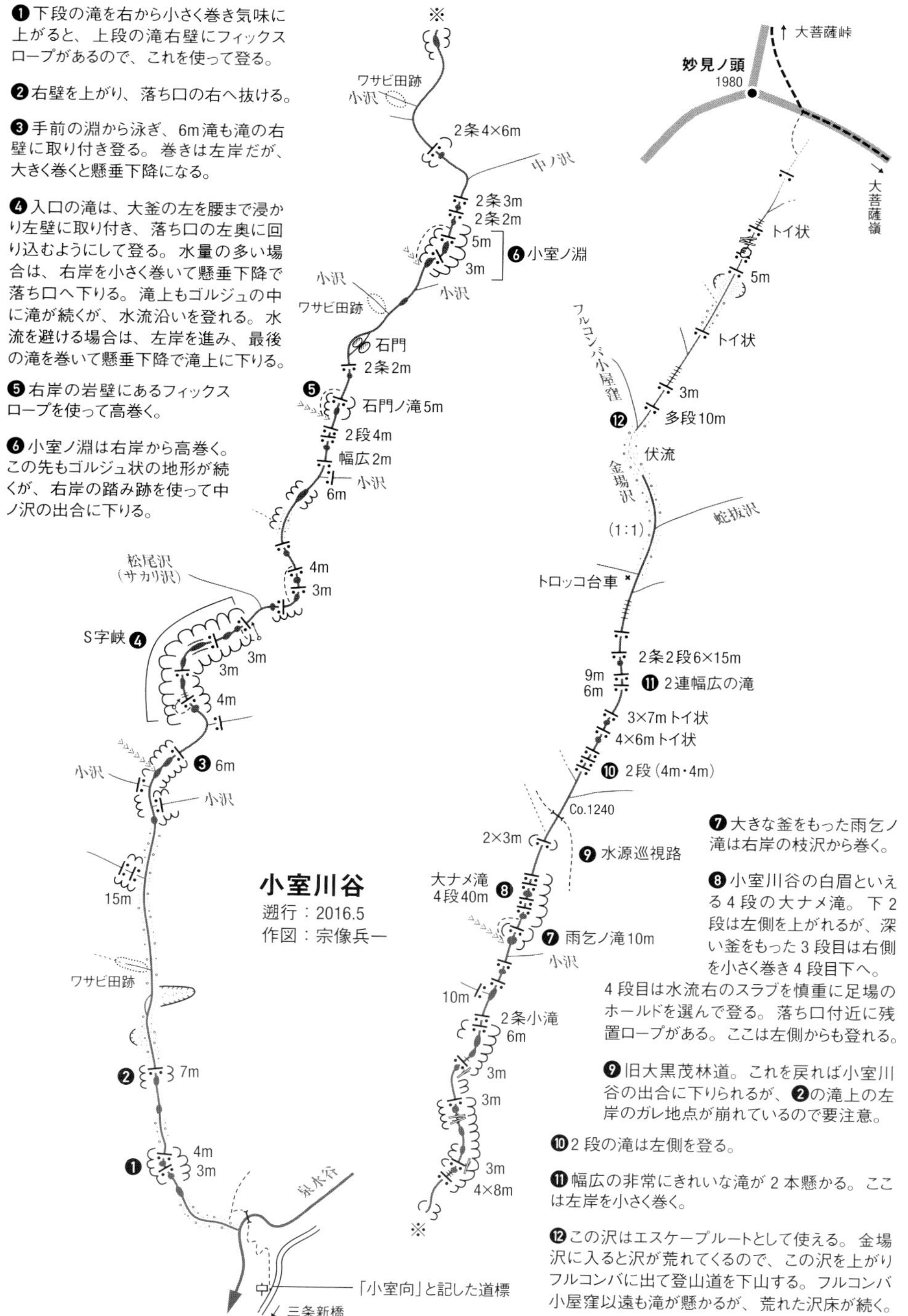

❶下段の滝を右から小さく巻き気味に上がると、上段の滝右壁にフィックスロープがあるので、これを使って登る。
❷右壁を上がり、落ち口の右へ抜ける。
❸手前の淵から泳ぎ、6m滝も滝の右壁に取り付き登る。巻きは左岸だが、大きく巻くと懸垂下降になる。
❹入口の滝は、大釜の左を腰まで浸かり左壁に取り付き、落ち口の左奥に回り込むようにして登る。水量の多い場合は、右岸を小さく巻いて懸垂下降で落ち口へ下りる。滝上もゴルジュの中に滝が続くが、水流沿いを登れる。水流を避ける場合は、左岸を進み、最後の滝を巻いて懸垂下降で滝上に下りる。
❺右岸の岩壁にあるフィックスロープを使って高巻く。
❻小室ノ淵は右岸から高巻く。この先もゴルジュ状の地形が続くが、右岸の踏み跡を使って中ノ沢の出合に下りる。
※
ワサビ田跡
小沢
2条4×6m
中ノ沢
2条3m
2条2m
5m
3m
❻小室ノ淵
小沢
小沢
ワサビ田跡
石門
2条2m
❺
石門ノ滝5m
2段4m
幅広2m
小沢
6m
4m
3m
松尾沢
（サカリ沢）
S字峡❹
3m
3m
4m
❸6m
小沢
小沢
15m
小室川谷
遡行：2016.5
作図：宗像兵一
ワサビ田跡
❷7m
❶
4m
3m
泉水谷
「小室向」と記した道標
三条新橋
↑大菩薩峠
妙見ノ頭
1980
大菩薩嶺
トイ状
5m
トイ状
フルコンバ小屋窪
3m
⓬
多段10m
伏流
金場沢
蛇抜沢
(1:1)
トロッコ台車
2条2段6×15m
9m
6m
⓫2連幅広の滝
3×7mトイ状
4×6mトイ状
❿2段（4m・4m）
Co.1240
2×3m
❾水源巡視路
大ナメ滝
4段40m
❽
❼雨乞ノ滝10m
小沢
10m
2条小滝
6m
3m
3m
3m
4×8m
※
❼大きな釜をもった雨乞ノ滝は右岸の枝沢から巻く。
❽小室川谷の白眉といえる4段の大ナメ滝。下2段は左側を上がれるが、深い釜をもった3段目は右側を小さく巻き4段目下へ。4段目は水流右のスラブを慎重に足場のホールドを選んで登る。落ち口付近に残置ロープがある。ここは左側からも登れる。
❾旧大黒茂林道。これを戻れば小室川谷の出合に下りられるが、❷の滝上の左岸のガレ地点が崩れているので要注意。
❿2段の滝は左側を登る。
⓫幅広の非常にきれいな滝が2本懸かる。ここは左岸を小さく巻く。
⓬この沢はエスケープルートとして使える。金場沢に入ると沢が荒れてくるので、この沢を上がりフルコンバに出て登山道を下山する。フルコンバ小屋窪以遠も滝が懸かるが、荒れた沢床が続く。

桂川水系 鶴川 尾名手川白矢ノ沢（おなてしらや）

中級 2級／IV−
適期 5月〜11月中旬
日程 1日（遡行6〜6.5時間）

平凡な沢床から連瀑帯、ゴルジュと変化に富んだ渓

尾名手川で最大の流域面積をもつ支流で、権現山北面を水源とし尾名手川中流部に流入する。下流部は平凡だが、760m付近二俣からは滝場が連続し、特に沢名の由来かと思われる一本の矢のように滑り落ちる大滝の登攀は遡行のポイントだ。大滝を境に次から次と滝が懸かり、大きな滝もあって気が抜けない。三俣付近でいったん開けるが、上流部もゴルジュ地形の中にいくつも滝を懸け、飽きることはない。最後はルンゼ状の中を権現山直下に出る。

2011年遡行時に確認できた尾名手川左岸の作業道（地形図上の破線道）は、2019年遡行時には途中で道形がなくなっていた。現在、破線道は使えないものと思われる。

アクセス　行き：JR上野原駅（富士急山梨バス37分）初戸　**帰り**：浅川（富士急山梨バス32分）JR猿橋駅
マイカー情報　中央道上野原ICから県道を鶴川沿いに上流へ進み、初戸を過ぎて腰掛集落先の駐車スペースまで。腰掛集落入口のデマンドタクシー停留所No.17の看板のあるところを大きく右に曲がった先に車2台分の駐車スペースがある。
参考タイム　入渓点（1時間35分）白矢ノ沢出合（45分）10m大滝下（2時間5分）930m付近三俣（1時間30分）権現山
標高差　825m
装備　基本装備＋登攀用具　**地図**　猪丸
温泉　秋山温泉（第4月曜休）☎0554-56-2611

アプローチ

初戸バス停から腰掛集落入口まで林道を徒歩約40分。さらに堰堤上の入渓点まで約15分。民家の庭先を通るので、一声かけて通らせてもらうことが望ましい。

下降ルート

登山道を浅川バス停（1時間25分）または用竹バス停（2時間15分）に下る。権現山北尾根の踏み跡を下ると駐車スペースまで戻れるが、堰堤に下りる枝尾根の踏み跡が不明瞭なので注意。

2段15m滝［写真＝渓人「流」、右も］（❸）

大滝（仮称・白矢ノ滝）の登攀（❷）

❶尾名手川本流は標高540～550m付近のゴルジュ帯以外は、白矢ノ沢出合まで平凡な沢歩きになる（尾名手川中ノ沢の項参照）。

❷一筋に滑り落ちる滝で、一本の白矢のように見える様が沢名の由来か。ここは直登は無理なので、右岸のルンゼ状のところから取り付き、落ち口に向かって斜め上へバンドをトラバースし、落ち口を直上して越える（Ⅳ−）。残置はないので、バンドと落ち口直下に支点工作するとよい。

❸下段は水流左を直上し、上段も水流左を直登する。下段は簡単、上段も水量が少なければ手足ともホールドがあるのでそれほど難しくはない（Ⅲ+）。ただ水量が多いときは難しいので、下段を登ってから右岸側を高巻くとよい。沢床に下りるのは懸垂下降となる。

❹右の沢以外は涸れているが、権現山へ上がる左沢に入る。

❺3mCSは右から越えるが、ぬめっていていやらしい。上部はガレガレの沢床となる。

❻8mの涸れ滝を左から巻いて越えると、落ち葉の堆積したルンゼ状の急斜面となるので、途中から左岸の尾根に上がるとよい。

桂川水系
鶴川

尾名手川中ノ沢

中級 2級／Ⅲ+
適期 5月～11月中旬
日程 1日（遡行5.5～6時間）

圧縮された岩壁に挟まれた滝が２つ

尾名手川源流の麻生山を水源とし、尾名手川最深部に位置する中ノ沢は、２つの難しい滝場を懸けるなかなか手強い沢だ。地形図上の尾名手川左岸の破線道は廃道となって使えず、出合までは尾名手川本流を遡行しなければならない。権現山から大寺山に至る峰々の水を集めて流れる本流は、滝はほとんどないが、水量豊富な渓の雰囲気を存分に味わえる。中ノ沢に入ると水量は極端に少なくなるが、滝が多く懸かり雰囲気が一変する。２カ所、両岸が沢床を覆うような場所に多段のトイ状大滝と３段のチムニー状の滝が懸かり、巻くにはかなりの大高巻きとなるため、滝を直登しなければならない。この滝場を越えるとゴロタの荒れた沢床が二俣まで続き、二俣を過ぎると水流はさらに少なくなり、沢床は急勾配の岩床となって麻生山北面につめ上がる。

アクセス　行き：JR上野原駅（富士急山梨バス37分）初戸　**帰り**：富岡（富士急山梨バス25分）JR猿橋駅
マイカー情報　中央道上野原ICから県道を鶴川沿いに上流へ進み、初戸を過ぎて腰掛集落先の駐車スペースまで。腰掛集落入口のデマンドタクシー停留所No.17の看板のあるところを大きく右に曲がった先に車２台分の駐車スペースがある。
参考タイム　入渓点（１時間55分）中ノ沢出合（２時間10分）二俣（１時間15分）麻生山
標高差　770m　**装備**　基本装備
地図　猪丸、七保
温泉　秋山温泉（第４月曜休）☎0554-56-2611

アプローチ

初戸バス停から腰掛集落入口まで林道を徒歩約40分。さらに堰堤上の入渓点まで約15分。民家の庭先を通るので、一声かけて通らせてもらうことが望ましい。

下降ルート

登山道を国道139号の富岡バス停に下りる（約２時間）。車利用の場合は登山道を権現山まで進み、北尾根の踏み跡を腰掛へ下る（約２時間20分）。堰堤に下りる枝尾根の踏み跡は不明瞭なので注意。

多段に水流を落とす大滝（❺）

大滝上段の登攀

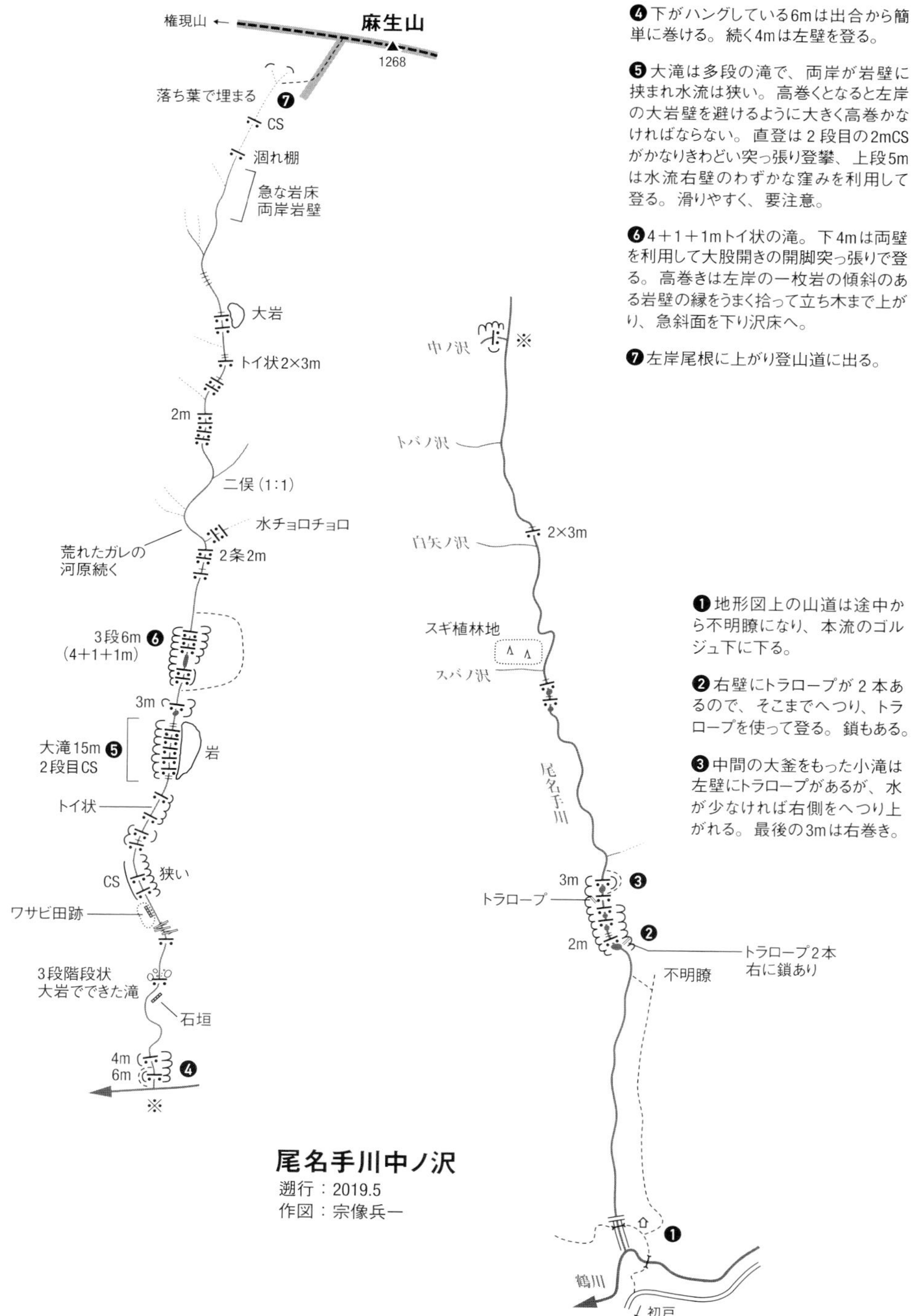

❶地形図上の山道は途中から不明瞭になり、本流のゴルジュ下に下る。

❷右壁にトラロープが2本あるので、そこまでへつり、トラロープを使って登る。鎖もある。

❸中間の大釜をもった小滝は左壁にトラロープがあるが、水が少なければ右側をへつり上がれる。最後の3mは右巻き。

❹下がハングしている6mは出合から簡単に巻ける。続く4mは左壁を登る。

❺大滝は多段の滝で、両岸が岩壁に挟まれ水流は狭い。高巻くとなると左岸の大岩壁を避けるように大きく高巻かなければならない。直登は2段目の2mCSがかなりきわどい突っ張り登攀、上段5mは水流右壁のわずかな窪みを利用して登る。滑りやすく、要注意。

❻4＋1＋1mトイ状の滝。下4mは両壁を利用して大股開きの開脚突っ張りで登る。高巻きは左岸の一枚岩の傾斜のある岩壁の縁をうまく拾って立ち木まで上がり、急斜面を下り沢床へ。

❼左岸尾根に上がり登山道に出る。

尾名手川中ノ沢

遡行：2019.5
作図：宗像兵一

桂川水系
葛野川

小金沢本谷（こがね）

中級 2級上／III＋
適期 7月～9月
日程 1日（遡行6.5～7時間）

いにしえの関東を代表する秀渓は、今も健在だ！

大菩薩連嶺の小金沢山を水源とし、水量の多さ、谷の奥深さ、長大なゴルジュと滝の美しさから、以前は関東屈指の名渓といわれた小金沢本谷だが、葛野川発電所の建設工事により林道の立ち入りが禁止され、長い間入渓ができなかった。2019年現在、工事も終わり、小金沢公園脇のトンネル入口のゲートで一般車の乗り入れは禁止されているが、徒歩での入渓は可能となった。建設工事の影響で渓相が大きく変貌していることが危惧されたが、以前とそれほど変わらぬ渓が迎えてくれる。

工事後、入渓を待ちわびていた釣り人や沢登りの人たちがいたようで、要所に以前はなかったトラロープがかかり、むしろ遡行しやすくなった。それでも水量の多さ、深いトロ場や釜をもったゴルジュ、鶏淵（とりぶち）ノ滝、お茶ノ水ノ滝、不動滝といった通らずの滝は健在で、水にどっぷり浸かる水線遡行が充分に楽しめる秀渓であるのは変わらない。林道があることでエスケープの容易な渓ではあるが、水量の多寡、遡行の仕方、遡行者のレベル、天候などによって沢の難易度が大きく変わるので注意したい。

アプローチ

深城ダムバス停から小金沢公園まで約15分。さらに全面舗装の林道をスバノ沢手前の小沢まで約40分。真木小金沢林道は公園の脇にあるトンネル入口から一般車通行止め。

下降ルート

大菩薩沢・マミエ沢出合から踏み跡をたどり林道まで約20分。林道から小金沢公園へ約1時間45分。交通機関利用の場合は、さらに公園から竹の向バス停まで約30分。

アクセス 行き：JR猿橋駅（徒歩11分）営業所前（富士急山梨バス37分）深城ダム **帰り**：竹の向（富士急山梨バス37分）JR猿橋駅または大月駅　※バスは本数が少ない
マイカー情報 国道20号から葛野川沿いの国道139号を小金沢公園まで。公園に駐車場、トイレあり。奥多摩方面から青梅街道経由で来ることもできる。
参考タイム 入渓点（40分）鶏淵ノ滝（1時間40分）お茶ノ水ノ滝下（2時間20分）不動滝下（2時間）大菩薩沢・マミエ沢出合
標高差 335m
装備 基本装備。場合によりライフジャケット
地図 七保
温泉 小菅の湯（金曜休）☎0428-87-0888

上／鶏淵ノ滝（❷）　下／お茶ノ水ノ滝（❻）

❶大堰堤先の小沢は滝もなく、傾斜も比較的緩いので下降に適している。

❷大釜をもった鶏渕ノ滝は、平水なら釜の左側から左壁に取り付き、滝の落ち口へ出る。釜からの取り付きが難しいが、1段上まで上がれば残置支点もあり、手足ともにホールドがある。ただ、ぬめっているので注意。以前は少し戻った左岸に巻き道があったが、エノマゴヤ沢を上がって林道に出たほうが安全だ。林道からは805ピークの小尾根に谷へ下りる踏み跡があり、カネツケ窪との出合上に出られる。

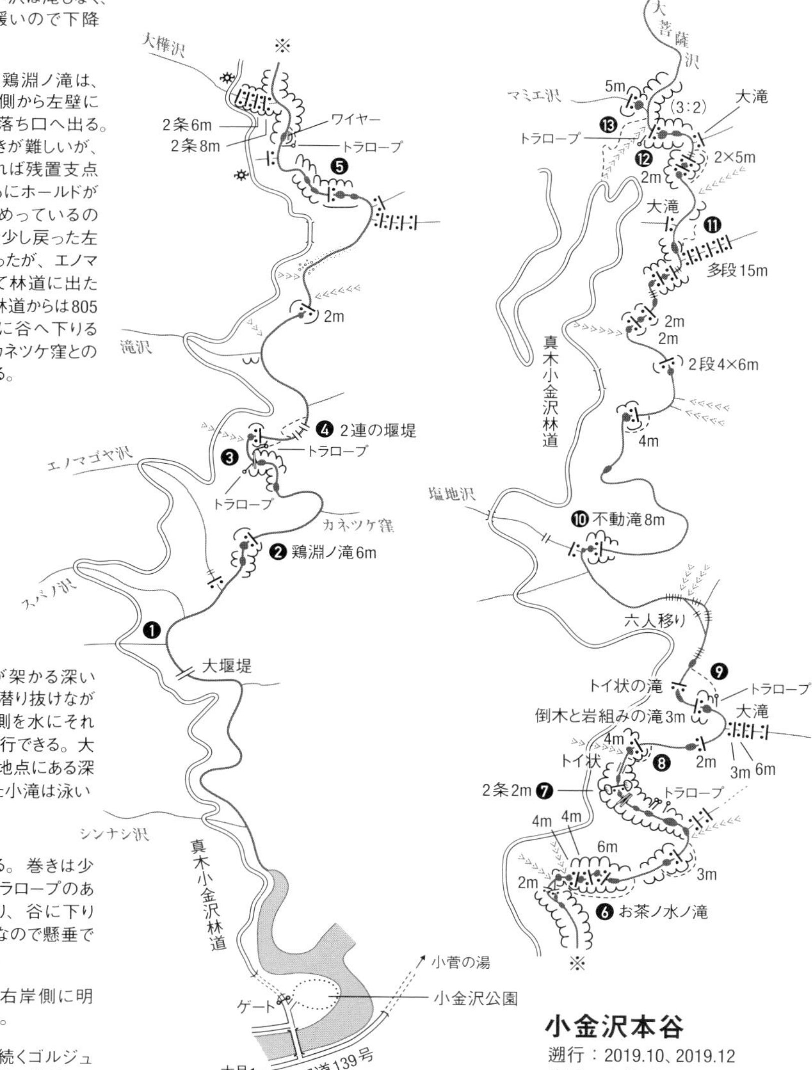

小金沢本谷

遡行：2019.10、2019.12
作図：宗像兵一

❸丸太の倒木が架かる深い長淵は、倒木を潜り抜けながら、おおむね左側を水にそれほど浸からずに遡行できる。大きく右に曲がった地点にある深く大きな釜をもった小滝は泳いで取り付き上がる。巻きは少し戻った左岸のトラロープのある地点から上がり、谷に下りるところが少し急なので懸垂で下りたほうがよい。

❹2連の堰堤は右岸側に明瞭な巻き道がある。

❺深いトロ場の続くゴルジュは、おおむね右側の岩壁にトラロープがあるので、それほど水に浸からずに遡行できる。

❻お茶ノ水ノ滝手前の深いトロ場は泳ぎとなるが、2段のお茶ノ水ノ滝は登れず、左岸のルンゼを上がり高巻く。

❼ゴルジュの中の深いトロ場は、おおむね右側にトラロープがあるので泳がなくても突破できる。

❽広く大きな深い釜をもった4m滝は左壁を登る(Ⅲ+)。巻きは少し戻った左岸。

❾左岸のトラロープを使って高巻く。

❿不動滝は登れないので、塩地沢からいったん林道に出て不動滝上に向かう小尾根の踏み跡をたどり、左側に谷底が見えてきたところのヤセ尾根の鞍部から左側の谷底へ懸垂で下る。小尾根の下りは急なので注意。

⓫朽ちた木の階段があるが、途中で道形が途切れる。

⓬小滝の落ち口は水流が強く登れないので、トラロープのある左壁に上がり越える。

⓭大菩薩沢とマミエ沢との出合で遡行終了にするとよい。左から入るルンゼの左岸側に林道に上がる踏み跡がある。

桂川水系
葛野川

小金沢大菩薩沢（こがねだいぼさつ）

中級 1級上／III
適期 5月下旬〜10月
日程 1日（遡行4〜4.5時間）

下流部に廊下帯をもつ、大菩薩山域の名渓

大菩薩連嶺と小金沢連嶺の分岐点にある天狗棚（てんぐだな）山を源とし、葛野川上流小金沢に注ぐこの沢は、小金沢との出合にある葛野川発電所の建設前は、険悪な廊下と多くの美瀑をもつ大菩薩山域随一の困難な幽谷として、沢登りを志向する人たちの憧れの沢だった。発電所工事は終わったが、小金沢林道は一般車通行禁止のため、日帰りでの遡行が困難な入渓しにくい沢となっている。ただ、沢自体は以前とあまり変わらず、特に下流部の廊下帯は健在なので、中級レベル以上の方にはぜひ遡行してほしい。また廊下帯を抜けたマミエ入り沢出合より上流部は、初級者でも沢慣れた人の同伴があれば充分可能なので、深山幽谷の沢登りを味わうことができるだろう。

アクセス　行き・帰り：JR甲斐大和駅（栄和交通バス36〜40分）小屋平
マイカー情報　中央道勝沼ICから国道20号を甲斐大和駅方面に向かい、景徳院入口から景徳院方面に入り、小屋平バス停手前の駐車スペース（3台程度）まで。
参考タイム　入渓点（25分）マミエ入り沢出合（2時間10分）二俣（1時間5分）最後の二又（30分）登山道
標高差　710m
装備　基本装備
地図　七保、大菩薩峠
温泉　やまと天目山温泉（水曜休）☎0553-48-2000

アプローチ

小屋平バス停または駐車スペースから登山道を石丸峠へ登り、牛ノ寝通り登山道から長峰に入り大菩薩沢まで約2時間。長峰の山道から沢へ下りるには2通りあるが（遡行図参照）、どちらも時間的に変わらない。バス利用の場合は、足のそろったパーティでないと日帰りは厳しい。

下降ルート

登山道を石丸峠経由で小屋平バス停または駐車スペースまで約50分。

中流部まで滝が続く

❹この沢のポイントとなる滝。最初の3mは左壁を登る。ぬめって見えるが意外に簡単だ。続く5mは右水流脇を登る（Ⅲ）。最後の5mも右壁を登るが、少し右側から取り付き、水流際に斜上して水流脇を登る（Ⅲ）。2・3番目の滝はホールドが手足ともに細かく、ぬめっているので注意。初心者・初級者にはロープが必要。

❺ツルツルの滝壁。左岸から高巻く。

❻沢床はガレガレの急斜面。ワサビ田跡の石垣の崩れたところもあり、つらい登りが二又手前まで続く。

❼二又手前からさらに傾斜が急になり、左沢に2条7mの滝が懸かる。これは登れないので左側の岩壁沿いを上がり高巻く。その上から4連続で滝が懸かるが、おおむね左側から上がれる。滝が切れると水も涸れ、作業道が横切る1190m付近で終了。

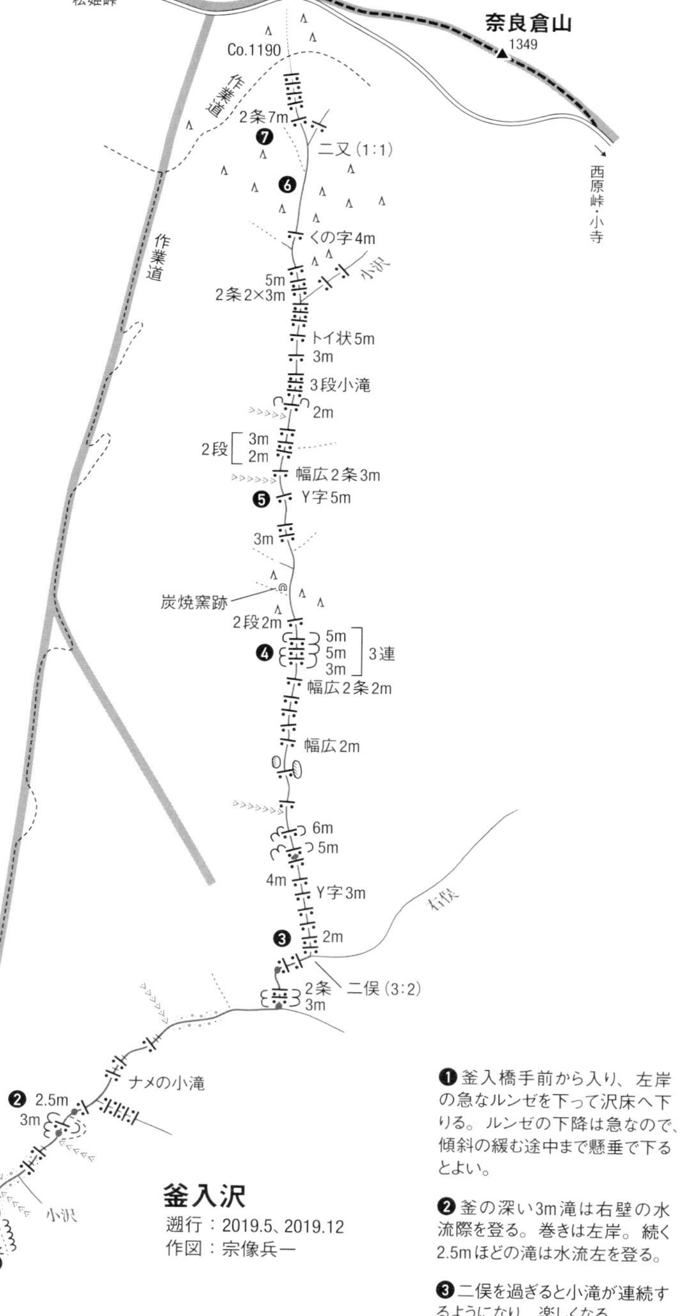

釜入沢

遡行：2019.5、2019.12
作図：宗像兵一

❶釜入橋手前から入り、左岸の急なルンゼを下って沢床へ下りる。ルンゼの下降は急なので、傾斜の緩む途中まで懸垂で下るとよい。

❷釜の深い3m滝は右壁の水流際を登る。巻きは左岸。続く2.5mほどの滝は水流左を登る。

❸二俣を過ぎると小滝が連続するようになり、楽しくなる。

桂川水系 葛野川 深入沢(ふかいり)

中級 2級下／III-
適期 4月下旬～11月上旬
日程 1日（遡行4～5時間）

人知れず眠る大菩薩連嶺の秘渓

まったく無名の沢で地形図にも載っていないが、松姫峠と奈良倉山の中間にある無名峰（1321m）を水源とし、深城ダム下に流れ込む急峻な沢で、沢に架かる大鉄橋に深入沢と書かれている。橋から沢床までの谷底は深く、入渓点が非常にわかりにくいが、橋を渡る手前に鉄パイプで組み立てられたハシゴが入口だ。深い谷底に数多くの滝をもち、最初から最後まで息のつけない遡行が続く、大菩薩連嶺の秘める谷だ。

登れない滝は簡単に巻けるので、滝の登攀自体は難しくはないが、深い釜をもつぬめったナメ滝が多い。ツメも急峻で長く、初心者・初級者には厳しい。

アプローチ

深城ダムバス停から深入橋まで徒歩３分。橋手前の右側にある鉄パイプの手すりのついた階段が下降点入口。階段がなくなってから急な斜面を沢まで下るが、途中、踏み跡が消え、急なルンゼをクライムダウンで下る。ルンゼの途中から左斜面に踏み跡が出てくる。残置ロープあり。

下降ルート

終了点の山道から奈良倉山の林道まで上がり、林道と登山道を下って鶴峠へ約１時間。松姫峠のほうが近いが、バス便が少なく利用できない。

車利用の場合は、終了点から釜入沢との中間尾根の山道を釜入橋まで約１時間10分。途中、1015m分岐で釜入沢側に下りる山道に入らないように注意する。ここで中間尾根の山道は不明瞭になるが、また明瞭な山道が出てくる。なお、山道は分岐から下は急斜面につけられているので転落注意。チェーンアイゼンがあるとよい。

アクセス　行き：JR猿橋駅（徒歩11分）営業所前（富士急山梨バス37分）深城ダム
帰り：鶴峠（富士急山梨バス15分）小菅の湯（西東京バス55分）JR奥多摩駅、または鶴峠（富士急山梨バス１時間７分）JR上野原駅
マイカー情報　JR大月駅に近い国道20号高月橋入口交差点から、葛野川沿いの国道139号に入り深城ダムまで。奥多摩方面から青梅街道経由で来ることもできる。深城ダムサイトに駐車場とトイレがある。
参考タイム　入渓点（2時間10分）875m二俣（1時間30分）右俣稜線・山道
標高差　690m
装備　基本装備
地図　七保
温泉　小菅の湯（金曜休）☎0428-87-0888

中流部10×12mの滝⑤

きれいなナメ滝が次々に現われる

❻下3mは左右とも登れるが、ぬめっており、手足ともホールドが細かいので注意。続く3m滝は右壁を簡単に登れる。

❼12m滝は階段状の右壁を登り、落ち口の右にある立ち木の根を利用して滝上に出る。

❽水流の左から取り付き、水流右を直上。途中から水流脇の右急斜面を上がり落ち口に出る。

❶滝壁がツルツルに磨かれた深い釜をもった直滝。左岸を高巻く。

❷右壁を斜上気味に登る。ホールドが手足とも外傾しているので注意。下降にお助けひもがあるとよい。

❸4mは右壁を登り、続く3mは右をへつり右壁を登る。巻きは左岸。

❹釜の右側壁沿いをトラバースし、右壁を登る。ナメ滝だがホールドが手足ともに細かく、ヌルヌルなのでフリクションを使って。

❺右壁を上がる。ホールドは手足ともに豊富。滝上で左岸からきれいな傾斜のあるナメ滝をいくつも懸ける支沢が入る。

深入沢

遡行：2018.5、2017.5
作図：宗像兵一

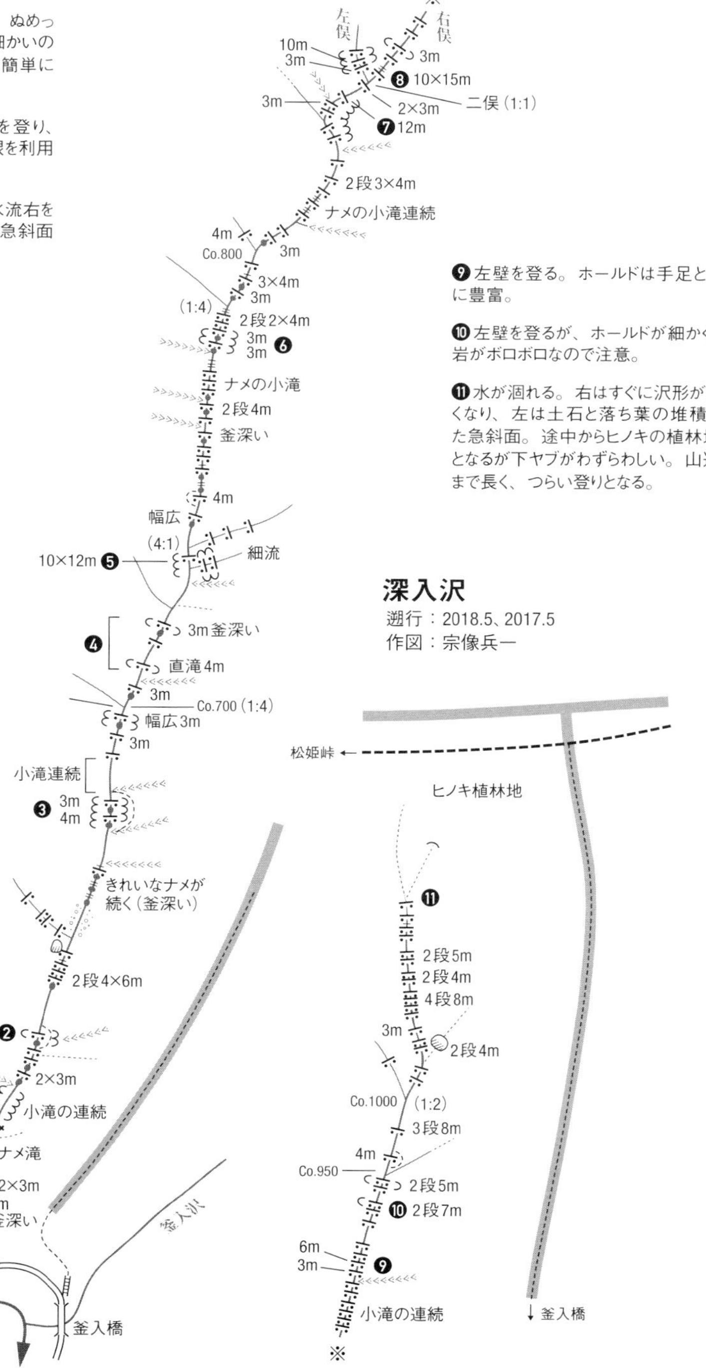

❾左壁を登る。ホールドは手足ともに豊富。

❿左壁を登るが、ホールドが細かく、岩がボロボロなので注意。

⓫水が涸れる。右はすぐに沢形がなくなり、左は土石と落ち葉の堆積した急斜面。途中からヒノキの植林地となるが下ヤブがわずらわしい。山道まで長く、つらい登りとなる。

桂川水系
葛野川

土室川大沢

初級	1級上／III−
適期	5月～11月
日程	1日（遡行4.5～5時間）

静かな沢歩きが楽しめる秘渓

牛ノ寝通りと長峰に囲まれた峰々を水源とする土室川の本谷。まだ入渓する人はほとんどおらず、静かな沢歩きが楽しめる秘渓だ。本谷上流部への入渓は、小菅川林道終点の牛ノ寝通り登山口からが最短ルートとなる。下降するホンゴ尾根は比較的なだらかで歩きやすいが、急傾斜のところもあるのでチェーンアイゼンがあると便利だ。

沢に下りる手前で出合う森林軌道跡はト沢出合まで続いているが、下降点から遡行したほうが楽しめる。ト沢出合からは谷が荒れてくるが、所々に滝場が懸かり、玉蝶沢出合上に懸かるインゼルになった滝場が遡行ポイントだ。滝上からもしばらく滝が懸かるが、標高1300m手前からはガレ沢となり、あとはひたすらつめ上がる。

アクセス　行き：JR奥多摩駅（西東京バス53分）小菅役場前　**帰り**：上日川峠（栄和交通バス45分）JR甲斐大和駅
マイカー情報　中央道大月ICまたは奥多摩方面から国道139号を小菅村方面に向かい、小菅村役場から大菩薩峠線へ入り、日向沢登山口先の林道終点広場まで。数台分の駐車スペースあり。
参考タイム　入渓点（20分）ト沢出合（1時間20分）玉蝶沢出合（3時間）登山道
標高差　880m　**装備**　基本装備
地図　七保、大菩薩峠
温泉　①小菅の湯（金曜休）☎0428-87-0888
②やまと天目山温泉（水曜休）☎0553-48-2000

アプローチ

広場手前にある牛ノ寝通り登山口の朽ちた木の標識地点から、登山道を牛ノ寝通りに上がり、榧ノ尾山手前でホンゴ尾根を土室川へ下降する。広場から登り1時間、下り40分程度。バス利用の場合はバス停から林道終点までの約2時間20分が加わる。

下降ルート

登山道を石丸峠から小屋平（石丸峠入口）バス停へ約1時間。牛ノ寝登山口の広場まで約1時間30分。

3条4mを登る（8）

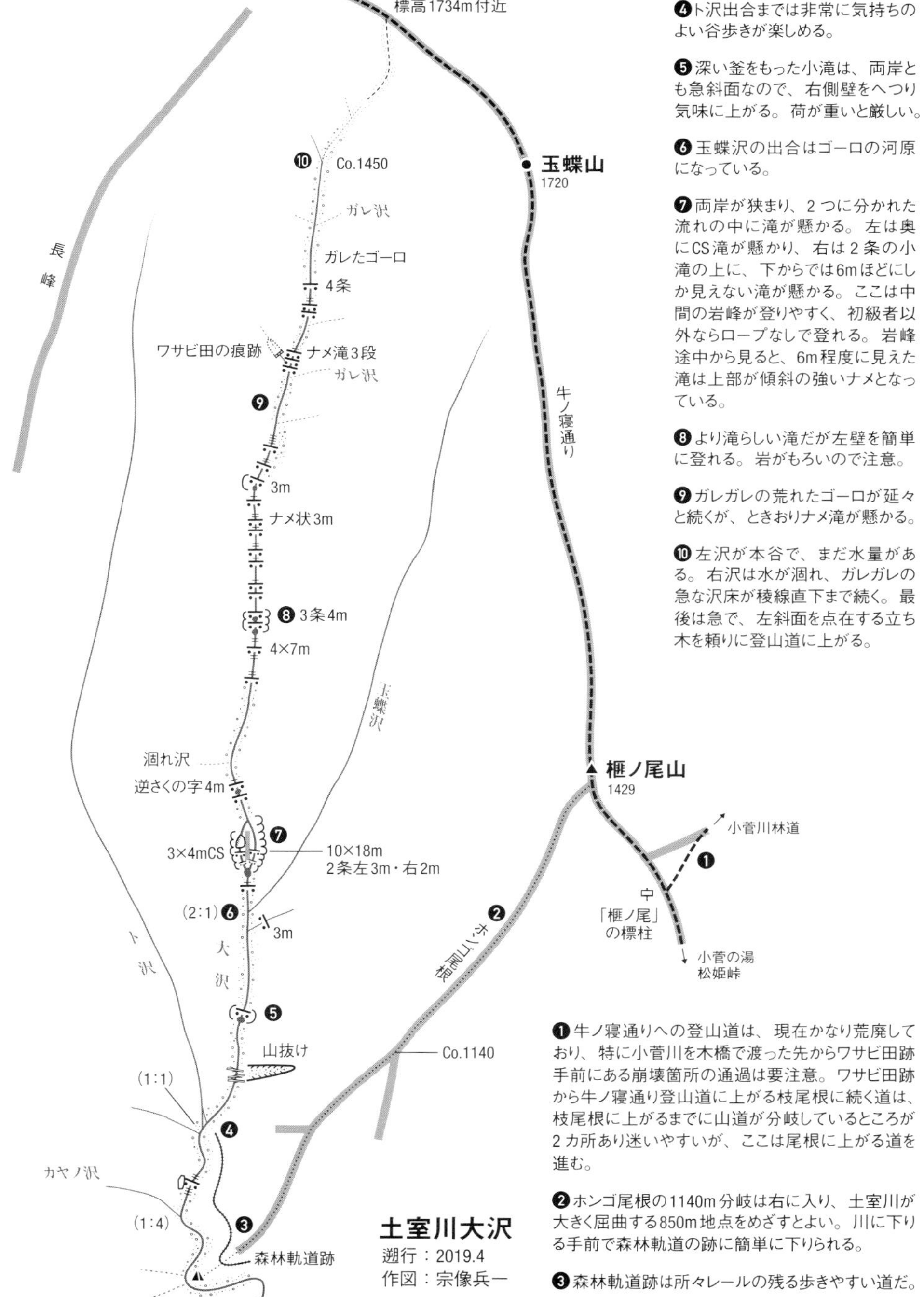

土室川大沢

遡行：2019.4
作図：宗像兵一

❹ト沢出合までは非常に気持ちのよい谷歩きが楽しめる。

❺深い釜をもった小滝は、両岸とも急斜面なので、右側壁をへつり気味に上がる。荷が重いと厳しい。

❻玉蝶沢の出合はゴーロの河原になっている。

❼両岸が狭まり、2つに分かれた流れの中に滝が懸かる。左は奥にCS滝が懸かり、右は2条の小滝の上に、下からでは6mほどにしか見えない滝が懸かる。ここは中間の岩峰が登りやすく、初級者以外ならロープなしで登れる。岩峰途中から見ると、6m程度に見えた滝は上部が傾斜の強いナメとなっている。

❽より滝らしい滝だが左壁を簡単に登れる。岩がもろいので注意。

❾ガレガレの荒れたゴーロが延々と続くが、ときおりナメ滝が懸かる。

❿左沢が本谷で、まだ水量がある。右沢は水が涸れ、ガレガレの急な沢床が稜線直下まで続く。最後は急で、左斜面を点在する立ち木を頼りに登山道に上がる。

❶牛ノ寝通りへの登山道は、現在かなり荒廃しており、特に小菅川を木橋で渡った先からワサビ田跡手前にある崩壊箇所の通過は要注意。ワサビ田跡から牛ノ寝通り登山道に上がる枝尾根に続く道は、枝尾根に上がるまでに山道が分岐しているところが2カ所あり迷いやすいが、ここは尾根に上がる道を進む。

❷ホンゴ尾根の1140m分岐は右に入り、土室川が大きく屈曲する850m地点をめざすとよい。川に下りる手前で森林軌道の跡に簡単に下りられる。

❸森林軌道跡は所々レールの残る歩きやすい道だ。

桂川水系
葛野川

土室川（つちむろ）シンケイタキ沢

中級 1級上／III
適期 4月中旬〜11月中旬
日程 1日（遡行4時間）

ナメとナメ滝がどこまでも続く美渓

葛野川ダム建設が終わり、土室川水系の沢にもようやく入渓できるようになった。土室川左岸の沢へのアプローチは、松姫峠から榧ノ尾山までの牛の寝通り登山道から派生する尾根を下降する。

シンケイタキ沢は松姫湖左岸最初の沢で、鶴寝山西の肩から派生するタツビ尾根を下り、1090m峰大ドケ鞍部から左岸枝沢を下降して入渓する。タツビ尾根は比較的なだらかだが、急下降を強いられるところもあるのでチェーンアイゼンを履いて下るとよい。入渓してすぐに8mの直瀑を懸けるが、それ以外はナメ滝の連続するきれいな沢で、特に右俣は、標高860m左岸枝沢からは奥の二俣の右沢、左沢ともに登山道近くまで途切れることなくナメ滝を懸ける。どこからどこまでが滝なのかわからないほどナメ滝が続く左沢は、特におすすめの美渓だ。

ナメ滝が連続する

アクセス 行き：JR猿橋駅（徒歩11分）営業所前（富士急山梨バス50分）小菅の湯、またはJR奥多摩駅（西東京バス１時間）小菅の湯 **帰り**：小菅の湯（西東京バス55分）JR奥多摩駅
マイカー情報 中央道大月ICから国道20号を大月駅、小菅方面に向かい、松姫トンネルを抜けた先から松姫峠への旧国道に入り松姫峠まで。奥多摩方面からも来られる。松姫峠に駐車スペースとトイレがある。
参考タイム 入渓点（50分）二俣（30分）奥の二俣（左沢２時間45分）登山道
標高差 550m **装備** 基本装備
地図 七保
温泉 小菅の湯（金曜休）☎0428-87-0888

アプローチ

松姫峠から登山道を鶴寝山方面に向かい、鶴寝山を越えた先の分岐を日向道に入り、大きく右に曲がるところがタツビ尾根入口。尾根にはかすかに踏み跡と途中に作業道が出てくるので、尾根を外さずに下降し、大ドケ山手前の鞍部からシンケイタキ沢の左岸枝沢を下降して本谷に出る。松姫峠から入渓点まで約１時間40分。バス利用の場合は小菅の湯から約２時間多くかかる。

下降ルート

登山道を松姫峠まで約40分、小菅の湯へ約１時間40分。

2段10m滝 ⑨

❶曲がり尾根は部分的に急斜面が多く、初級者には補助ロープを張ったほうがよい。特に最後のほうは急斜面で要注意。林道に下りる地点に朽ちた木バシゴが立てかけてあるが、これは使えないので、林道には懸垂で下りたほうがよい。

❷沢に架かる林道の橋には「狩場橋」「カリバ沢」「平成10年6月竣工」のプレートがかかっている。

❸左壁脇の倒木を利用して上がる。

❹左から高巻くが、木のハシゴの残骸がわずかに残る。

❺右俣が同水量で出合う。右俣は出合から連瀑帯となっておりおもしろそうだ。

❻二俣以遠の左俣は倒木が多く、荒れて平坦な沢床が奥の二俣まで続く。

❼980m付近で奥の二俣となる。本谷と思われる左沢はいったん水が涸れ、上部でわずかに水が流れている。

❽右沢も水量は少ない。出合から滝場が続くが意外と簡単に登れる。

❾源頭部は水がしみ出す程度となり急斜面。戻って右岸のガレガレの急なルンゼを少し登り、左側のスギ植林地から尾根に上がり登山道に出る。

桂川水系
葛野川

土室川金小屋沢

（つちむろ　かなごや）

中級 2級下／III
適期　4月下旬〜11月
日程　1日（遡行3〜3.5時間）

深い谷底にナメ滝を連続して懸ける秘渓

ホンゴ尾根と金小屋ノ尾根に囲まれた牛ノ寝（ね）通りの峰々を水源とし、扇状にいくつもの沢の水を集める流域面積の広い沢だ。本谷の左俣は深い谷底に傾斜のあるナメ滝を多く懸けて、そのほとんどが登れるため、なかなか登り応えがある。奥の二俣からは倒木が目立つが、源頭部まで途切れることなく滝を懸けるので飽きることはない。支流の右俣も水量はほどほどにあり、出合上から滝を連続して懸けており、地形図上でも等高線が込み合っているところがあって興味をそそられる。

アプローチ

広場手前のガードレールの切れたところにある牛ノ寝登山口の道標から、登山道に上がり、榧ノ尾山手前でホンゴ尾根を土室川森林軌道跡へ下降し、軌道跡を金小屋沢まで。広場から約1時間55分。バス利用の場合はバス停から林道終点までの約2時間20分が加わる。

下降ルート

牛ノ寝通り登山道を小菅の湯に下山（約2時間45分）、または石丸峠から小屋平バス停に下山（約2時間30分）。駐車スペースに戻るには林道広場まで約35分。

アクセス　行き：JR奥多摩駅（西東京バス53分）小菅役場前　**帰り**：小菅の湯（西東京バス57分）JR奥多摩駅
マイカー情報　中央道大月ICまたは奥多摩方面から国道139号を小菅村方面に向かい、小菅村役場から大菩薩峠線へ入り日向沢登山口先の林道終点広場まで。数台分の駐車スペースあり。
参考タイム　入渓点（25分）二俣（1時間35分）奥の二俣（右沢25分）二又（50分）登山道
標高差　520m
装備　基本装備
地図　七保
温泉　①小菅の湯（金曜休）☎0428-87-0888
②やまと天目山温泉（水曜休）☎0553-48-2000

きれいなナメ滝の続く沢だ

6m滝は左壁を登る（❷）

❺奥の二俣出合下の4mはホールドが細かく黒光りして、いかにも滑りやすそうだが、水流右を登れる。

❻奥の二俣は水量の多い右沢に入る。右沢は出合から4〜5mの登れるナメ滝が連続して懸かり楽しいところだ。ただ後半は倒木が多くなり、二又付近は倒木で埋まる。

❼水が涸れるとガレたグズグズの急斜面になるので、途中から右岸の枝尾根に上がり登山道をめざすとよい。

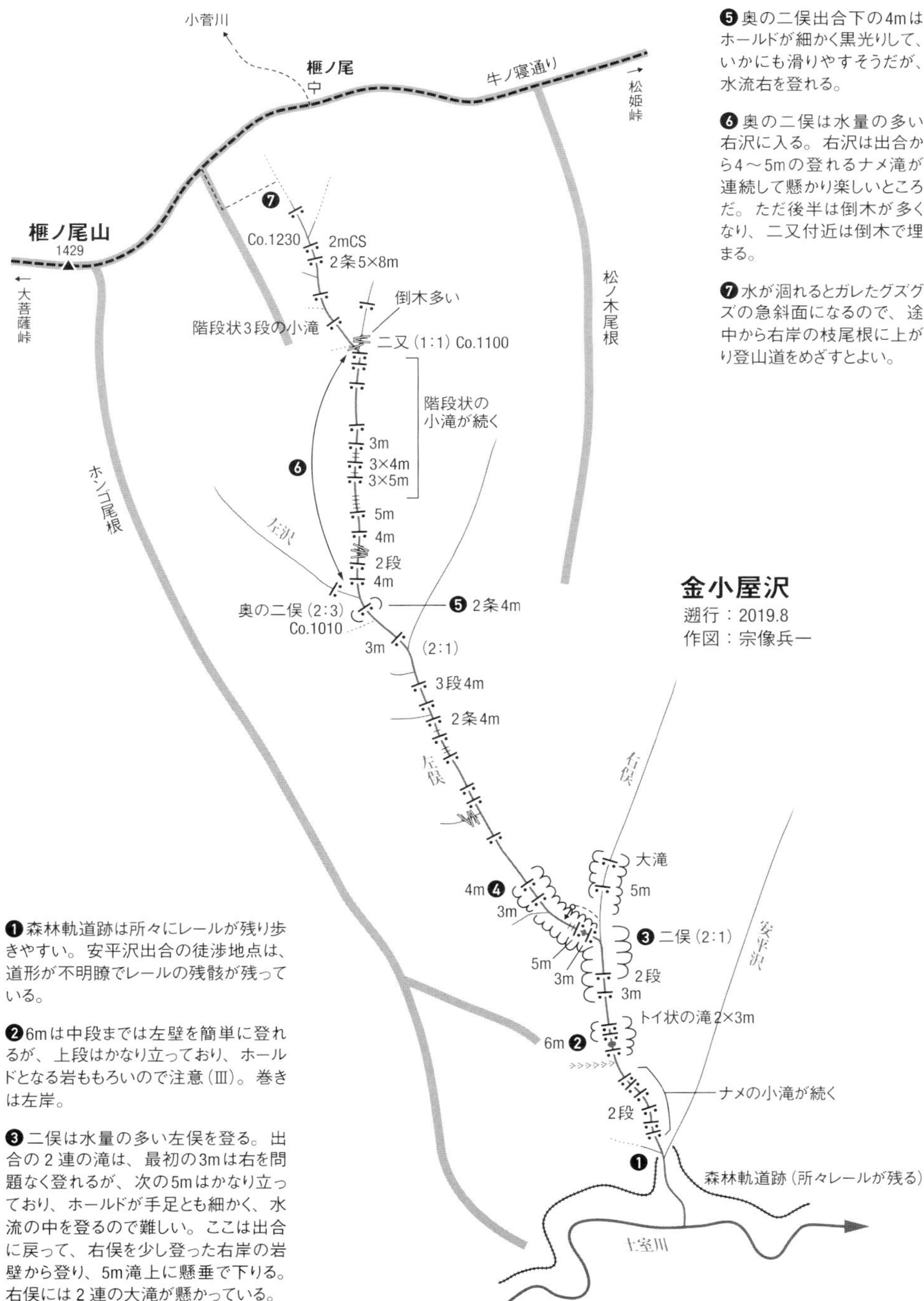

金小屋沢

遡行：2019.8
作図：宗像兵一

❶森林軌道跡は所々にレールが残り歩きやすい。安平沢出合の徒渉地点は、道形が不明瞭でレールの残骸が残っている。

❷6mは中段までは左壁を簡単に登れるが、上段はかなり立っており、ホールドとなる岩ももろいので注意（Ⅲ）。巻きは左岸。

❸二俣は水量の多い左俣を登る。出合の２連の滝は、最初の3mは右を問題なく登れるが、次の5mはかなり立っており、ホールドが手足とも細かく、水流の中を登るので難しい。ここは出合に戻って、右俣を少し登った右岸の岩壁から登り、5m滝上に懸垂で下りる。右俣には２連の大滝が懸かっている。

❹左岸の岩壁を登り、滝上に出る。

桂川水系
笹子川

大鹿川ズミ沢

初級 1級上／III+（❸）
適期 4月中旬～11月上旬
日程 1日（遡行4～4.5時間）

（エスケープ可能）

水量豊かな沢、核心部大滝とナメに癒やされる

小金沢連嶺の南端、大谷ヶ丸を起点に流れる沢で、登山地図では「すみ沢」となっているが、沢登りでは以前からズミ沢、平ツ沢と呼んでいた。全体的に里山の中のゆったりとした雰囲気の味わえる渋い沢である。

ズミ沢は、周辺の沢に比べても水量豊富で、これといった難所もなく初級者でも沢登りの醍醐味を味わえる沢だ。なんといっても沢のすぐ近くに登山道が並行しており、安心感がある。これだけの豊かな水量をもつ沢でありながら、JR笹子駅から徒歩で入渓できる点もよい。下流部は大きな滝もなく、ほとんどの滝が水流沿いを登れるので、夏の暑い時期、シャワークライミングを楽しめるおすすめの沢でもある。特に核心部であるモチヶ滝と呼ばれる大滝と、そのあとに続く小滝群、ナメは一見の価値があるので、核心部を越えたところまで遡行するとよい。ただし、モチヶ滝の登攀では事故も起こっており、初級者には難しいので、沢慣れた人の同行が必要となる。核心部が終了すると、上部はボサがひどいので、通常は遡行を打ち切り登山道に上がる。

アプローチ

JR笹子駅から国道20号を初狩方面に進み、吉久保入口バス停を左折し、中央自動車道に架かる原平橋を渡り、大蔵沢大鹿林道を道証地蔵の登山口まで、約1時間20分。

下降ルート

核心部終了点の脇に登山道が通り、ここから約1時間で道証地蔵へ下山できる。交通機関利用の場合は、登山道を歩いて曲り沢峠を越え、景徳院、田の湯方面へ約1時間30分。

アクセス　行き：JR笹子駅　**帰り**：福祉センターまたは景徳院入口（甲州市民バス4～6分）JR甲斐大和駅
マイカー情報　中央道大月ICから国道20号を笹子方面へ向かい、原入口バス停を右折し、大蔵沢大鹿林道に入り道証地蔵まで。手前に駐車スペースがある。
参考タイム　道証地蔵（20分）ズミ沢出合（1時間20分）登山道の橋（1時間）モチヶ滝下（1時間40分）終了点
標高差　470m　**装備**　基本装備
地図　笹子
温泉　①芭蕉月待ちの湯（月曜休）☎0554-46-1126　②田野の湯（日・月・祝日休）☎0553-48-2747

核心部の滝の登攀（❹）

❶シャワークライミングで楽しみたい滝。最初の4mは左右どちらでも登れる。続く3mは右壁を登る。

❷三丈ノ滝２段6mは左の水線際を登る。巻くのは簡単。

❸核心部入口のモチヶ滝は多段の大滝30m。下からでは12mほどの滝だが、その上にもナメ滝が続く。ぬめっているので非常に滑りやすい。必ずロープを出そう。通常は右の水流右側を登る。巻きも悪いので注意。

❹左の水流際にホールドがあるので、意外と簡単に登れる。

❺ツルツルのスラブ滝。右のクラック沿いが登れそうだが、意外と難しい。左側を登るがこちらも難しいので、初級者には必ずロープを出そう。この上から沢幅いっぱいに美しいナメが広がり、この沢のフィナーレとなる。

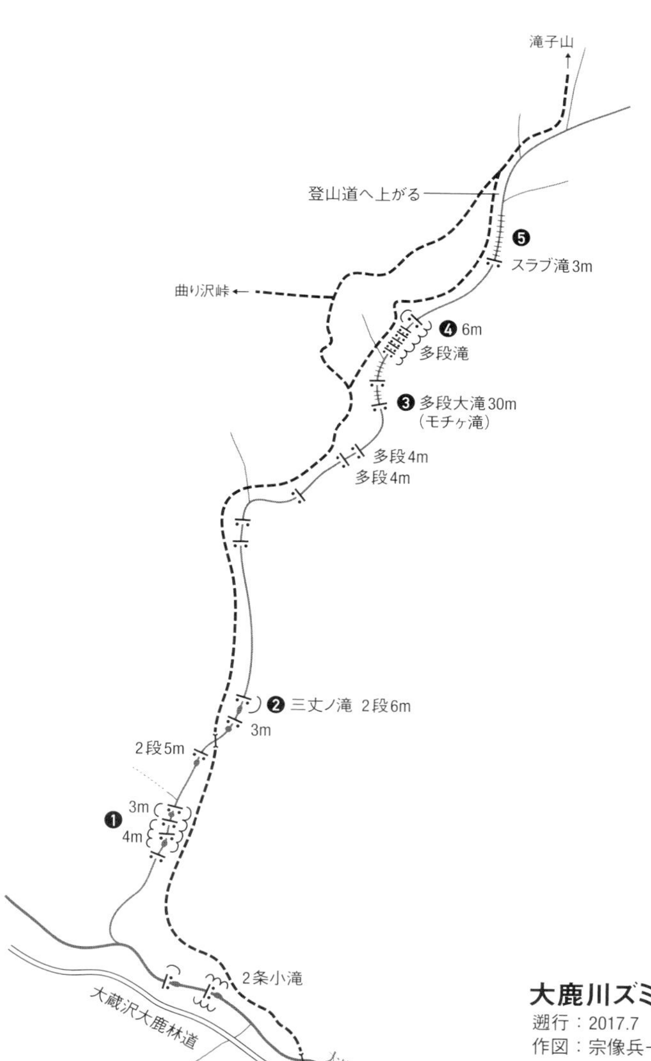

大鹿川ズミ沢

遡行：2017.7
作図：宗像兵一

桂川水系
大幡川

四十八滝沢（しじゅうはったき）

初級 1級上／III
適期　5月〜11月上旬
日程　1日（遡行3〜4時間）

滝、滝、滝、滝、滝。どこからがひとつの滝なの?

三ツ峠山の北東面に位置するこの沢は、別名千段の滝沢とも呼ばれ、中流部から上は多くの滝を懸け、厳冬期のアイスクライミングでよく登られている。水源が三ツ峠山からの湧き水のため水が涸れることもなく水量もあり、ほとんどの滝が登れるので、滝の登攀を好む人には楽しい沢だ。下流部は堰堤が多く平凡だが、登山道が沢を渡るところから上部は、三段ノ滝上のガレた河原以外は、どこからどこまでがひとつの滝か区別できないほど滝、滝、滝と連続し、気の休まる暇もない。三段ノ滝上には、大滝、七福ノ滝、白竜ノ滝と続けざまに懸かる。滝の終わりはコンコンと湧き出す水源だ。まさに滝づくしの沢だ。

アクセス　**行き**：JR初狩駅または富士急行線都留市駅（タクシー約15分、約8km）けいごや橋　※バスは始発時刻が遅く利用できない　**帰り**：富士急行線三ツ峠駅
マイカー情報　中央道大月ICから国道20号を初狩駅方面へ向かい、初狩駅先で県道712号へ入り、宝鉱山バス停脇の無料駐車場まで。バス停先のけいごや橋から先の林道は、2019年現在車の通行はできない。
参考タイム　入渓点（2時間50分）水源の湧き水（35分）登山道
標高差　860m
装備　基本装備
地図　河口湖東部
温泉　①芭蕉月待ちの湯（月曜休）☎0554-46-1126　②三ツ峠グリーンセンター（火曜休）☎0555-25-3000

アプローチ

宝鉱山バス停先の大幡川を渡るけいごや橋から、荒れた林道を三ツ峠北口登山道入口まで約20分、さらに登山道を入渓点まで約50分。

下降ルート

表登山道を下山して富士急行線三ツ峠駅へ約3時間。入山地点へ戻る場合は、終了点から三ツ峠北口登山道に入り登山口まで約1時間40分、さらに駐車場まで約20分。

大滝（❷）

七福ノ滝2段15mの登攀（❸）

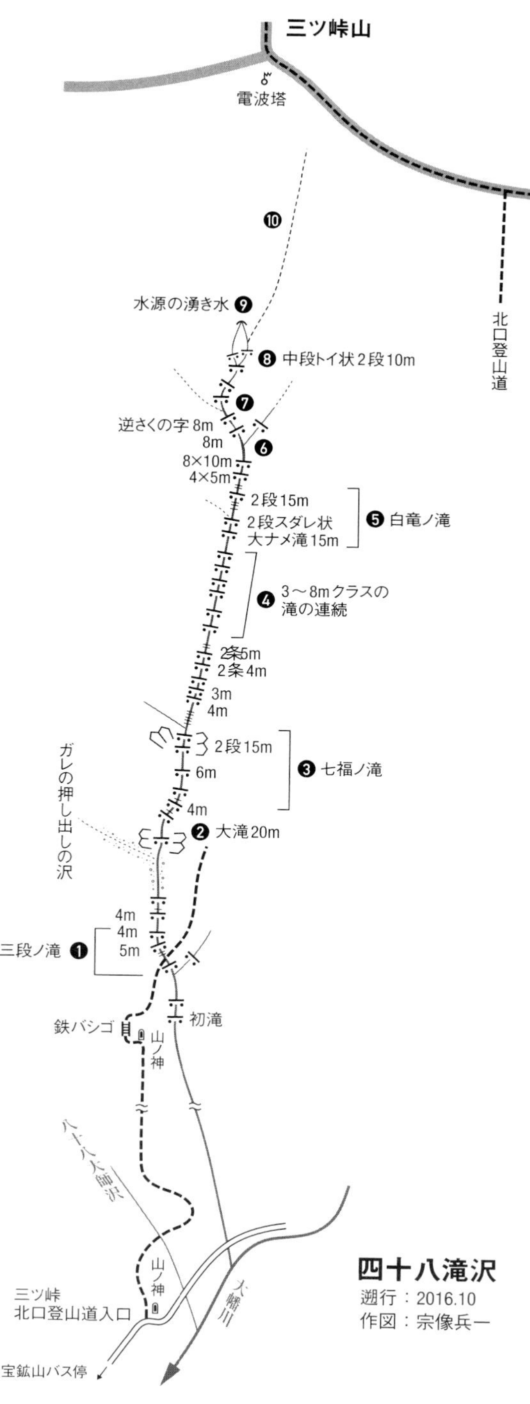

❶登山道が 2 段目の滝下で対岸に渡るところが入渓点。2 段目の滝は右壁を登るが、手足ともホールドが細かくぬめっているので注意。初級者にはお助けひも必要。

❷大滝は左から取り付き、中段で水流を横断し、水流右を直上する。ぬめっているので注意。必ずロープ使用のこと。高巻きは左のガレ沢を少し上がり、踏み跡に従って小さく巻く。

❸入口の4mは左から、続く6mは右を登る。2 段15mは下段の水流左を中段まで登り(水量が少ないときは右から水流の中を斜上したほうが簡単)、中段バンドを水流を浴びながら渡り、水流脇の凹角を直上する。中段は取付のホールドが遠く、ショルダーで上がるとよい。初級者にはロープ必要。

❹どこからどこまでが滝か、区別がつかないような滝が連続する。

❺下段のスダレ状の大ナメ滝は左の水流際を上がる。ホールドが手足ともに細かく、はがれやすいので注意。初級者にはロープ必要。上段は左の泥壁から。続く 2 段15mは、下段はナメ滝、上段は 5m 直滝となっている。上の斜滝とナメでつながっているので 3 段にも見える。下段のナメ滝は右の水流沿いを直上、直滝も右を登る。初級者にはロープ必要。巻きは左のルンゼから。

❻出合の滝は右の階段状を上がる。

❼最後の二俣は左のガレた沢床が本流のように見えるが、水流のある右に入る。

❽トイ状の滝は水流右を上がる。中段トイ状の部分が難しい。

❾水源は湧き水になっている。

❿ガレガレのルンゼを落石に注意しながら登り、左の支尾根が近づいたところで支尾根に上がり、電波塔下の登山道に出る。

奥武蔵の沢

東京近郊のハイキングスポットとして多くのハイカーでにぎわう山域だが、沢登りの対象となる沢は少なく、入渓者は限られる。奥武蔵で沢登りのできる沢は、ほとんどが荒川に直接流れ込む秩父側の流域に限られる。ほかには、わずかに名栗(なぐり)川流域の沢が数本登られる程度だ。

荒川水系

[浦山川流域] 小持山から県境の奥多摩の山々、坊主山から矢岳に延びる尾根に囲まれた、奥武蔵のなかでは広大な流域面積をもち、大久保谷、細久保谷、広河原谷の3本の大きな流れを分岐する。浦山ダムができたことにより変貌著しいが、冠岩(かんむりいわ)沢が初級者向きの沢としてよく登られている。大久保谷はゴルジュと滝が連続し、なかなか侮りがたい険谷だ。細久保谷、広河原谷は沢登りとしてのおもしろさはない。

[安谷(あんや)川流域] 奥武蔵を代表する渓谷のひとつで、スケール、困難度ともに上級の谷だ。安谷川の上流部は川浦谷と呼ばれ、七ツ瀑の大ゴルジュを秘める。以前あった左岸の作業道は荒廃し、木橋が崩落しているので下山路の選択が難しい。秩父橋で本谷に出合う烏帽子(えぼし)谷は、上部で林道が横断しているが、なかなか捨てがたい険谷だ。

なお、安谷川本流はウォータークライミングが楽しめる。

[谷津(やつ)川流域] 熊倉山につめ上がる本谷と地獄谷が遡行対象となるが、谷津川沿いの林道コース登山道が、地獄谷手前の左岸枝沢で山抜け状態のため通行止めになっており、下山路の選択が難しくなっている。

[横瀬(よこぜ)川流域] 生(うぶ)川上流の大持沢、小持沢が、初級者向きの沢として最近登られているようだ。

[名栗川流域] 名栗湖右岸の白岩沢が、沢登りの入門ルートとしてわずかに登られる程度だ。

大久保谷の市兵衛滝10m以上（左岸高巻き）

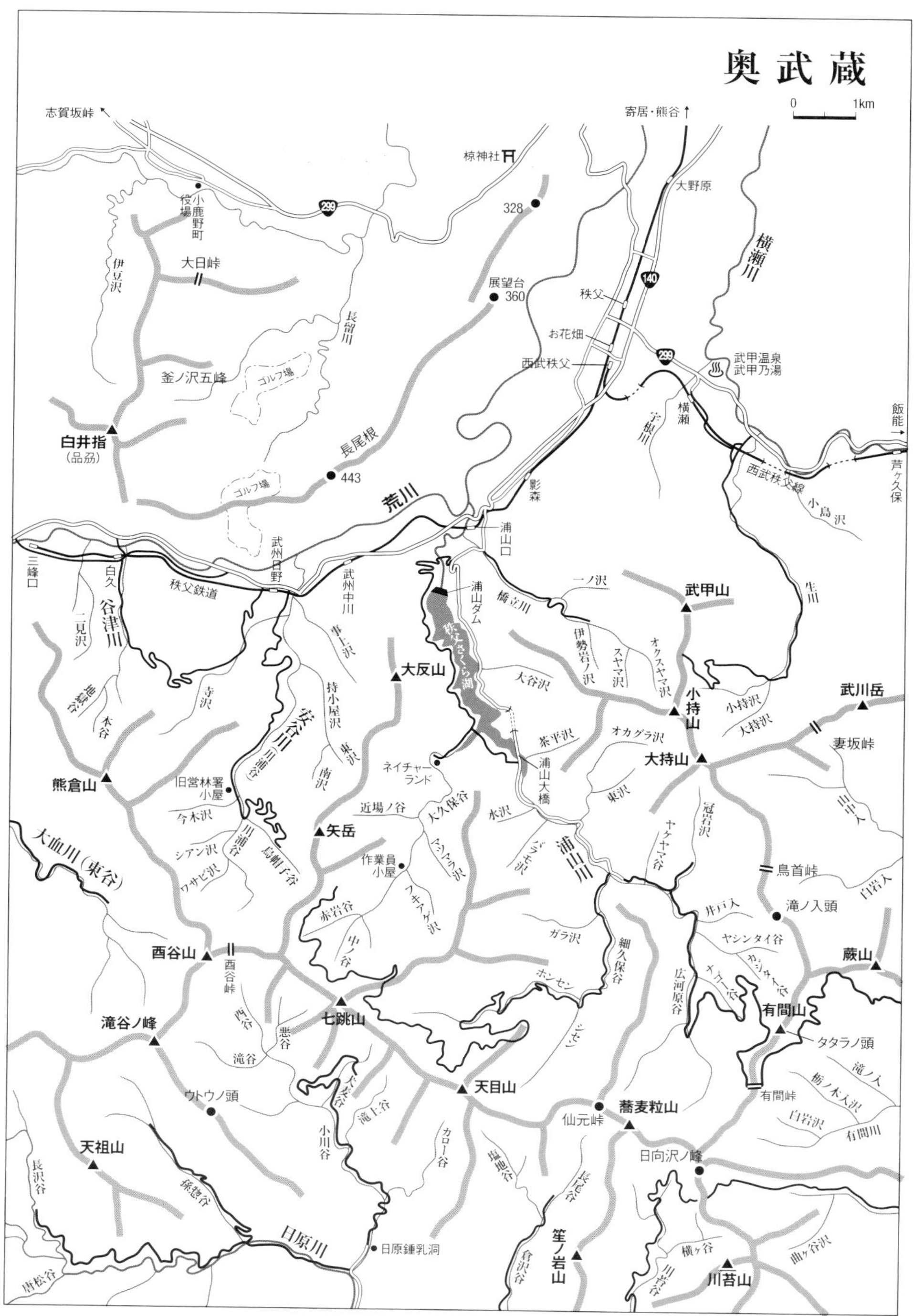

奥武蔵
0
1km
志賀坂峠
寄居・熊谷
椋神社
小鹿野町役場
299
328
大野原
横瀬川
伊豆沢
大日峠
展望台
360
140
秩父
長留川
お花畑
西武秩父
299
武甲温泉
武甲乃湯
釜ノ沢五峰
ゴルフ場
白井指
(品刕)
長尾根
443
宇根川
横瀬
飯能
芦ヶ久保
西武秩父線
影森
ゴルフ場
荒川
小島沢
浦山口
三峰口
白久
武州日野
武州中川
秩父鉄道
谷津川
浦山ダム
秩父さくら湖
橋立川
一ノ沢
武甲山
生川
二見沢
事上沢
伊勢岩ノ沢
スヤマ沢
オクスヤマ沢
大反山
大谷沢
地蔵谷
寺沢
持小屋沢
小持山
武川岳
本谷
安谷川
(川浦谷)
東沢
茶平沢
オカグラ沢
小持沢
大持沢
妻坂峠
南沢
ネイチャーランド
浦山大橋
大持山
熊倉山
旧営林署小屋
東沢
今木沢
近場ノ谷
大久保谷
水沢
山中入
冠岩沢
ヤケヤマ谷
大血川(東谷)
矢岳
川浦谷
烏帽子谷
シアン沢
ワサビ沢
作業員小屋
マシマラ沢
バラモ沢
浦山川
鳥首峠
白岩入
井戸入
滝ノ入頭
フキアゲ沢
赤岩谷
中ノ谷
ガラ沢
細久保谷
ヤシンタイ谷
カジタイ谷
西谷山
西谷峠
ホンセン
広河原谷
ナガー谷
蕨山
七跳山
西谷
悪谷
有間山
滝谷ノ峰
タタラノ頭
ジセン
滝谷
滝ノ入
大茶谷
天目山
有間峠
栃ノ木入沢
ウトウノ頭
仙元峠
蕎麦粒山
白岩沢
滝上谷
有間川
カロー谷
天祖山
小川谷
塩地谷
長尾谷
日向沢ノ峰
長沢谷
孫惣谷
曲ヶ谷沢
日原川
横ヶ谷
笙ノ岩山
川苔山
日原鍾乳洞
倉沢谷
川苔谷
唐松谷

荒川水系
浦山川

冠岩沢（かんむりいわ）

初級 1級上／III（❷）
適期 4月下旬～11月
日程 1日（遡行4～4.5時間）

廃村の昔をしのび、明るい広葉樹林の沢筋を登る

浦山ダムの完成で変貌の著しい浦山川のなかにあって、それほど影響を受けずに残された沢だが、冠岩集落の廃村により周囲の植林地は荒廃し、下流部はボサがかぶり、倒木も多く荒れている。しかし、中流部の2段15m滝を越えると滝場が続くようになり、大滝上部は美しい広葉樹林が沢筋を覆い、晩秋のころはすばらしい景観を見せる。秩父さくら湖ができたことで車利用のアプローチも楽になった。遡行時間も短く、もっと登られてもよい沢だ。

アプローチ

冠岩橋から入渓点まで約25分。

アクセス　行き・帰り：西武秩父駅または秩父鉄道秩父駅（タクシー約25分、約15km）冠岩橋　※バスは時刻が遅く利用できない
マイカー情報　関越道花園ICから国道140号を秩父市内に向かい、市街地を抜けた先の浦山ダム（秩父さくら湖）入口の信号を左折し、浦山渓谷沿いの道を冠岩橋まで。橋手前の林道入口脇に駐車。
参考タイム　入渓点（1時間）2段15m滝（1時間30分）大滝（1時間30分）登山道
標高差　460m　**装備**　基本装備
地図　武蔵日原、秩父
温泉　①祭の湯（無休）☎0494-22-7111
②武甲温泉（無休）☎0494-25-5151

下降ルート

終了点から登山道を鳥首峠方面に向かい、冠岩左岸尾根の踏み跡を、冠岩集落跡をめざして下ると鳥首峠からの登山道に出る。左岸尾根上部は広葉樹林の快適な道で、途中からスギとヒノキの植林地に変わり、870m付近の植林地のピンクテープに引き込まれないように注意する。ここは送電線鉄塔のある尾根に入り、鉄塔からは明瞭な巡視路を下ると登山道に出る。終了点から冠岩橋まで約1時間15分。

2段15m滝の登攀（❷）

赤っぽい8m滝（❺）

❹左壁上部にあった立ち木がなくなり直登は難しくなった。ここは左岸側を高巻く。高巻きも落ち口に下りる斜面が急なので注意。懸垂で下りるのが無難だ。初心者・初級者にはチェーンアイゼンがあったほうがよい。

❺赤っぽい滝。通常は右から高巻く。

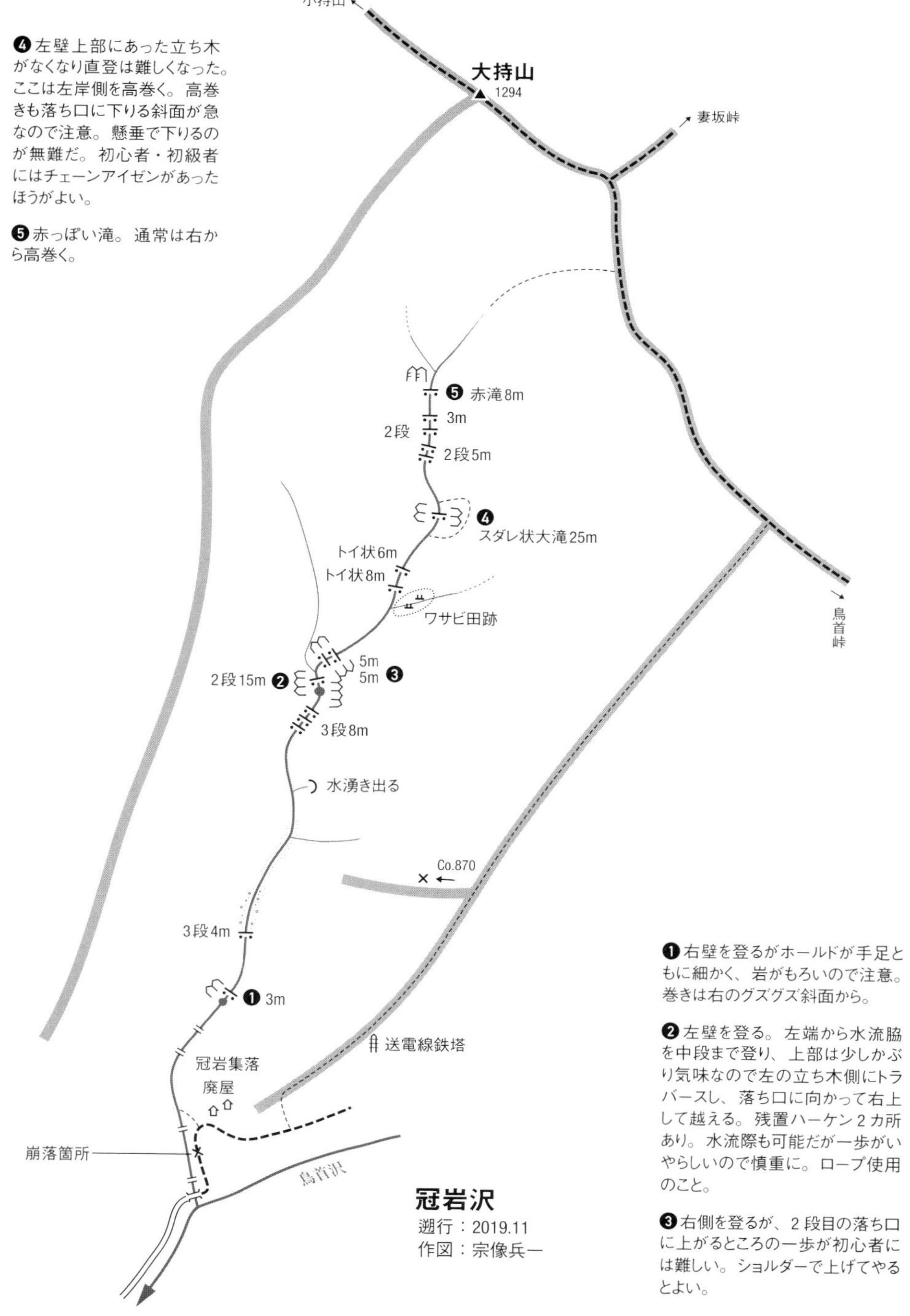

冠岩沢

遡行：2019.11
作図：宗像兵一

❶右壁を登るがホールドが手足ともに細かく、岩がもろいので注意。巻きは右のグズグズ斜面から。

❷左壁を登る。左端から水流脇を中段まで登り、上部は少しかぶり気味なので左の立ち木側にトラバースし、落ち口に向かって右上して越える。残置ハーケン2カ所あり。水流際も可能だが一歩がいやらしいので慎重に。ロープ使用のこと。

❸右側を登るが、2段目の落ち口に上がるところの一歩が初心者には難しい。ショルダーで上げてやるとよい。

荒川水系 浦山川

大久保谷（おおくぼ）

中級 2級／III+
適期 5月中旬～11月上旬
日程 2日（遡行9～10時間）

美しい流れの中に秘瀑を連ねる奥武蔵を代表する険谷

東京と埼玉の都県境、坊主山（ぼうず）から七跳山（ななはね）の長沢背稜を水源とする沢で、流程があり水量も豊富で、渓谷の美しさと障子岩の滝、桃ノ木平ノ滝、市兵衛滝、鎌倉ノ滝といった秘瀑や、深い釜をもった小滝をいくつも懸ける奥武蔵を代表する渓谷である。浦山ダムができる前は沢登りでもよく登られていたが、ダムが完成してからはあまり遡行した記録を見ない。登攀的要素は少ないが登れない滝が多く、高巻きのルートファインデングも難しい侮りがたい険谷だ。ただ、桃ノ木平ノ滝までは釣り人も多いのでトラブルのないようにしたい。

アプローチ

ゲートから舗装された林道を終点まで歩き、さらに遊歩道のように整備された作業道を近場ノ沢出合の作業小屋を経て出合上の橋まで約50分。バス利用の場合は、浦山大橋から30分程度余分にみるとよい。

下降ルート

天目山林道を林道終点まで歩き、そこから市兵衛沢右岸尾根の踏み跡を大久保谷左岸の作業道まで下り、作業道を駐車スペースまで約2時間35分。作業道は近場ノ沢まで荒れているので注意。

アクセス　行き・帰り：西武秩父駅入口（秩父市営バス17分）浦山ネイチャーランド入口［自由乗降区間］ ※バス始発が遅いのでタクシーを利用するとよい
マイカー情報　国道140号の浦山ダム（秩父さくら湖）入口を左折し、浦山大橋を渡ってすぐの浦山ネイチャーランドの看板に従い右折、大久保橋を渡ったT字路を右折し、すぐ左の大久保谷沿いに続く林道を車止めゲートまで。3台程度の駐車スペースあり。
参考タイム　入渓点の橋（1時間10分）市兵衛沢出合（4時間20分）赤岩沢・中ノ沢出合（2時間10分）中ノ沢二俣（1時間20分）天目山林道
標高差　730m　**装備**　基本装備
地図　秩父、武蔵日原
温泉　①祭の湯（無休）☎0494-22-7111　②武甲温泉（無休）☎0494-25-5151

2段6mCSの高巻きは難しい（❸）

鎌倉ノ滝（❺）

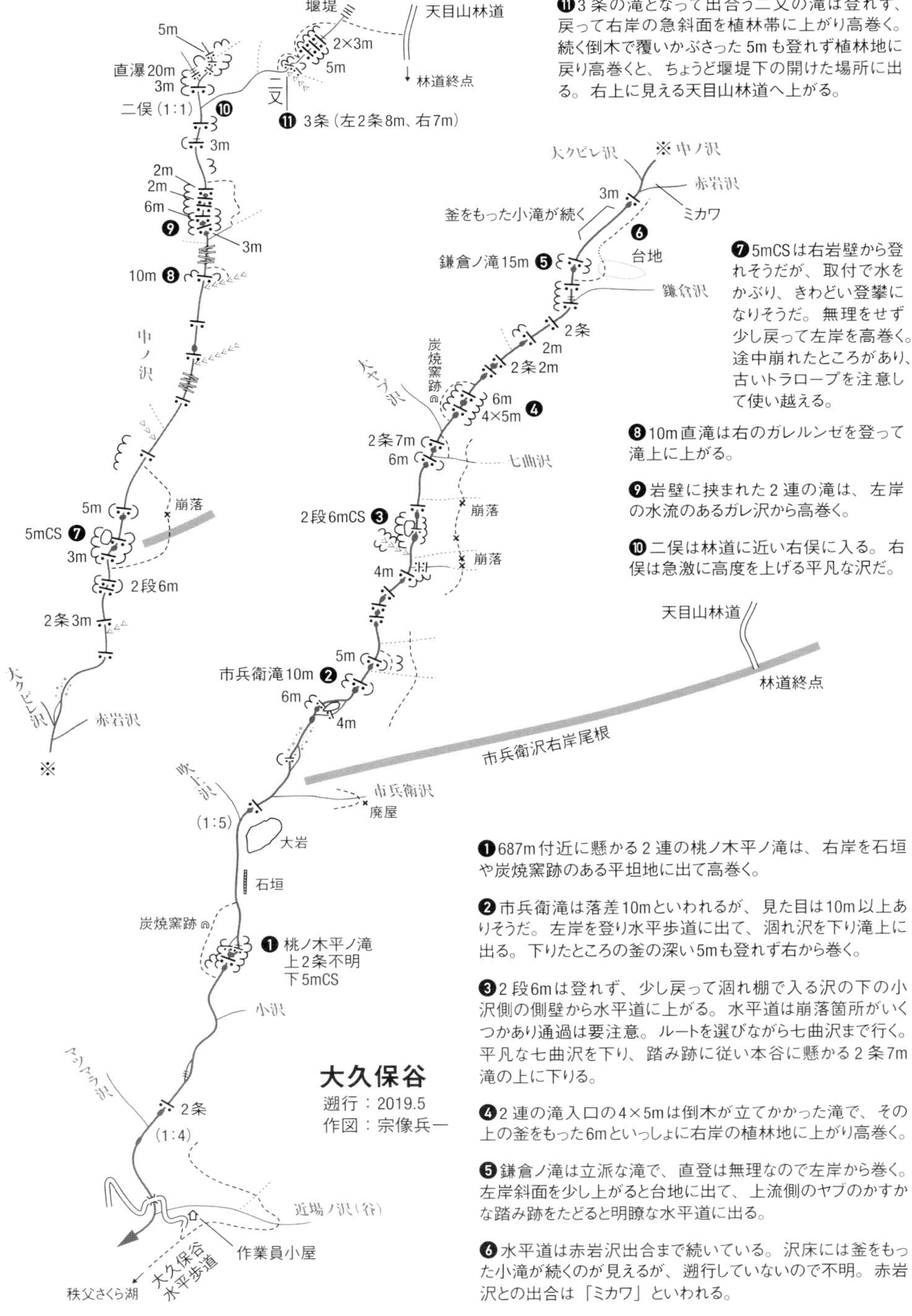

⓫3条の滝となって出合う二又の滝は登れず、戻って右岸の急斜面を植林帯に上がり高巻く。続く倒木で覆いかぶさった5mも登れず植林地に戻り高巻くと、ちょうど堰堤下の開けた場所に出る。右上に見える天目山林道へ上がる。

❼5mCSは右岩壁から登れそうだが、取付で水をかぶり、きわどい登攀になりそうだ。無理をせず少し戻って左岸を高巻く。途中崩れたところがあり、古いトラロープを注意して使い越える。

❽10m直滝は右のガレルンゼを登って滝上に上がる。

❾岩壁に挟まれた2連の滝は、左岸の水流のあるガレ沢から高巻く。

❿二俣は林道に近い右俣に入る。右俣は急激に高度を上げる平凡な沢だ。

❶687m付近に懸かる2連の桃ノ木平ノ滝は、右岸を石垣や炭焼窯跡のある平坦地に出て高巻く。

❷市兵衛滝は落差10mといわれるが、見た目は10m以上ありそうだ。左岸を登り水平歩道に出て、涸れ沢を下り滝上に出る。下りたところの釜の深い5mも登れず右から巻く。

❸2段6mは登れず、少し戻って涸れ棚で入る沢の下の小沢側の側壁から水平道に上がる。水平道は崩落箇所がいくつかあり通過は要注意。ルートを選びながら七曲沢まで行く。平凡な七曲沢を下り、踏み跡に従い本谷に懸かる2条7m滝の上に下りる。

❹2連の滝入口の4×5mは倒木が立てかかった滝で、その上の釜をもった6mといっしょに右岸の植林地に上がり高巻く。

❺鎌倉ノ滝は立派な滝で、直登は無理なので左岸から巻く。左岸斜面を少し上がると台地に出て、上流側のヤブのかすかな踏み跡をたどると明瞭な水平道に出る。

❻水平道は赤岩沢出合まで続いている。沢床には釜をもった小滝が続くのが見えるが、遡行していないので不明。赤岩沢との出合は「ミカワ」といわれる。

荒川水系

川浦（かわうら）谷本谷

中級 2級上／III+
適期 5月上旬～10月
日程 1日（遡行6～7時間）

未踏の大ゴルジュを秘める奥武蔵一の険谷

西谷山（とりだにやま）、坊主山（ぼうずやま）といった奥多摩の山々の北面を水源とする川浦谷は、奥武蔵を代表する険谷で、両岸が圧縮されたゴルジュの中に通過困難な多くの滝をもち、特に七ツ滝のゴルジュはいまだ人を寄せつけない未踏の大ゴルジュだ。以前は左岸側に作業道があり、上流にはスギやヒノキの植林地が広がっていたが、今は荒れ放題となり、作業道もほとんど廃道化し、遡行の困難さや下山の難しさから入渓するパーティは少ない。ここ数年続く豪雨のため、シアン沢から七ツ滝のゴルジュ入口までの渓相が一変しているのが残念だ。

アプローチ

武州日野駅から川浦林道を歩いて旧営林署小屋を通り、入渓点の秩父橋まで約1時間50分。車止めゲートからは約30分。

下降ルート

作業道は廃道化しており、山腹は急峻な地形のため、下山は想像以上に難しいので、3連の滝を越えたところで作業道に上がったほうがよい。二俣まで遡行した場合は右俣から作業道に上がる。この道はほとんど廃道化して非常に不鮮明なので要注意。地形図上の破線道は作業道と合流するところからは意外とはっきりしているが、シアン沢以遠は木橋が朽ちてほぼ通行不能。シアン沢を下降したほうがよい。シアン沢は4カ所懸垂下降を要するが、それ以外は問題ない。二俣からシアン沢を下降して車止めのゲートまで、ルートがわかっている場合は約3時間。3連の滝上からは約2時間30分。ゲートから武州日野駅へ徒歩約1時間10分。二俣から右岸尾根に上がり矢岳の登山道を下山するルートもある。

アクセス　行き・帰り：秩父鉄道武州日野駅　※徒歩の場合、日帰りは難しい
マイカー情報　関越道花園ICから国道140号を秩父市内に向かい、荒川中学校入口の信号を左折し川浦渓谷沿いの林道を進む。素掘りトンネル手前のチェーンゲートまで。3～4台の駐車スペースあり。
参考タイム　秩父橋（10分）シアン沢出合（1時間50分）七ツ滝ゴルジュ入口（1時間）七ツ滝ゴルジュ上（1時間30分）ワサビ沢出合（2時間）二俣（15分）作業道
標高差　390m
装備　基本装備＋登攀具
地図　秩父、武蔵日原
温泉　①祭の湯（無休）☎0494-22-7111
②武甲温泉（無休）☎0494-25-5151

上／以前の3連の滝はゴーロの渓相に（❷）
下／核心部入口の滝を登る（❺）

川浦谷本谷

遡行：2018.5
作図：宗像兵一

❼大岩がいくつか挟まったゴーロ滝は左岸を上がるが難しい。ショルダーで。

❽左壁を登る。手足ともにホールドが細かい。

❾12m滝は左側から登れるが、岩がもろく、落ち口に取り付くところが難しい。通常は左側から高巻いて二俣へ下りる。

❿右俣の出合奥には直登不能な大滝15mが懸かるので、滝手前から作業道に上がる。時間的に日帰りはここまで。

❸ここも深い長淵が埋まり、滝もなくなっているので、左岸の崩落箇所から高巻く必要がなくなった。続く大岩で水流が二分された滝場は、大岩に上がって越える。大岩上は沢が開けゴーロとなる。

❹七ツ瀑のゴルジュはまったく遡行不能。戻ってガレルンゼから作業道に上がり、作業道をたどって涸れ沢を越えた地点の伐採跡を少し下り、右の急なガレルンゼを下るとゴルジュの上に出る。

❺川浦谷の核心部。左のスラブを上がり、そのままトラバースして次の6mと2mもまとめて越すが、6m滝の壁がツルツルでホールドがなく、残置スリングを利用してA0で上がり、側壁をトラバースして抜ける。抜けた左岸側はガレとなり、その上はインゼルとなっている。

❻3連の滝となり、最後の5m滝は右側から取り付き、滝の落ち口に斜上して越える。このすぐ上、左岸に作業道が通じている。

❶2条3m滝上の6m滝が登れないので、最初の2m滝上から右岸のバンドをトラバースして越える。6m滝を越えるところの岩角に残置ハーケンあり。6m滝上には滑り降りるようにして沢床へ。

❷大水のため以前あった3連の滝はなくなり、ゴーロの渓相に変わっている。

荒川水系 谷津川本谷

中級 2級／IV
適期 5月～11月
日程 1日（遡行5～5.5時間）

核心部の連瀑帯と上流部のゴルジュ、侮りがたい険谷

熊倉山の北面、聖尾根と大肌尾根の峰々を水源とし、地形図上の岩記号と密な等高線から遡行意欲を駆り立てられる沢だ。首都圏から近く以前から登られていたが、事故が多く、難しい滝の登攀や高巻きの悪さ、ツメや下山路のルート判断の難しさなどから、最近はあまり遡行する人を見ない。

聖尾根側の地形図上の破線道は白久からの林道コース登山道だが、現在は崩落箇所があって通行止めになっており、ほとんど廃道化している。登山道の地形図表記と実際の位置もかなり違う。また、つめる沢を間違えると進退窮まるので、ツメのルート決めは慎重に行なう必要がある。

アクセス 行き：秩父鉄道白久駅 **帰り**：秩父鉄道武州日野駅または白久駅
マイカー情報 国道140号を秩父・三峰口方向に向かい、武州日野駅先の「道の駅あらかわ」の交差点を左折して白久駅に向かい、白久駅前を左折して道なりに林道を進み、谷津川館の横を通って谷津川林道コース登山口まで。付近に駐車スペースがある。
参考タイム 入渓点（1時間）地獄谷出合（25分）七ツ滝沢出合（1時間30分）900m二俣（1時間45分）林道コース登山道
標高差 690m **装備** 基本装備＋登攀具
地図 三峰
温泉 ①祭の湯（無休）☎0494-22-7111 ②武甲温泉（無休）☎0494-25-5151

アプローチ

白久駅から林道コース登山口まで林道を徒歩約30分。水道取水施設のフェンス伝いに進み、登山道が沢と離れる地点から入渓する。約10分。林道コースは現在通行止め、復旧されないことが決定している。

下降ルート

林道コースを下るのがいちばん近いが、本谷と地獄谷の出合付近のガレ沢がえぐり取られたようになっており、通過が非常に危険だ。終了点から熊倉山まで上がって、城山コース登山道を下山したほうがよい。

右／最狭部ゴルジュ7mCSの登攀（10）
左／2段の滝を望む（5）

※
二俣（1:2）❽
2段（4+4m）
3m
ゴーロの中に小滝が続く
倒木多い
（左3段4+2+5m・右12m）2条 ❼
開ける
Co.770
5mCS
滑り台状左4m
❻
4×5m
3m
2条2m
2×4m
七ツ滝沢
❺
4m
8m（直）
七ツ滝
末広がりの滝
4×5m
❹（1:3）
多段4m
逆さくの字4m
地獄谷
（障子岩沢）
❸
（3:2）
3×4m
カラ滝沢
❷
2条4m
2条2m
林道
2条
（右4m・左5m）
❶
白久コース（廃道）
（不明）
取水口
フェンス
熊倉山登山口
（白久コース）
（林道コース）
白久駅↓

谷津川本谷

遡行：2019.6
作図：宗像兵一

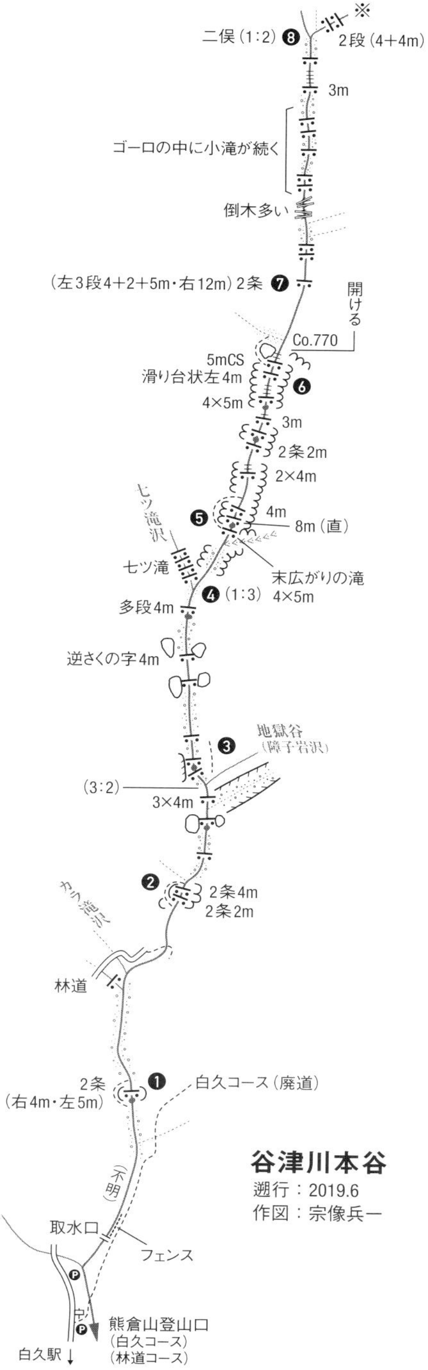

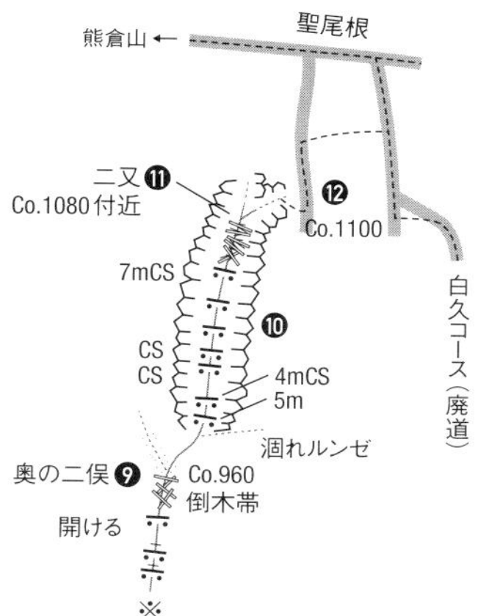

❶右岸のスギ植林地から巻く。

❷連続する2条滝は左側から高巻く。

❸古い道標があるが、旧七ツ滝登山道（廃道）のもの。

❹七ツ滝は出合からは4段目までしか見えない。

❺古いルート図集に不動滝の記載がある2段滝で、下段8mは直瀑。下段の左壁に古いスリングが2カ所残置されている。右岸から巻いて上段の滝上に出る。

❻4×5mは水流右が登れそうだが上部がツルツル。ここは右から巻いて中段の滑り台状2条滝の上に下り、5mCSの左側壁と大岩の折り重なる岩溝を突っ張りで上がり、側壁上の立ち木に上がる。

❼2条滝は間の水流のない滝壁を登る。

❽二俣は地形図とは異なり三俣状になっている。本谷の右俣正面から小沢が入る。

❾奥の二俣は左沢のほうが沢床が広く本谷だが、伏流しているのか涸れている。右沢はわずかに水が流れるが、こちらもすぐに涸れる。

⓾水流が復活し右から涸れルンゼが入ると最狭部ゴルジュ帯となる。入口5mは水流を登り、中の小滝群は簡単に上がれる。ただ最後の7mCSは難しく、左壁クラックにカムを利かせて直上する（Ⅳ）。ゴルジュ全体を巻く場合は手前の涸れルンゼから右尾根に上がり、林道コース登山道に出る。

⓫地形図上の登山道近くで二又になる（実際の登山道はない）。ほとんど涸れた右沢を上がり、等高線の開けた地獄谷右岸尾根の手前に出る。

⓬急な沢形の場所を避けながらルートを選んで進み、地獄谷右岸尾根の林道コースに出る。

妙義・西上州の沢

群馬県南西部は、妙義山と長野県境の山々を水源とする碓氷川水系の沢と、鏑川と神流川上流域に広がる西上州の沢とに分かれる。妙義山周辺には中木川と入山川右岸の沢に遡行対象となる沢が集中するが、妙義の最高峰谷急山を水源とする谷急沢左俣・右俣を除き、難しい登攀を強いられる沢が多いので初級者同士では絶対に入ってはならない。長野県境の碓氷川上流部には遡行対象となる沢は少ない。また、この流域は暖かくなるとヤマビルが発生するので注意したい。

西上州は、妙義山同様岩山が多く、また山麓はスギやヒノキの植林が目立つ。保水力の少ない山容と岩稜がつくる急峻な沢筋は沢登りとしての魅力に欠け、交通の便が悪いこともあって、今までほとんど登られることがなかった。しかし、車利用なら首都圏から訪れやすく、比較的短時間で登れる沢も多いので、もっと登られてもよい山域だ。ただ民有地が多く、入渓を断られるところもあるので注意したい。

碓氷川水系

[中木川流域]　表妙義と裏妙義の間を流れる中木川は、妙義湖上流部に沢登りの対象となる沢がある。表妙義側の小山沢は中級者向きの沢で、中流部までナメ床に埋まった巨岩が沢床を塞ぐ異様な景観が見られ、上流部の急傾斜のナメ滝の登攀が難しい。裏妙義側の谷急沢右俣は、水量は少ないが登れる滝が多く、妙義の沢のなかでは人気がある。谷急沢左俣は水量が多く、ナメやナメ滝の続く非常にきれいな沢だ。

[入山川流域]　裏妙義側の並木沢、裏谷急沢がよく登られる。並木沢は入山川最大の支流で、水量も多く、妙義屈指の名瀑の懸かる難しい沢だ。裏谷急沢は非常に急峻な沢で、一直線に谷急山につめ上がっている。ここは柱状節理の大滝が圧巻だ。

[霧積川流域]　登られる沢はほとんどなかったが、近年は一大支流である墓場尻川が沢登りの対象として登られている。

[碓氷川本流]　めがね橋上流の本流筋は、ナメとナメ滝を連続して懸ける非常にきれいな沢で、沢登り入門に向いている。終了点からの交通の便もよい。

鏑川水系

[西牧川流域]　荒船山から毛無岩、トヤ山にかけての稜線を水源とする市ノ萱川流域の２つの川が最近登られるようになった。

[南牧川流域]　南牧村は「滝の里」として、流れに沿って歩けば美しい滝に出会えると村のホームページで紹介されているほど、滝の多いところだという。沢登りを楽しめそうな沢があると思われるので、地形図をもとに探してみるのもおもしろそうだ。本書では県境を流下する、象ヶ滝上流の熊倉川を紹介する。

神流川水系

この流域には遡行対象となる沢がいくつかある。左岸側にある東福寺川の大ゴルジュは、上級者以外遡行は難しい。少し上流側に流入する橋倉川は西上州一ともいえる美渓、隣接する境沢川もゴルジュと滝が連続して手応えのある沢だ。

両神山系に上がる野栗川の本支流にも遡行対象となる沢がいくつかある。ただ、一帯が私有地なので、入渓を断られる沢もあるので注意したい。

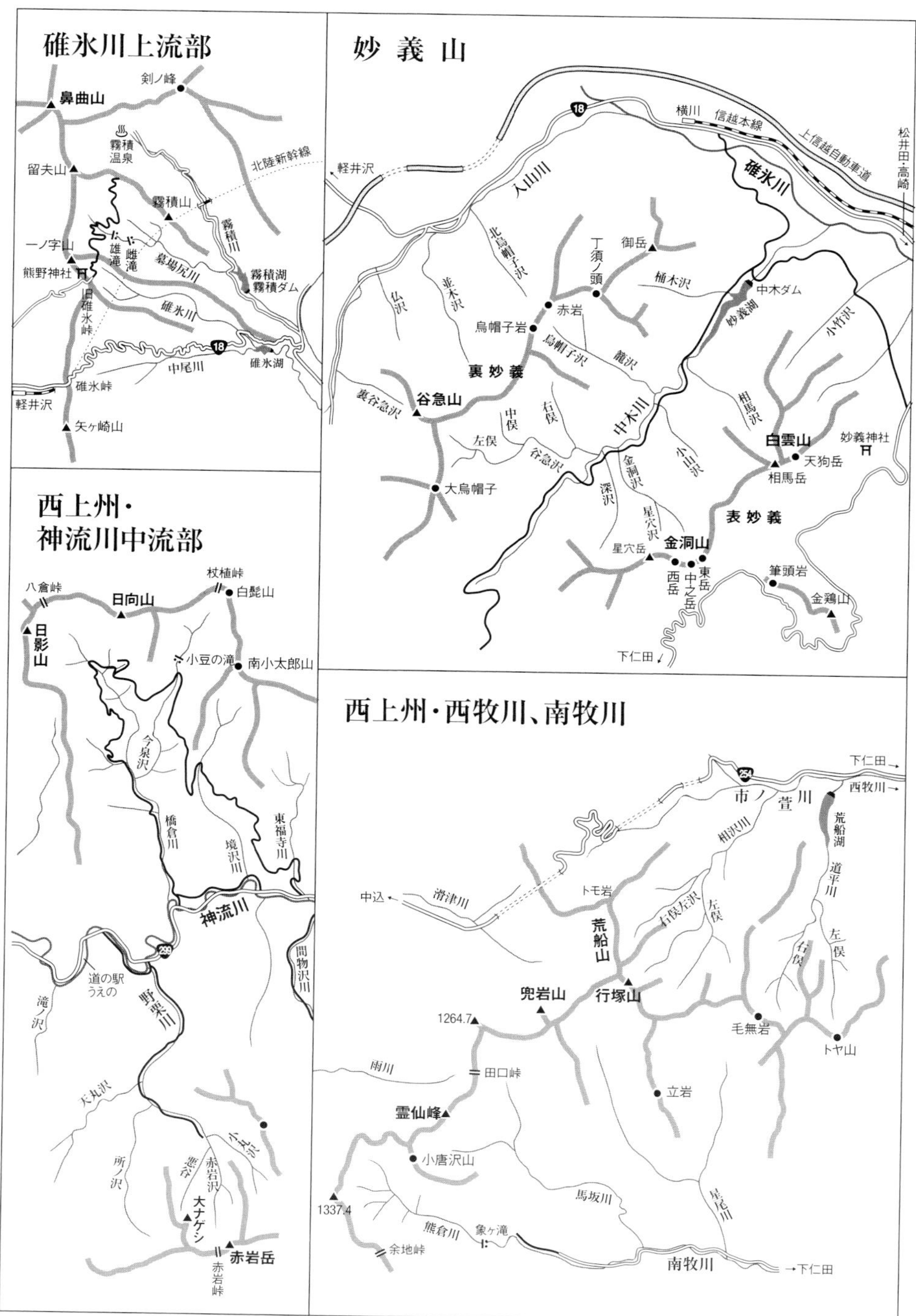

碓氷川上流部
剣ノ峰
鼻曲山
霧積温泉
北陸新幹線
留夫山
霧積山
霧積川
一ノ字山
雄滝
雌滝
墓場尻川
熊野神社
霧積湖
霧積ダム
旧碓氷峠
碓氷川
18
中尾川
碓氷湖
碓氷峠
軽井沢
矢ヶ崎山
妙義山
18
横川
信越本線
上信越自動車道
松井田・高崎
軽井沢
入山川
碓氷川
北烏帽子沢
丁須ノ頭
御岳
桶木沢
中木ダム
仏沢
並木沢
赤岩
烏帽子岩
烏帽子沢
籠沢
妙義湖
小竹沢
裏妙義
裏谷急沢
谷急山
中俣
右俣
中木川
相馬沢
左俣
谷急沢
小山沢
白雲山
妙義神社
天狗岳
相馬岳
大烏帽子
深沢
金洞沢
星穴沢
表妙義
金洞山
星穴岳
西岳
中之岳
東岳
筆頭岩
金鶏山
下仁田
西上州・神流川中流部
八倉峠
日向山
杖植峠
白髭山
日影山
小豆の滝
南小太郎山
今泉沢
橋倉川
境沢川
東福寺川
神流川
299
間物沢川
道の駅うえの
滝ノ沢
野栗川
天丸沢
所ノ沢
悪谷
赤岩沢
大ナゲシ
赤岩岳
赤岩峠
西上州・西牧川、南牧川
254
下仁田
西牧川
市ノ萱川
荒船湖
相沢川
道平川
中込
滑津川
トモ岩
荒船山
右俣左沢
左俣
右俣
左俣
兜岩山
行塚山
1264.7
毛無岩
トヤ山
雨川
田口峠
立岩
霊仙峰
小唐沢山
馬坂川
星尾川
1337.4
熊倉川
象ヶ滝
余地峠
南牧川

碓氷川水系

碓氷(うすい)川本流

初級 1級／III-
適期 4月中旬～5月上旬、10月中旬～11月
日程 1日（遡行3.5～4時間）

沢幅いっぱいのナメ床が続く非常にきれいな癒やしの沢

旧碓氷峠を水源とする碓氷川本流は、沢登りの対象としては見向きもされなかったところだが、めがね橋上流のあたりは川幅いっぱいに広がるナメとナメ滝が続く非常にきれいな沢で、登攀的な要素は少なく、要所の滝にはトラロープがある。初心者・初級者にも充分楽しめ、ツメのヤブこぎもない癒やしの沢だ。ただ、ここはヒルが多く、遡行時期は早春や秋が最適となる。自然林の多いことから、特に紅葉の時期はすばらしい景観を見せる。下山は旧中山道で見どころも多く、さらに左俣を遡行すれば碓氷川源流の碑があり、「日本三熊野」と称される熊野信仰のひとつ熊野皇大神社がある。終了点の旧碓氷峠には路線バスが通るので、交通機関利用でも日帰りが可能だ。

アプローチ

JR横川駅からタクシーまたは徒歩（約1時間30分）でめがね橋まで。約5分歩いて登山口から入渓する。車利用の場合は駐車場から5～10分で入渓点。

アクセス **行き**：JR横川駅（タクシー約15分、約5.7km）めがね橋 **帰り**：見晴台（軽井沢交通バス30分）万平ホテル（徒歩30分）軽井沢駅、または見晴台（徒歩1時間）軽井沢駅
マイカー情報 旧国道18号（中山道）を軽井沢へ向かいめがね橋まで。めがね橋先に専用駐車場（無料）とトイレがあり、橋手前の路肩にも駐車スペースがある。
参考タイム 入渓点（50分）標高710m付近右岸枝沢出合（2時間）二俣（40分）旧中山道
標高差 450m
装備 基本装備
地図 軽井沢
温泉 ①峠の湯（第2・4火曜休）☎027-380-4000 ②リブマックスリゾート軽井沢（無休）☎0267-41-3535

下降ルート

左俣を遡行して源流の碑経由で見晴台バス停まで約1時間。右俣を遡行して人馬施行所跡から旧中山道をバス停まで約25分。車利用の場合は人馬施行所跡から旧中山道をめがね橋無料駐車場まで約1時間25分。

幅広のきれいなナメ滝も多い（❸）

❶取水施設は立入禁止となっている。登山道を少し上がると、上の堰堤上に簡単に下りられる。

❷右岸を簡単に高巻けるが、滝の左側も水量が少なければ登れる。この上から川幅いっぱいに広がるナメ地帯となり非常にきれいなところ。

❸水流右を登る。

❹右手の壁がそそり立つゴルジュの中ほどの右岸側に大岩が沢床を塞ぐ。ここを潜り抜けた先にある大岩と岩壁に挟まれた3m滝は水流が強く登れず、右岸側から巻く。

❺隣の墓場尻川にもあるが、堰堤なのか人工滝なのか、用途のわからない建造物。傾斜が緩いので簡単に登れる。

❻水流左から簡単に上がれる。

❼ツルツルのナメ滝。右壁にトラロープがかかっている。

❽左俣を行くと碓氷川水源地があるので、左俣を上がって車道に出てもよい。6mほどの滝があるが問題なく上がれる。

❾傾斜の強い5mは右壁にトラロープがある。

碓氷川本流
遡行：2019.11
作図：宗像兵一

碓氷川水系
中木川

谷急沢右俣

初級 1級上／III-
適期 4月下旬〜5月上旬、10月中旬〜11月
日程 1日（遡行3〜3.5時間）

ミニゴルジュに滝がビッシリだが、水量が……

中木川に注ぐ谷急沢は、右俣、中俣と本流である左俣ともに登られ人気がある。右俣は流程の短い細い流れの中に2つの沢幅の狭いミニゴルジュをもち、その中にいくつもの滝を懸けている。難しい滝はなく、そのすべてが登れ、初心者・初級者も滝登りの楽しさを充分味わうことができる。妙義の沢のなかではイチオシの沢だ。ただ、山域全体がヒルの生息地なので、早春のころや秋の入渓をすすめる。特に秋の晴れた日の沢は、すばらしい景観を見せる。

アプローチ

国民宿舎から入渓点の深沢橋まで約20分。

アクセス　行き・帰り：JR横川駅（タクシー約10分、約5.5km、徒歩1時間20分）国民宿舎裏妙義［閉館中］　※バスの便がないので車利用が便利
マイカー情報　上信越道松井田妙義ICから妙義湖方面へ向かい、閉館された国民宿舎裏妙義まで。国民宿舎に駐車場・トイレあり。中木林道は、国民宿舎から先は一般車通行止め。
参考タイム　谷急沢出合（20分）左俣出合（1時間45分）奥の二俣（1時間10分）大遠見峠
標高差　390m
装備　基本装備
地図　南軽井沢
温泉　もみじの湯（月曜休）☎0274-60-7600

柱状節理の大滝15m（❺）

下降ルート

大遠見峠から三方境を経て国民宿舎まで、登山道を約1時間30分。時間があれば女道登山道を中俣出合の谷急沢左俣へ下り、左俣を下降して深沢橋に戻るルートもおもしろい。ただし、女道は荒れているので注意。大遠見峠から左俣を下降して深沢橋まで約1時間30分。

8m滝を水流をかぶりながら登る（❹）

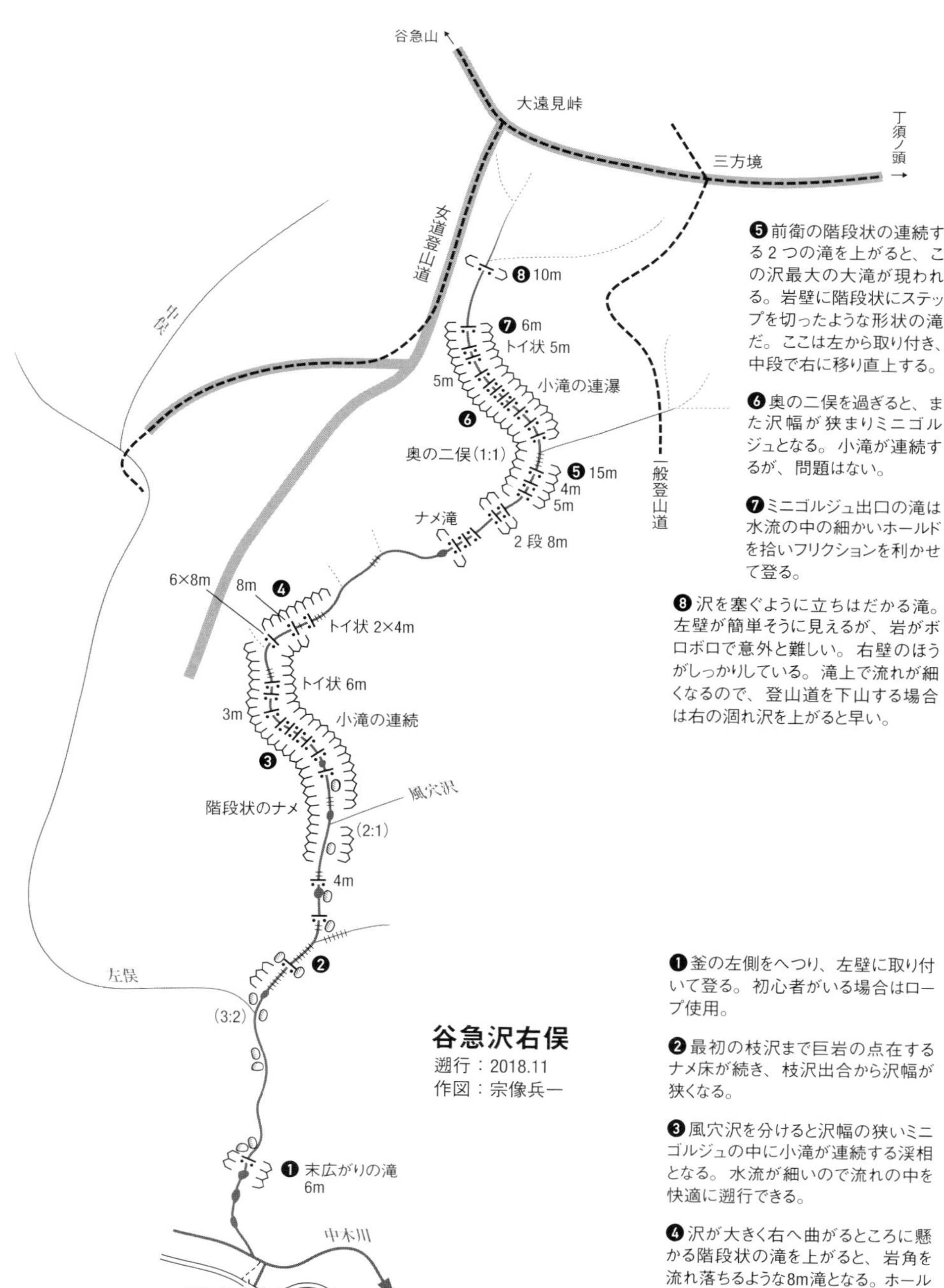

谷急沢右俣

遡行：2018.11
作図：宗像兵一

❶釜の左側をへつり、左壁に取り付いて登る。初心者がいる場合はロープ使用。

❷最初の枝沢まで巨岩の点在するナメ床が続き、枝沢出合から沢幅が狭くなる。

❸風穴沢を分けると沢幅の狭いミニゴルジュの中に小滝が連続する渓相となる。水流が細いので流れの中を快適に遡行できる。

❹沢が大きく右へ曲がるところに懸かる階段状の滝を上がると、岩角を流れ落ちるような8m滝となる。ホールド豊富な水流右を登るが、水量が多いときは水流を浴びるので注意。残置ハーケンあり。巻きは右ルンゼから簡単に越せる。

❺前衛の階段状の連続する2つの滝を上がると、この沢最大の大滝が現われる。岩壁に階段状にステップを切ったような形状の滝だ。ここは左から取り付き、中段で右に移り直上する。

❻奥の二俣を過ぎると、また沢幅が狭まりミニゴルジュとなる。小滝が連続するが、問題はない。

❼ミニゴルジュ出口の滝は水流の中の細かいホールドを拾いフリクションを利かせて登る。

❽沢を塞ぐように立ちはだかる滝。左壁が簡単そうに見えるが、岩がボロボロで意外と難しい。右壁のほうがしっかりしている。滝上で流れが細くなるので、登山道を下山する場合は右の涸れ沢を上がると早い。

碓氷川水系
入山川

裏谷急沢（うらやきゅう）

初級	1級上／III
適期	4月下旬〜5月上旬、10月中旬〜11月
日程	1日（遡行3.5〜4.5時間）

柱状節理の滝を越えると、どこまでも続くナメが……

妙義の最高峰谷急山の西面を水源とし、一直線に入山川に流下する急峻な沢で、出合から終始滝が途切れることなく続き、中流部の柱状節理の滝群や大滝は圧巻だ。さらに大滝上部は逆層気味の傾斜の強いナメが山頂直下まで続き、気の抜けない遡行となる。流域面積が狭く急峻なため水量が少ないのは残念だが、沢登りとしてのおもしろさがコンパクトにまとまっている。ただ、ここもヒルの生息地なので、早春のころや秋がおすすめだ。冬季アイスクライミングのゲレンデとしてよく登られるが、沢登りでももっと登られてよい秀渓だ。

アクセス　**行き**：JR横川駅（タクシー約15分、約6.5km）堰堤先の入渓点　**帰り**：国民宿舎裏谷急（タクシー約10分、約5.5km）JR横川駅
マイカー情報　国道18号を横川駅方面へ向かい、横川IC交差点から碓氷バイパスに入り、途中から県道92号を入山川沿いに進む。明賀の集落を過ぎてしばらく行ったところにある堰堤が目印。この先の涸れ沢の山側に1台駐車可能なスペースあり。
参考タイム　出合（2時間30分）柱状節理の大滝上（1時間5分）尾根（10分）谷急山
標高差　590m　**装備**　基本装備
地図　南軽井沢
温泉　もみじの湯（月曜休）☎0274-60-7600

アプローチ

県道からすぐ入山川に下りられる。交通機関利用の場合は朝発の日帰りは厳しい。

下降ルート

谷急山から右岸側の尾根の踏み跡を下ると堰堤の上に出る。約2時間。この尾根はかなり急なうえ、途中ナイフリッジ状になった箇所があるので、初級者がいる場合はロープが必要。ヤセ尾根を過ぎたところで裏谷急沢側に柱状節理の岩峰が眺められホッとするが、最後まで気の抜けない下りが続く。入渓点に戻らない場合は、三方境を経由して国民宿舎方面へ下山する。三方境まではヤセ尾根やクサリ、ロープなどが多く、充分注意する。

右／柱状節理の大滝を望む（❺）
左／3段の大滝（❷）

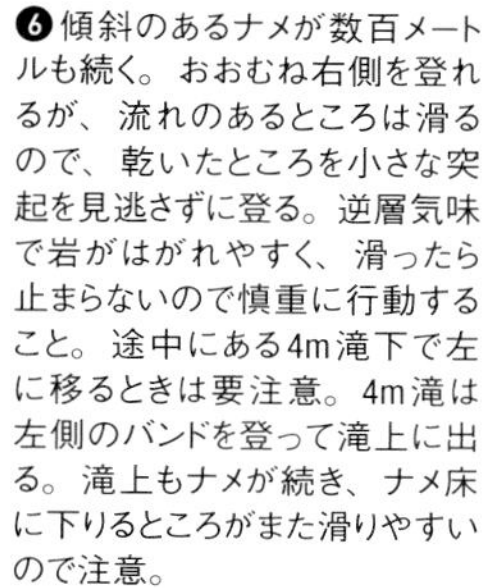

❻傾斜のあるナメが数百メートルも続く。おおむね右側を登れるが、流れのあるところは滑るので、乾いたところを小さな突起を見逃さずに登る。逆層気味で岩がはがれやすく、滑ったら止まらないので慎重に行動すること。途中にある4m滝下で左に移るときは要注意。4m滝は左側のバンドを登って滝上に出る。滝上もナメが続き、ナメ床に下りるところがまた滑りやすいので注意。

❼三俣上はどれも急なナメで沢をつめるのは難しい。遡行はここで打ち切り、中俣と右俣の中間尾根に上がり、谷急山直下の尾根に出るとよい。

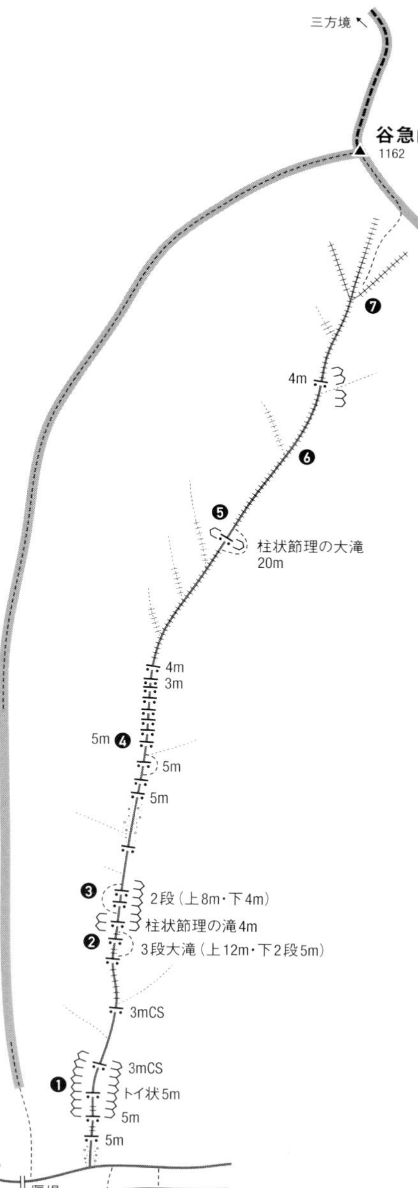

裏谷急沢

遡行：2017.11
作図：宗像兵一

❶入口の滝は右を巻き気味に登り、続くナメ滝を簡単に上がるとトイ状5m。右壁をフリクションを利かせて登る。

❷3段大滝は、垂直に落ちる上段12mを、手前のナメ滝を登り、右側の灌木沿いに直上し、落ち口へトラバースして抜ける。灌木、岩ともに信用できないうえ、トラバースも足場がグズグズなのでくれぐれも慎重に。この滝が裏谷急沢の核心部。ロープを使用し慎重に行動すること。

❸2段の滝は1段目を右岸から巻き、2段目はそのまま落ち口へトラバースする。

❹柱状節理の滝が連続する特異な景観が見られる。柱状節理の岩が階段となり、ホールドは豊富にあるので、快適に登れるが、途中1カ所、左岸を小さく巻くところがある。柱状節理の滝が終わり、右岸から小沢を入れるとナメ床となる。裏谷急沢で最もきれいなところだ。

❺ナメ床を塞ぐ柱状節理の壁。思わず「ウォ〜！」と叫んでしまうほど立派な大滝だ。直登は右壁だが、岩がもろいので素直に左岸から高巻く。滝上は見晴らしのよいところで、振り返ると上信越道が間近に見える。

碓氷川水系 霧積川 墓場尻川

初級 1級上／Ⅲ+
適期 4月中旬～5月上旬、10月中旬～11月
日程 1日（遡行5～5.5時間）

個性豊かなナメとナメ滝を有する意外な美渓

墓場尻川は浅間山の東方、留夫山にその源を発し、東流して霧積湖に注ぐ、霧積川の一大支流である。雄滝、雌滝のみの探訪で入られてはいたが、本流は本書の旧版で紹介するまでほとんど顧みられてこなかった。妙義山と酷似した脆弱な岩を削ってできた渓谷は、ナメと滝に富み、意外な美しさを見せてくれる。特に雄滝、雌滝を擁する左俣がよく、新緑と紅葉の時期は特にすばらしい。ただ、ヒルが出るので、暖かくなった時期は要注意だ。

アクセス 行き：JR横川駅（タクシー約20分、約7km）いづみ橋 **帰り**：見晴台（徒歩1時間）軽井沢駅、または見晴台（軽井沢交通バス30分）万平ホテル（徒歩30分）軽井沢駅
マイカー情報 上信越道松井田妙義ICから国道18号を横川方面に向かい、旧国道から霧積ダムへ向かう県道56号に入り、墓場尻川に架かるいづみ橋まで。橋を渡ったところに駐車スペースがある。もう1台をめがね橋の駐車場に置いておくと便利だ。
参考タイム 入渓点（2時間）三俣（2時間40分）林道
標高差 520m **装備** 基本装備
地図 軽井沢
温泉 ①峠の湯（第2・4火曜休）☎027-380-4000 ②リブマックスリゾート軽井沢（無休）☎0267-41-3535

アプローチ

墓場尻川左岸沿いの林道を少し歩き、橋から見える堰堤の上から入渓する。

6mナメ滝の登攀（❸）

下降ルート

林道から旧中山道をたどり、めがね橋方面との分岐手前からいづみ橋へ向かって延びる尾根を下る。この尾根は比較的歩きやすいが、懸垂で下りなければならない岩場が1カ所ある。林道からいづみ橋まで約3時間。車をめがね橋にデポしてある場合は、分岐からめがね橋方面に下る。交通機関利用の場合は、林道を熊野神社近くの見晴台バス停まで徒歩約50分。

3連瀑を上から（❺）

雄滝（❾）

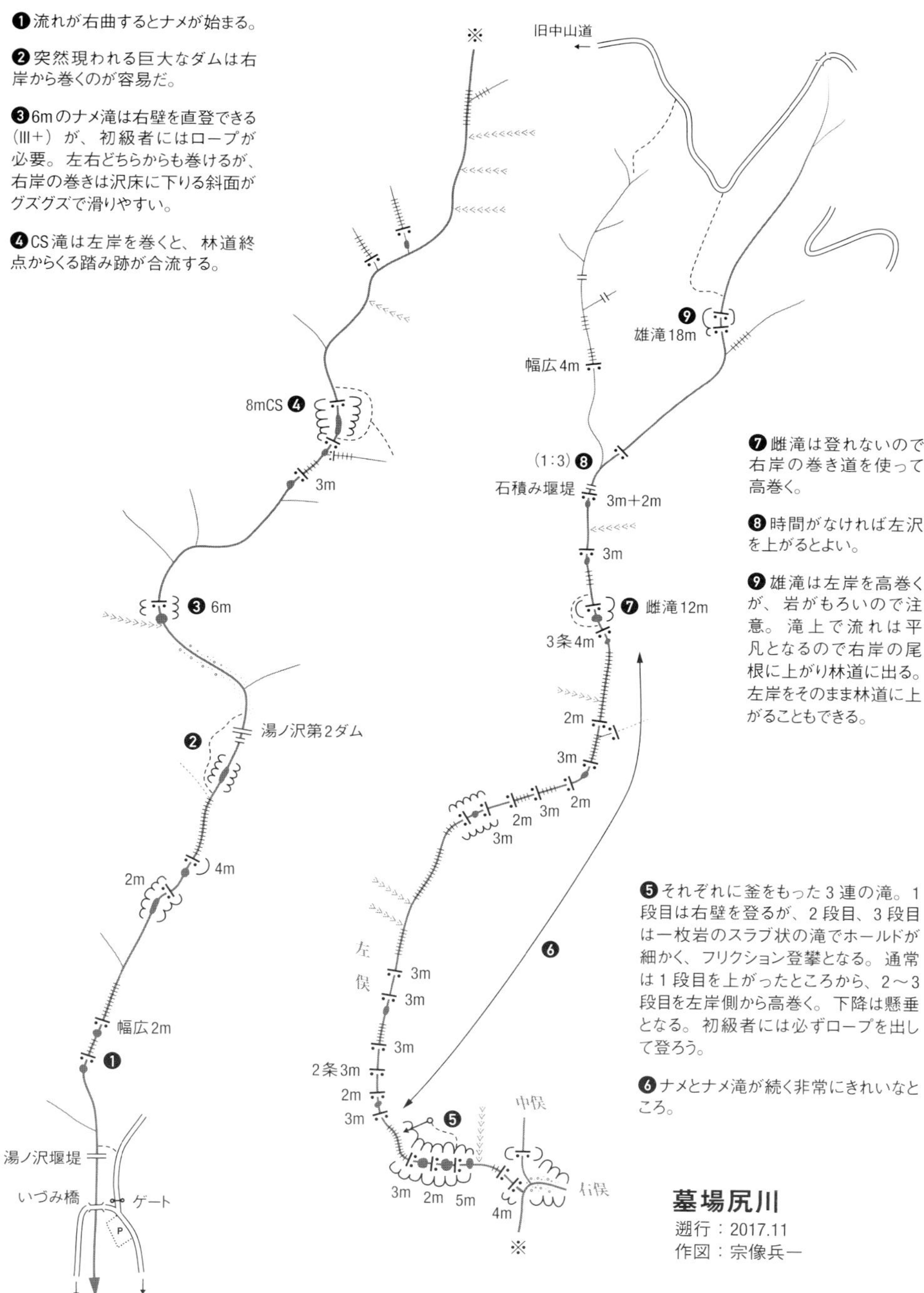

❶流れが右曲するとナメが始まる。
❷突然現われる巨大なダムは右岸から巻くのが容易だ。
❸6mのナメ滝は右壁を直登できる（Ⅲ＋）が、初級者にはロープが必要。左右どちらからも巻けるが、右岸の巻きは沢床に下りる斜面がグズグズで滑りやすい。
❹CS滝は左岸を巻くと、林道終点からくる踏み跡が合流する。
※
旧中山道
❾
雄滝18m
幅広4m
8mCS ❹
3m
(1:3) ❽
石積み堰堤
3m＋2m
3m
❼雌滝は登れないので右岸の巻き道を使って高巻く。
❽時間がなければ左沢を上がるとよい。
❾雄滝は左岸を高巻くが、岩がもろいので注意。滝上で流れは平凡となるので右岸の尾根に上がり林道に出る。左岸をそのまま林道に上がることもできる。
❸ 6m
❼ 雌滝12m
3条4m
2m
❷
湯ノ沢第2ダム
3m
2m
3m
2m
3m
4m
2m
❺それぞれに釜をもった3連の滝。1段目は右壁を登るが、2段目、3段目は一枚岩のスラブ状の滝でホールドが細かく、フリクション登攀となる。通常は1段目を上がったところから、2〜3段目を左岸側から高巻く。下降は懸垂となる。初級者には必ずロープを出して登ろう。
❻
左俣
3m
3m
幅広2m
3m
❶
2条3m
2m
❻ナメとナメ滝が続く非常にきれいなところ。
3m
❺
中俣
湯ノ沢堰堤
右俣
いづみ橋
ゲート
3m
2m
5m
4m
墓場尻川
P
遡行：2017.11
※
作図：宗像兵一
横川駅
霧積温泉

鏑川水系
西牧川

市ノ萱川道平川（いちかやどうひらがわ）

初級　1級上／III−
適期　4月下旬～11月
日程　1日（遡行3～3.5時間）

登れる滝の多い初級者向けの"沢から沢へ"

西上州の展望の山、トヤ山から毛無岩の稜線の峰々を水源とする沢で、特に左俣は源頭近くまで水流があり、登れる滝が多く、両岸がそそり立つゴルジュや癒やしのナメ滝、直登困難なハング滝もあってなかなか楽しい。右俣の上流部は涸れており、標高860m付近の林道終点まで滝は懸かるが問題なく下降できるので、左俣を登り、右俣を下降する日帰り沢旅が楽しめる初級者向きの沢だ。

アプローチ

サンスポーツランド前バス停から荒船湖右岸を経て、道平川沿いの林道を上流へ進む。徒歩約50分で二俣の入渓点。駐車スペースからは徒歩数分。

下降ルート

毛無岩へ向かう登山道をたどり、右俣の源頭部から右沢を下降し、右俣二俣手前、標高860m付近の右俣林道終点からこの林道を下る。駐車スペースまで約40分。

アクセス　**行き・帰り**：上信電鉄下仁田駅（しもにたバス24分）サンスポーツランド前
マイカー情報　上信越道下仁田ICから国道254号を神津牧場方面に向かい、茂木ドライブイン先のサンスポーツランド前バス停のところから道平川ダム方面へ左折、林道をゲート手前の駐車スペースまで。
参考タイム　入渓点二俣（1時間10分）左俣二俣（1時間45分）登山道（25分）右俣下降点（50分）林道終点
標高差　610m　**装備**　基本装備
地図　荒船山
温泉　①芹の湯（木曜・第2金曜休）☎0274-84-3812　②清流荘（不定休）☎0274-82-3077

二俣に懸かる滝③

ゴルジュ内の癒やしのナメ①

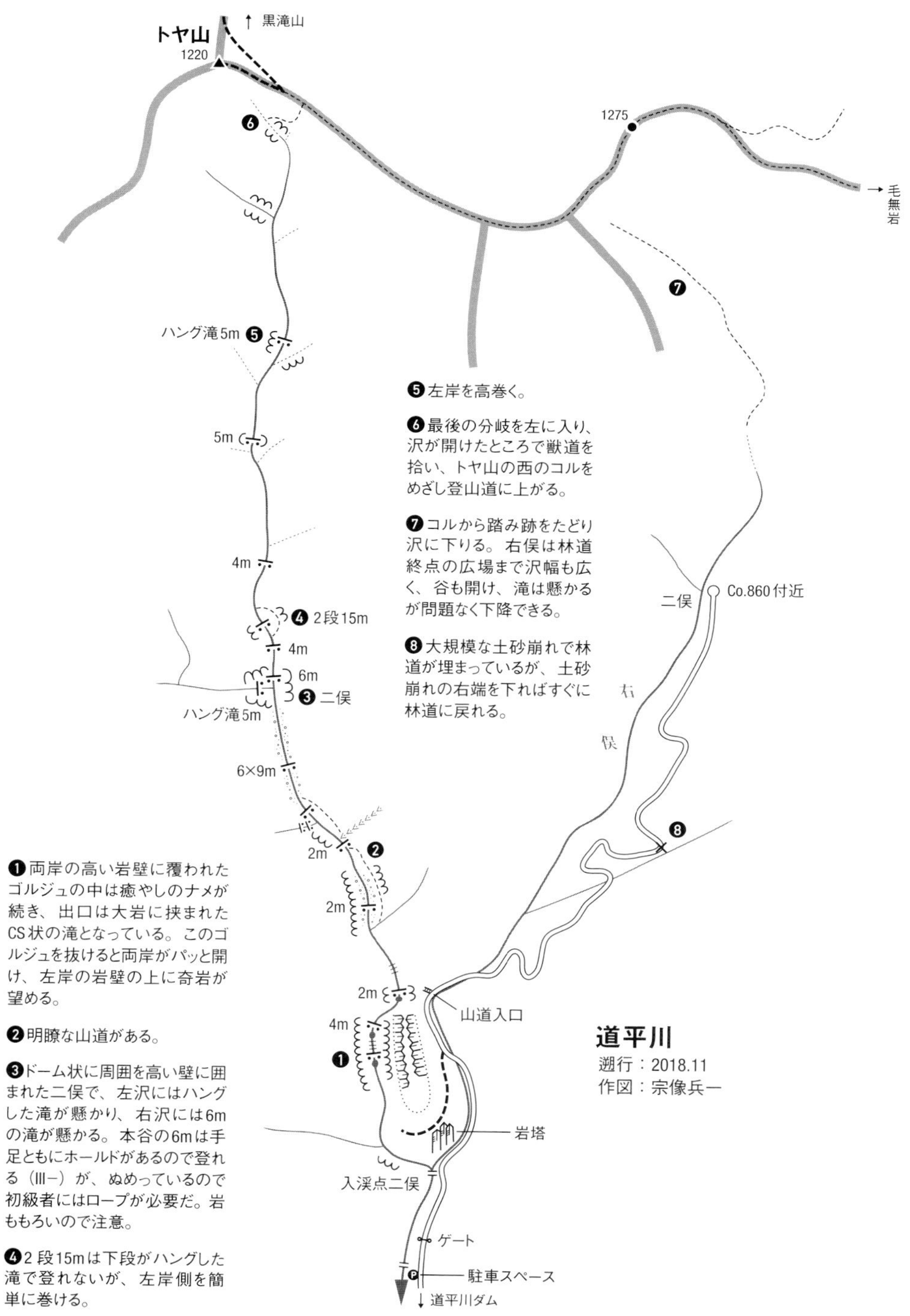
トヤ山
1220
↑ 黒滝山
1275
→ 毛無岩
❻
❼
ハング滝5m ❺
5m
4m
❹ 2段15m
4m
6m
❸ 二俣
ハング滝5m
6×9m
2m
❷
2m
2m
4m
❶
二俣
Co.860付近
右俣
❽
山道入口
岩塔
入渓点二俣
ゲート
駐車スペース
↓ 道平川ダム
❺左岸を高巻く。
❻最後の分岐を左に入り、沢が開けたところで獣道を拾い、トヤ山の西のコルをめざし登山道に上がる。
❼コルから踏み跡をたどり沢に下りる。右俣は林道終点の広場まで沢幅も広く、谷も開け、滝は懸かるが問題なく下降できる。
❽大規模な土砂崩れで林道が埋まっているが、土砂崩れの右端を下ればすぐに林道に戻れる。
❶両岸の高い岩壁に覆われたゴルジュの中は癒やしのナメが続き、出口は大岩に挟まれたCS状の滝となっている。このゴルジュを抜けると両岸がパッと開け、左岸の岩壁の上に奇岩が望める。
❷明瞭な山道がある。
❸ドーム状に周囲を高い壁に囲まれた二俣で、左沢にはハングした滝が懸かり、右沢には6mの滝が懸かる。本谷の6mは手足ともにホールドがあるので登れる（Ⅲ－）が、ぬめっているので初級者にはロープが必要だ。岩もろいので注意。
❹2段15mは下段がハングした滝で登れないが、左岸側を簡単に巻ける。
道平川
遡行：2018.11
作図：宗像兵一

鏑川水系
西牧川

市ノ萱川相沢川右俣

中級 2級下／Ⅲ（❹上段）
適期　5月～11月中旬
日程　1日（遡行4時間）

岩山を流下する変化に富んだ楽しい沢

相沢川の右俣は荒船山を水源とする沢で、登山道が沢沿いにあり、下山も登山道を使えるが、遡行するパーティはほとんどいない。右俣は下流部で右沢と左沢とに分かれ、流域面積は広いが、岩山を流れ下る急峻な沢なので水量は少ない。ただ、ひとたび雨が続けば水量が増して、遡行は難しくなるので注意したい。水量の多寡によって難易度の変わる沢だ。

右沢は登山道が近くにあるので比較的入渓しやすいが、沢登りとして楽しめる部分は短い。左沢は下流部にナメとナメの小滝が続くきれいな沢だが、ナメが切れる10m滝、ゴルジュの中に懸かる連瀑帯、17m大滝、ハング滝と滝場が続き、滝場が終わると小川のような流れとなってヤブこぎなしに登山道に上がれる、変化に富んだおもしろい沢だ。

アプローチ

駐車スペースのすぐ先の橋から入渓する。交通機関利用の場合は三ツ瀬バス停から徒歩約45分。

下降ルート

荒船山を経由して相沢登山口まで登山道を約1時間30分。

アクセス　行き・帰り：上信電鉄下仁田駅（しもにたバス31分）三ツ瀬
マイカー情報　上信越道下仁田ICから国道254号を神津牧場方面に向かい、道平川ダム入口を過ぎた先で旧道へ左折、荒船山登山口の案内板に従い相沢登山口へ向かう。相沢林道の登山口案内図前に駐車スペース（3台程度）がある。
参考タイム　入渓点の橋（15分）右俣の二俣（1時間25分）ゴルジュ入口（30分）17m大滝下（1時間25分）登山道
標高差　730m　**装備**　基本装備
地図　荒船山
温泉　①芹の湯（木曜・第2金曜休）☎0274-84-3812　②清流荘（不定休）☎0274-82-3077

大滝2段17mを登る（❹）

最狭部ゴルジュの連瀑入口（❸）

相沢川右俣

遡行：2018.11
作図：宗像兵一

❶ゴロタの河原の中にナメとナメの小滝が続く。ここは左岸の側壁が見事だ。

❷左側のルンゼから高巻く。

❸入口の2連の滝の奥の5mが登れず、その上の10mもまったく登れないので、このゴルジュは左岸からすべて高巻く。

❹右隅から登れる（Ⅳ+）が、取付が急でホールドが細かくヌメヌメなので、見た目より難しい。ここは無理をせず左側を1段目は小さく巻き気味に登り、上段は左の水流際を登る。ぬめっているのでロープが必要だ。大滝の巻きは右岸。

❺ハング滝は右岸を高巻く。滝上からは沢筋が開けて傾斜もなくなり、小川のような流れとなる。

鏑川水系 南牧川 熊倉川（くまくら）

初級 1級上／II
適期 4月下旬〜11月上旬
日程 1日（遡行4時間）

名瀑の上は超癒やしの沢だった

群馬県南牧（なんもく）村と長野県との県境を流れる沢で、南牧村の三名瀑のひとつ象ヶ滝を懸け、その上流部は広々とした沢筋にナメとナメ滝が続く、超のつく癒やしの沢だ。さらに980m付近二又の左沢をつめ上がれば、「日本で海岸線から一番遠い地点」が稜線直下の長野県側にある。象ヶ滝前後は沢床の岩から粘土質の白く濁った水が流れ、決してきれいとはいえないが、上流部は濁りもなくなる。滝といえる滝は4つだが、象ヶ滝と950m付近のゴルジュ出口に懸かる5m直瀑は高巻きとなり、下山も不明瞭な踏み跡なので、経験者の同行がないと入渓できない沢でもある。

特に象ヶ滝の高巻きは下草のない急斜面を登り、上部は岩壁にさえぎられてジグザグ登高を強いられ、登りきった狭い岩稜帯を下りやすい斜面が見つかるまでたどる。下りは30m×3ピッチの懸垂下降となる。

アプローチ

車止めから遊歩道を象ヶ滝まで約10分。

下降ルート

950m上の右岸枝沢を登り、上部二又で水量のある左沢を上がると、ヤブこぎなしに稜線上の踏み跡に出る。踏み跡は不明瞭で迷いやすいので注意。地形図やGPSで確認しながら地形図上の破線道を外さないように進み、1331ピーク南東の肩から枝沢沿いを下ると、余地川沿いを上がってくる破線道へ出る。この破線道は廃道化した林道で、余地峠を越え熊倉川に向かって下りている。途中、地形図上の1080標高点で象ヶ滝方面の朽ちた道標に従い、林道を離れて山道に入り、象ヶ滝遊歩道に出て車止めまで。終了点から約1時間50分。

アクセス　行き・帰り：上信電鉄下仁田駅（タクシー約30分、約20km）象ヶ滝遊歩道入口
マイカー情報　上信越道下仁田ICから県道254号を下仁田方面に向かい、最初の信号を左折し、南牧村方面の案内板に従い南牧川沿いの道を象ヶ滝遊歩道入口の林道車止めまで。2台ほどの駐車スペースあり。熊倉集落先から道幅が狭くなるので注意。
参考タイム　象ヶ滝（25分）入渓点（1時間30分）900m二俣（20分）940m手前奥の二俣（30分）950m上の右岸枝沢出合（1時間）右岸枝沢遡行稜線
標高差　570m
装備　基本装備　**地図**　海瀬、信濃田口
温泉　木の葉石の湯（月曜休）☎090-4733-4939

上／3段7m滝（❺）
下／白いナメ床が続く（❹）

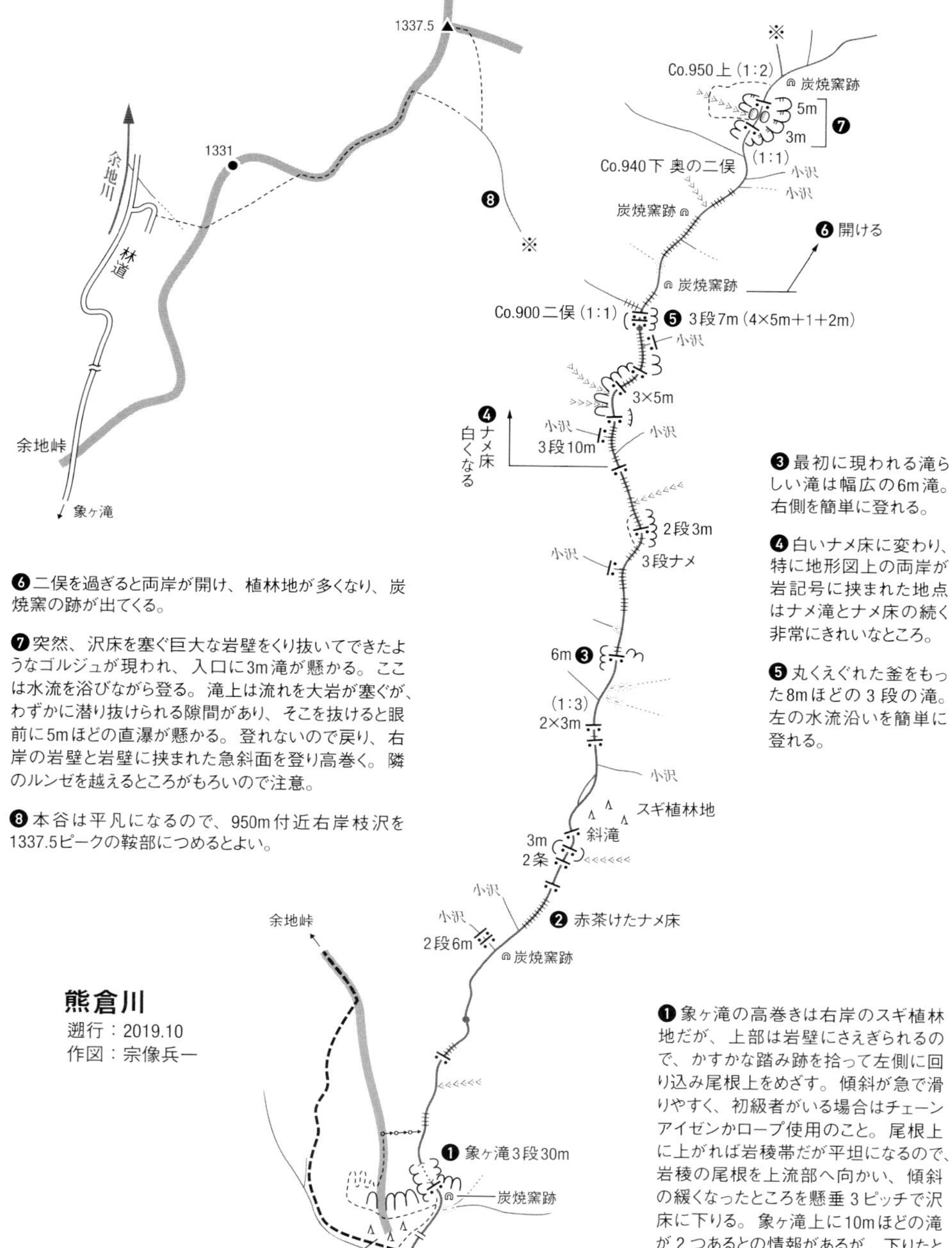

熊倉川

遡行：2019.10
作図：宗像兵一

❶象ヶ滝の高巻きは右岸のスギ植林地だが、上部は岩壁にさえぎられるので、かすかな踏み跡を拾って左側に回り込み尾根上をめざす。傾斜が急で滑りやすく、初級者がいる場合はチェーンアイゼンかロープ使用のこと。尾根上に上がれば岩稜帯だが平坦になるので、岩稜の尾根を上流部へ向かい、傾斜の緩くなったところを懸垂3ピッチで沢床に下りる。象ヶ滝上に10mほどの滝が2つあるとの情報があるが、下りたところから上流は平凡な沢床となる。

❷沢幅は広く、沢は赤茶けたナメ床が続き、両岸は植林地が少なく、下草がほとんどなく明るい渓相が続く。

❸最初に現われる滝らしい滝は幅広の6m滝。右側を簡単に登れる。

❹白いナメ床に変わり、特に地形図上の両岸が岩記号に挟まれた地点はナメ滝とナメ床の続く非常にきれいなところ。

❺丸くえぐれた釜をもった8mほどの3段の滝。左の水流沿いを簡単に登れる。

❻二俣を過ぎると両岸が開け、植林地が多くなり、炭焼窯の跡が出てくる。

❼突然、沢床を塞ぐ巨大な岩壁をくり抜いてできたようなゴルジュが現われ、入口に3m滝が懸かる。ここは水流を浴びながら登る。滝上は流れを大岩が塞ぐが、わずかに潜り抜けられる隙間があり、そこを抜けると眼前に5mほどの直瀑が懸かる。登れないので戻り、右岸の岩壁と岩壁に挟まれた急斜面を登り高巻く。隣のルンゼを越えるところがもろいので注意。

❽本谷は平凡になるので、950m付近右岸枝沢を1337.5ピークの鞍部につめるとよい。

神流川水系

境沢川（さかいざわ）

中級 2級／III
適期 5月～11月
日程 1日（遡行4～4.5時間）

（奇景、岩色）

薄紫のナメ滝を行くと白い舌状の奇岩CS滝が出現

南小太郎山の南面を水源とし、隣の東福寺川や橋倉川に比べ遡行する人はほとんどいない沢だが、地形図上の岩記号や等高線の込み具合から、なかなか手強そうに思える。遡行対象となるのは林道七久保橋倉線の瓔珞橋から上流部で、しばらくはゴロタの河原が続くが、沢床は薄紫色の岩が目立つ。すぐに沢幅が狭くなり、薄紫色のナメ床やナメ滝が続くようになると、両岸が切り立った崖となり、突然舌状の奇岩が挟まったCS滝が現われる。ここの通過が遡行のポイントだ。CS滝上で二俣となるが、その先も両岸切り立ったゴルジュの中に息つく間もなく滝場が続く。ゴルジュが終わり沢が開けてくると植林地となり、持倉越の山道が出てきたところで遡行を打ち切る。

アクセス　行き・帰り：JR新町駅（日本中央バス2時間2分）三島橋　※バス利用の場合、日帰りは難しい
マイカー情報　関越道本庄児玉ICから国道462号を神流町方面に向かい、神流町中里合同庁舎前を通ってすぐの東福寺川を渡ったところを右折、林道七久保橋倉線に入り瓔珞橋まで。路肩に駐車スペース（1～2台）あり。秩父から国道299号経由でも来られる。
参考タイム　瓔珞橋（50分）2条7mCS滝下（2時間45分）谷が開ける（20分）山道
標高差　320m　**装備**　基本装備
地図　神ヶ原
温泉　ヴィラせせらぎ（不定休）☎0274-59-2585

アプローチ

三島橋バス停から林道を瓔珞橋まで約1時間30分。

下降ルート

1130m付近の倒れた道標地点から山道を萱ノ平方面に向かう。この山道は歩く人もまれで非常に不明瞭だ。左俣を渡って道形がわからなくなったら尾根上にある南小太郎山の登山道をめざすとよい。瓔珞橋まで約1時間50分。山道をたどれた場合は、持倉越分岐経由で瓔珞橋まで約1時間。

舌状の7mチョックストーン滝（❸）

5×6m紫色の滝

❶左をトラバース気味に登るが、落ち口に移るところが難しい。

❷上段スロープ状のヒョングリ滝。下段は左を登り、水流を横切って右を登る。

❸白い舌状の岩が挟まった2条7mCS滝。右を巻くが、1ピッチ目は泥ルンゼを登り、さらに2ピッチ目は急斜面を直上し、傾斜の緩んだところでトラバースする。懸垂2ピッチ・35mで滝上に下りる（2013.11遡行時は右岸のルンゼを上がり、途中から枝尾根に乗って滝上に出た）。

❹左壁の下部に倒木のかかった窪みを登る。立っているので上部は慎重に処理すること。

❺右のチムニー状を登る。

❻1130m付近に倒れた道標があるが道形が不明瞭なので、右岸のスギ植林地にある踏み跡をたどる。この踏み跡も途中で不明瞭になるので、左俣右岸尾根にある南小太郎山の登山道をめざすとよい。

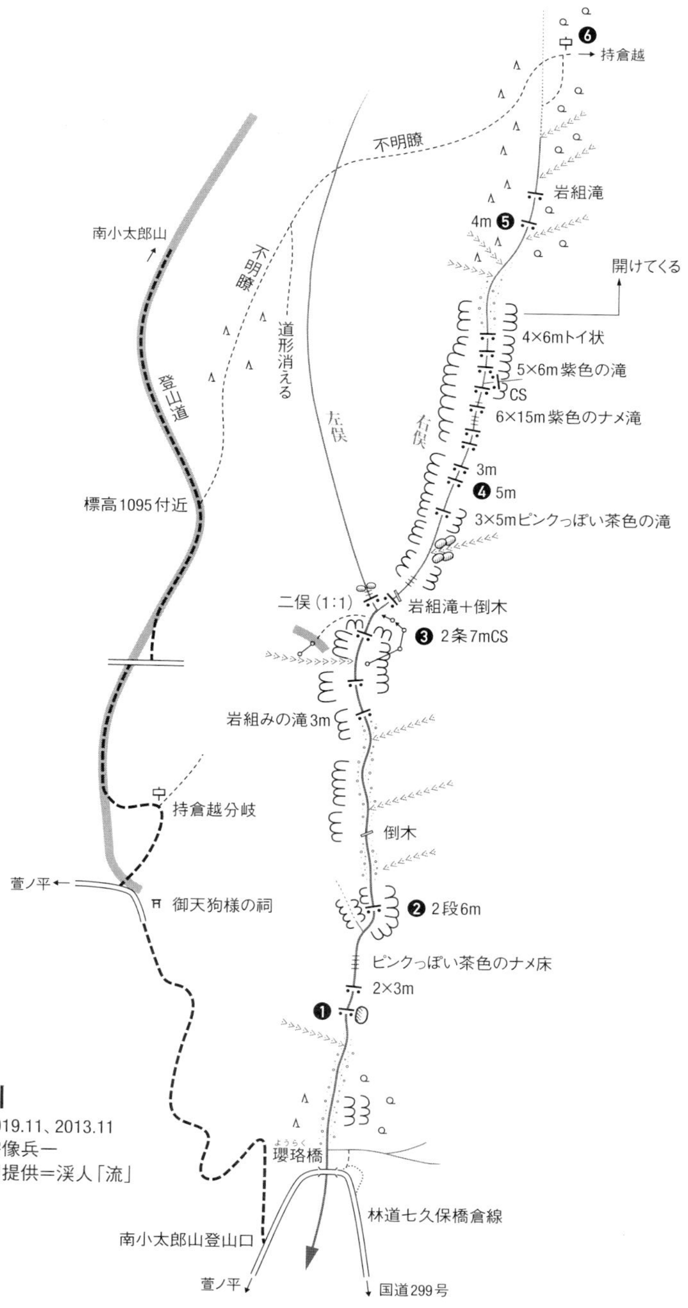

境沢川

遡行：2019.11、2013.11
作図：宗像兵一
※遡行図提供＝渓人「流」

神流川水系

橋倉川本谷

（はしくら）

中級 2級／III

適期　5月～10月

日程　1日（遡行4～4.5時間）

（奇景）

特徴ある滝の造形、スリットゴルジュと、まるでテーマパーク

八倉（ようくら）峠を囲む峰々を水源とする沢で、２つの林道に挟まれていることもあって、ほとんど紹介されてこなかった。入渓してみると非常に水のきれいな沢で、特徴のある滝やゴルジュが発達し、所々に見られる岩壁に造形された景観はすばらしいの一言。なかでも、スリットゴルジュといわれる岩を割ったようなゴルジュと、コロシアム型の滝は必見だ。難しい滝やゴルジュ、高巻きはないが、水に浸かることも多く、シャワークライムもあって、沢登りの楽しさ、すばらしさを充分味わえる。盛夏向き、西上州一ともいえるおすすめの秀渓だ。

アプローチ

橋倉川沿いの林道を進み、橋倉集落で林道が大きく左に曲がるところの作業小屋の脇から山道に入る。巨大ダムのような大堰堤の左から懸垂で沢床に下りる。高橋バス停から約１時間、駐車スペースから約20分。

下降ルート

つめ上げた林道を今泉方面へ向かい、地形図上の「今泉」の地点で林道今泉線に入り、林道終点からは明瞭な山道を下ると橋倉橋に出る。駐車スペースまで約１時間。時間があれば今泉沢を下降してもよい。

アクセス　行き・帰り：JR新町駅（日本中央バス２時間４分）高橋　※バス利用の場合、日帰りは難しい

マイカー情報　関越道本庄児玉ICから国道462号を上野村方面に向かい、高橋バス停で右折し橋倉集落へ進む。集落の約300m手前で右折して今泉沢出合の駐車スペースまで。橋倉集落周辺の路肩は待避所になっているので駐車しないように注意。

参考タイム　入渓点（15分）大堰堤上河原（30分）第１ゴルジュ（１時間10分）第２ゴルジュ（１時間40分）第３ゴルジュ（30分）二俣（10分）林道

標高差　300m　**装備**　基本装備

地図　神ヶ原

温泉　ヴィラせせらぎ（不定休）☎0274-59-2585

スリットゴルジュ出口の滝を激シャワー（❺）

コロシアム型の滝（❻）

❼右俣に15mの滝が懸かるが、簡単に林道に上がれる左俣に入る。2段6mを左から簡単に越え、ここから上部は平凡になるのですぐ上の林道に上がる。

❺スリットゴルジュといわれる第2ゴルジュは、右岸の岩壁が沢床を覆うようにかぶさり威圧的だ。6×8mは右側が棚になっているところを落ち口に向かって斜上し、上部CSの脇を上がる。続くトイ状部分は水流脇をフリクションで登る。釜をもった15mは洞窟の間から逆さくの字に流下している威圧的な滝だ。ここは釜に浸かり左壁に取り付き、1段目に上がり、水流を浴びながら右側に移って水流右を直上する。手足ともにホールドはあるので、水量が多くなければ難しくはない（III）。水量が多いと登れないので、入口まで戻り右岸の枝沢から高巻く。巻きも悪いようだ。

❻円形型の岩壁に囲まれた第3ゴルジュは、入口2段4m、その上に2段8mと続く。正面にそそり立つ8mは右脇を上がる。その上は赤茶けたナメ床となって大きく右に曲がり6×10mと続く。右のリッジを上がると沢が大きく左に曲がり、岩壁をくり抜いたような大きく深い釜をもった10m直瀑が懸かる。この滝は登れず、左岸の斜上バンドから巻き登ると上がったところに祠がある。ここから沢が開ける。

橋倉川本谷

遡行：2019.8
作図：宗像兵一

❶植林地の中を上がりアーチ状の巨大堰堤の上に出て、懸垂で上流側に下りる。

❷巨岩帯は右岸に踏み跡がある。

❸第1ゴルジュ入口の3mは大釜の左側をへつって滝に取り付き登る。狭いトイ状は突っ張りで越え、その上の3mは釜を泳げば登れるが、出口の4mは激シャワークライムとヌルヌルの厳しい登攀となる（IV）。トイ状を越えてから右岸の岩場を上がると踏み跡があり、最後の滝2つを巻ける。

❹大岩が沢を塞ぐ地点に懸かる4mは簡単に登れ、そのまま大岩の間をすり抜ける。

神流川水系
野栗川

赤岩沢悪谷（あかいわわる）

中級　2級／Ⅲ＋
適期　4月下旬～11月上旬
日程　1日（遡行3.5～4時間）

岩崖がつくりだした「沢」との違いを実感できる谷

両神山（りょうかみ）系の岩峰・大ナゲシを源とし、西上州側の野栗（のぐり）川上流赤岩沢に流れ込む沢で、岩崖に挟まれた中に多くの滝を懸けるが、大きな滝はなく、ほとんどの滝が登れる。岩山から流れ出る沢なので水量が少なく、入口からは貧相に見えるが、中間部ではゴルジュの中に多くの滝を懸け、上部は谷筋も広がって穏やかとなり、変化に富んでいる。下山の登山道も岩山と森の緑、秋は紅葉の光景がすばらしい。

ただ赤岩峠からの下山路がかなり荒れており、不明瞭なところもあるため、絶対に赤岩沢に下らないように注意したい。赤岩沢はゴルジュが発達した難しい上級の沢だ。

なお、この一帯は私有地となっており、入山届の提出が必要だ。野栗沢温泉すりばち荘前の電話ボックス内（電話機は外されている）に届出用紙がある。

アクセス　**行き・帰り**：JR新町駅（日本中央バス2時間8分）八幡　※交通機関利用の場合、日帰りは難しい
マイカー情報　関越道本庄児玉ICから国道462号を上野村方面に向かい、ヴィラせせらぎ手前の新要橋前で野栗川方面へ左折、約3km奥の赤岩橋まで。駐車スペースあり。
参考タイム　入渓点の橋（2時間）大滝下（1時間40分）稜線（10分）大ナゲシ登山道
標高差　680m
装備　基本装備＋登攀具
地図　両神山
温泉　①すりばち荘（不定休）☎0274-59-2161　②ヴィラせせらぎ（不定休）☎0274-59-2585

アプローチ

八幡バス停から赤岩橋まで徒歩約1時間30分。赤岩峠方面へ向かう未舗装の荒れた林道を悪谷に架かる橋まで数分。

下降ルート

大ナゲシの登山道を赤岩峠経由で赤岩橋まで約1時間20分。赤岩峠からの登山道は荒れており、特に赤岩沢の枝沢沿いを下る道はわかりにくいので要注意。地形図上の道ともかなり違っている。

Y字2条10m大滝を登る（❹）

岩崖の間を流れる険しい谷だ

❶入渓してすぐの4mは左側の岩場に上がり巻く。

❷左のガレから小さく巻く。

❸ショルダーで上がり、後続はお助けひもを使う。

❹右岸の側壁が倒れかかったようなゴルジュ。出口の2条10mの滝手前の頭上に大岩が挟まっている。2条10mは黒光りしたナメ状の大滝。左の側壁際を登る（Ⅲ+）が、高度感があり、ぬめっているので途中でランニングをとって登る。カムが効く。

❺右岸から高巻く。

❻左側を巻き気味に登れ、落ち口に出る。この滝を越えると小滝が続くが、沢も開けてなだらかとなり、標高1200m付近から水流もなくなり、あとはひたすらつめるのみとなる。

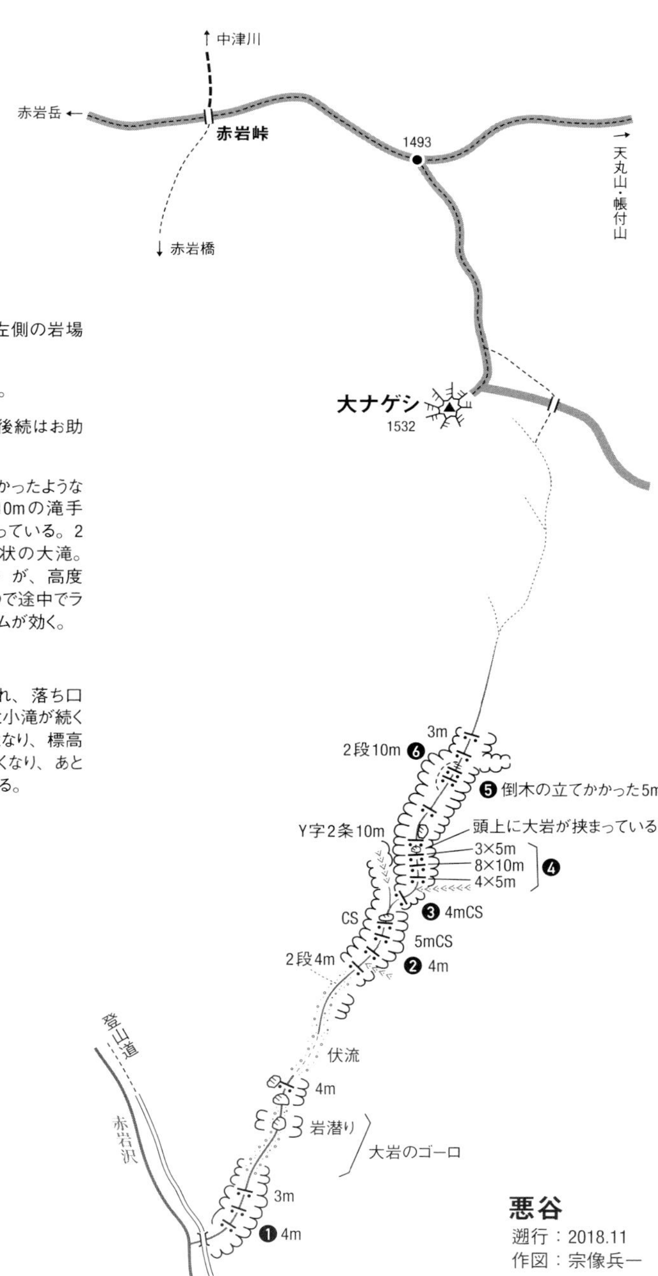

悪谷

遡行：2018.11
作図：宗像兵一

尾瀬・日光・足尾の沢

尾瀬、日光、足尾の沢は初級～中級者向きの沢が多く、首都圏から近く、高速道路網も整備され入渓しやすい山域だ。

尾瀬の沢は、群馬県側の片品川流域の沢がよく登られている。尾瀬沼の玄関口大清水を起点とした片品川源流の中ノ岐沢は、奥鬼怒の小松湿原に上がる本谷・北岐沢の人気が高い。支流の小渕沢もナメとナメ滝の連続する非常にきれいな沢で、一風変わった尾瀬沼探勝コースとして初級者に人気の沢だ。物見山を水源とする根羽沢流域でも、根羽沢鉱山跡にある大薙沢が、赤茶けたナメ床の続く癒やしの沢として最近登られるようになった。

また、尾瀬ヶ原の玄関口鳩待峠側の笠科川本・支流も、初級者向きの好ルートを提供してくれる。一方、福島県側では、檜枝岐川実川の支流硫黄沢が昔から登られている非常にきれいな沢で、特に紅葉のころはすばらしい景観を見せる。

日光エリアは中禅寺湖を挟んで奥日光と前日光とに分けられるが、奥日光側の中禅寺湖北西岸の外山沢川と柳沢川が沢登りの対象としてよく登られる。前日光には日足トンネルを越えた足尾側の神子内川手焼沢と長手沢、黒沢が初級者向きの沢として登られるようになった。また国道122号東側の薬師岳、夕日岳を水源とする東大芦川支流にも、沢登りの対象となるヒノキガタア沢、蕗平沢がある。

足尾山塊には沢登りの対象となる沢が多いが、本書ではあまり紹介されたことのない庚申川支流の笹ミキ沢と、片品川流域の栗原川本・支流の沢を取り上げた。特に、栗原川本谷は広々としたナメ床の続く、関東でも屈指の美渓として推薦したい。

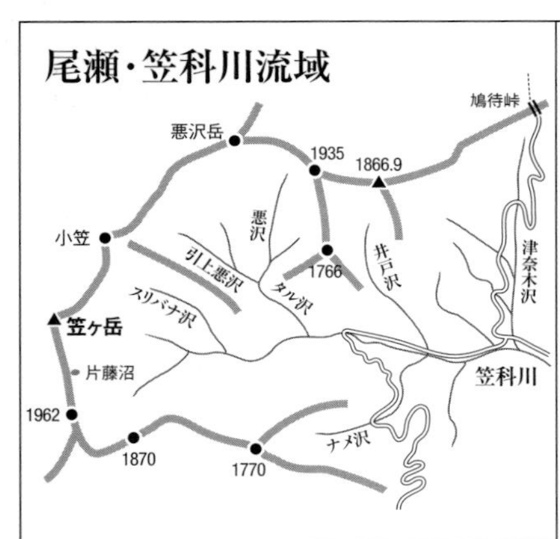

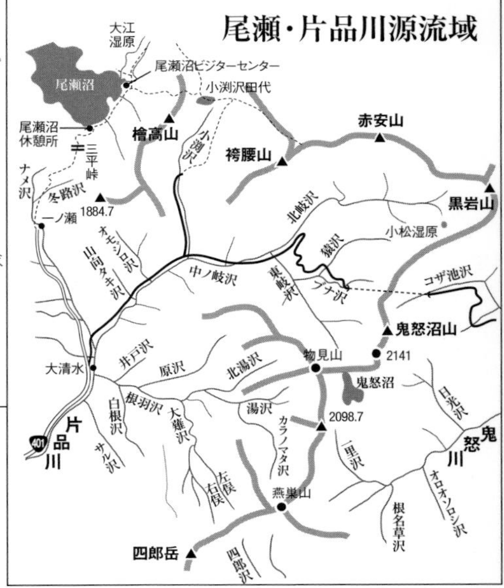

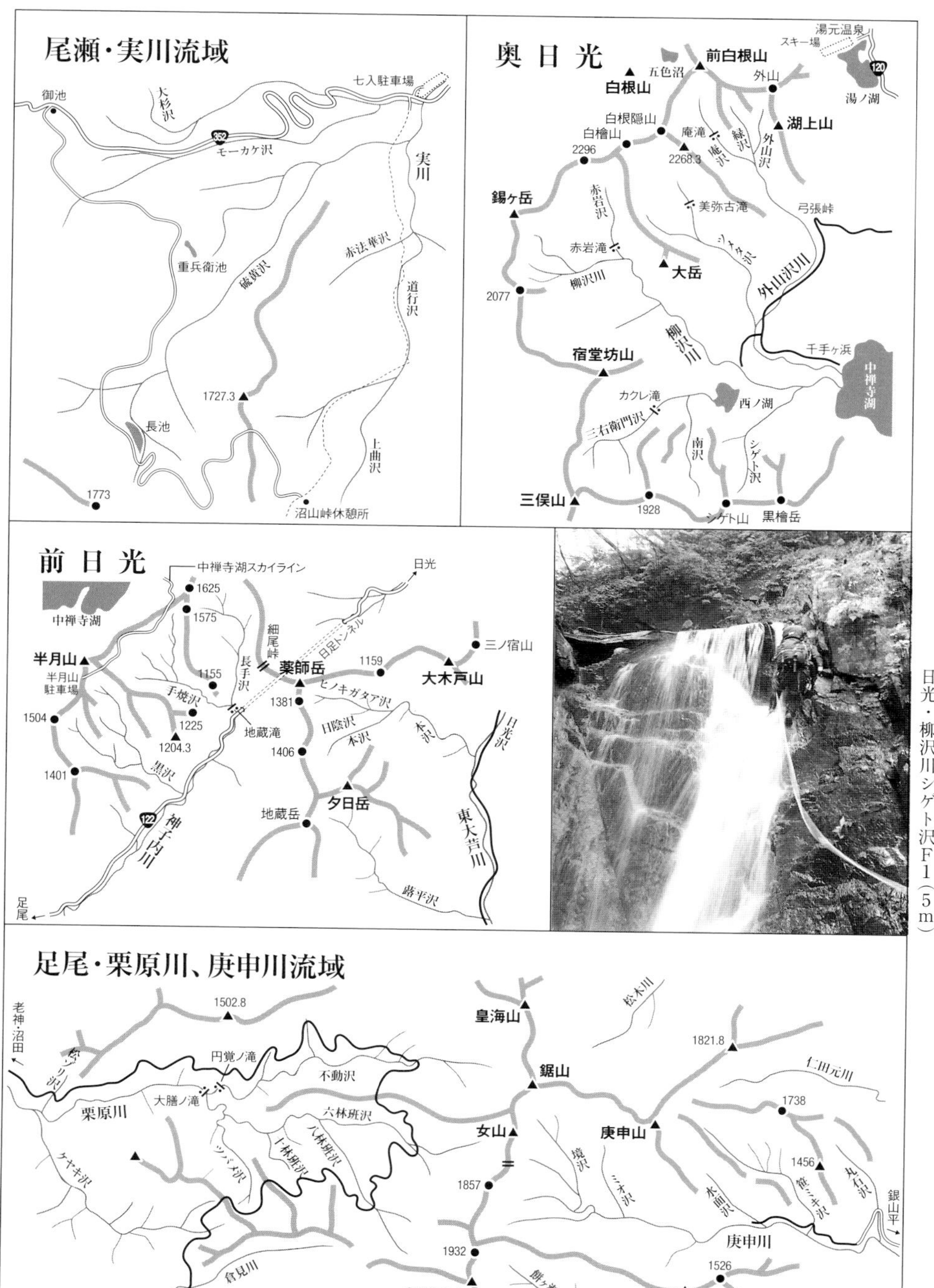

日光・柳沢川シゲト沢F1（5m）

檜枝岐川水系
実川

硫黄沢

中級 2級／III
適期　7月中旬～10月
日程　1日（遡行6～6.5時間）

深い釜をもった滝の連続や、河原・湿原と変化に富んだ沢

尾瀬の沼山峠付近を水源とする沢で、水量が多く、地形図上のゴルジュ記号の場所までは多くの深い釜をもった見栄えのする滝を懸け、そのほとんどが登れる。滝の登攀、高巻き、へつりと短いながらも沢登りの要素が詰まった沢だ。

後半は河原歩きが多くなるが、この河原がよい泊まり場を提供してくれるので、1泊2日で来ると非常に楽しめる。ただ、名前のとおり温泉成分が入ってくるのか、上流部は水流が白く濁り、長池湿原近くでは赤茶けた色になってくる。最後は長池湿原を回り込んで沼山峠からの車道に出ると、すぐバスに乗ることができる。入渓・下山ともこれほどアプローチの短い沢もない。すばらしい渓谷美を見せる紅葉の時期は特におすすめだ。駅近くに日帰り入浴施設（夢の湯）があるのもよい。

アクセス　**行き**：野岩鉄道会津高原尾瀬口駅（会津バス1時間20分）七入　**帰り**：終了点（シャトルバス10～15分）御池（会津バス1時間45分）会津高原尾瀬口駅
マイカー情報　東北道西那須野塩原ICから塩原温泉経由で檜枝岐方面へ向かい、ミニ尾瀬公園先の七入駐車場まで。塩原温泉を過ぎると夜間はコンビニがないので注意。
参考タイム　堰堤上入渓点（3時間20分）最後のゴルジュ出口（2時間45分）車道
標高差　430m
装備　基本装備
地図　燧ヶ岳
温泉　①燧の湯（無休）☎0241-75-2290
②夢の湯（第2・4木曜休）☎0241-66-3131

アプローチ

七入バス停、七入駐車場から入渓点の硫黄沢まで徒歩約15分。

下降ルート

沼山峠～御池間の車道からシャトルバスに乗ることができる。車利用の場合は御池から会津高原尾瀬口駅行きのバスに乗り七入バス停下車。

15m滝の登攀（❺）

深く大きな釜をもった滝が多い（❶）

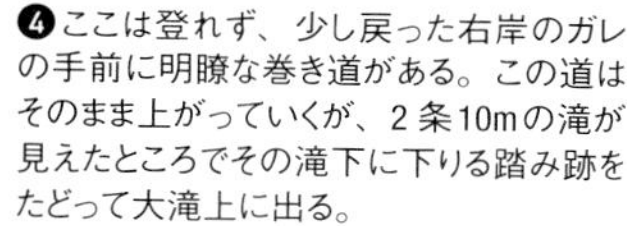

❹ここは登れず、少し戻った右岸のガレの手前に明瞭な巻き道がある。この道はそのまま上がっていくが、2条10mの滝が見えたところでその滝下に下りる踏み跡をたどって大滝上に出る。

❺深い釜をもった2段6mは、水量が少なければ左壁を登れるが、通常は右側から巻き気味に登り、次の滝を望む岩の上に出る。滝の右壁手前の側壁が少し立っており、ホールドが細かいので注意。この沢のポイントとなる15mは、右側壁の傾斜の緩い地点を中段まで上がり、傾斜の立った上部岩壁を立ち木をめざして5mほど登り越える。残置ハーケンが4カ所にあり、比較的簡単に登れる。

❻ゴルジュ出口の深く長い淵は両岸が立っており、見た目は行けそうもないが、左岸側にホールドがあり、比較的簡単に越えられる。ゴルジュを抜けると沢が開け、ビバークによい場所が出てくる。

❼釜が深く、一見滝に取り付けそうもないが、右の水際に足場のホールドがあるので、左端の滝上をめざし斜上しながら登る。巻きは左岸。

❽平凡な河原が延々と続く。途中、ビバークによい場所があるが、この沢は名前のとおり濁りがあり、上流に行くほど濁りがきつくなる。

❾最後の深く大きな釜をもった滝は、釜を抱え込むように深くえぐれており、取り付けない。少し戻った右岸側に巻き道がある。

❿長池は草が生い茂り歩きにくく、最後がヤブこぎになるので、沢の中を歩いて車道の橋に出るとよい。

硫黄沢

遡行：2019.9
作図：宗像兵一

❶深く大きな釜をもった滝が3つ続く。左側に巻き道があるが、最後は釜左の水際をへつり、滝左のU字溝のような左壁に上がり越える。

❷釜が大きく深いのでまったく取り付けないが、少し戻った右岸に明瞭な巻き道がある。

❸左側を快適に登る。上部にトラロープあり。続く深い釜をもった7mは釜の左をへつり、滝に取り付いて登る。手足ともにホールドが豊富だ。

*遡行3時間、下降2〜2.5時間

片品川水系
笠科川

タル沢悪沢（わる）〜井戸沢（いど）

初級　1級／II
適期　5月下旬〜11月中旬
日程　1日（遡行5〜5.5時間）*

沢入門に最適、ようこそ沢登りの世界へ

悪沢岳の南に面した小笠、1867ピークに囲まれた悪沢岳南面を水源とする沢で、難しい滝の登攀はなく、適度に小滝やナメ滝が懸かり、ミニゴルジュもあって、初心者・初級者が沢登りの楽しさ、すばらしさを味わうには最適の沢だ。ただ、ツメのヤブは深いので、必ず沢慣れた人の同行が必要だ。井戸沢を下降にとれば、地図読みと沢下降のよい練習になる。

アプローチ

津奈木橋から入渓点の笠根橋まで徒歩約30分。井戸沢橋からは約10分。

下降ルート

右俣を遡行した場合は、登山道までササの密ヤブが続くので、中間尾根から井戸沢へ下降する。中間尾根の鞍部付近は平坦な地形で背丈以上の密ヤブなので、コンパスかGPSで方向を確認しながら進む。井戸沢は滑りやすいナメ床、ナメ滝が断続的に続くが、難しいところはない。中間尾根から井戸沢橋まで約2時間10分。交通機関利用の場合は、左俣を遡行して鳩待峠に下山してもよい。左俣も難しいところはなく、ツメのヤブこぎも10〜15分ほど。悪沢二俣から登山道まで2時間〜2時間30分。

アクセス　行き・帰り：JR上毛高原駅（関越交通バス25分）JR沼田駅（同1時間20分）尾瀬戸倉（同15分）津奈木橋　※首都圏から高速夜行バスもある

マイカー情報　関越道沼田ICから国道120号を尾瀬戸倉方面に向かい、戸倉から鳩待峠線を津奈木橋経由で井戸沢橋まで。井戸沢橋手前に駐車スペースあり。津奈木橋〜鳩待峠間は期間によりマイカー規制がある。

参考タイム　笠根橋（20分）タル沢出合（1時間25分）引上悪沢・悪沢出合（25分）悪沢二俣・右俣遡行（45分）中間尾根・井戸沢下降（2時間10分）井戸沢橋

標高差　380m　**装備**　基本装備

地図　至仏山

温泉　①戸倉の湯（第2・4火曜休）☎0278-58-7263　②ほっこりの湯（第1・3水曜休）☎0278-58-4568

タル沢魚止めの滝（❶）

井戸沢スダレ状の滝8mの懸垂下降（❽）

❶魚止めの滝は右の水流沿いを登る。

❷最初のミニゴルジュの入口は左側をへつり、出口の3×6mは右から越える。

❸2つ目のゴルジュは釜が深く、左側をへつるが沢床に下りるのが微妙に悪い。水に浸かれば右壁沿いをへつりながら上がれる。上の3×4mは左側を回り込んで上がる。巻きは左岸。

❹2段トイ状は突っ張りで越える。

❺左側の立ち木とササを利用して登る。

❻二俣は若干水量の少ない右俣に入る。右俣の出合に3mの滝が懸かる。

❼中間尾根の鞍部をめざしササヤブをこぐ。井戸沢の下降も沢形に出るまで濃いササのヤブこぎとなる。

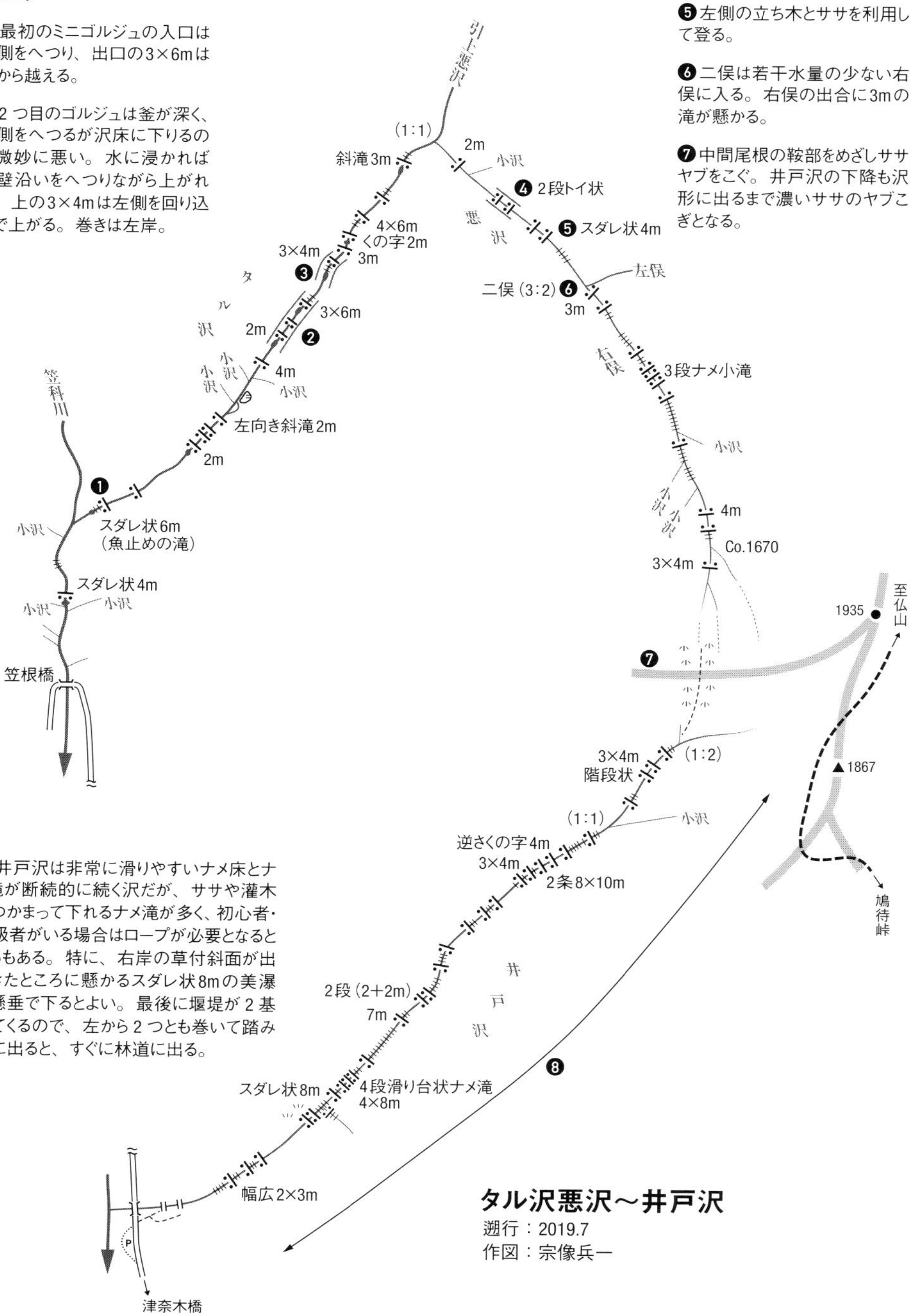

❽井戸沢は非常に滑りやすいナメ床とナメ滝が断続的に続く沢だが、ササや灌木につかまって下れるナメ滝が多く、初心者・初級者がいる場合はロープが必要となるところもある。特に、右岸の草付斜面が出てきたところに懸かるスダレ状8mの美瀑は懸垂で下るとよい。最後に堰堤が2基出てくるので、左から2つとも巻いて踏み跡に出ると、すぐに林道に出る。

引上悪沢
(1:1)
斜滝3m
2m
小沢
❹ 2段トイ状
悪沢
❺ スダレ状4m
左俣
二俣(3:2) ❻
3m
右俣
3段ナメ小滝
小沢
小沢
小沢
4m
Co.1670
3×4m
4×6m
くの字2m
3×4m
❸
3m
タル沢
3×6m
2m
❷
小沢
小沢
4m
小沢
左向き斜滝2m
笠科川
2m
❶
小沢
スダレ状6m
(魚止めの滝)
スダレ状4m
小沢
小沢
笠根橋
1935
至仏山
❼
3×4m
階段状
(1:2)
▲1867
(1:1)
小沢
逆さくの字4m
3×4m
2条8×10m
鳩待峠
井戸沢
2段(2+2m)
7m
❽
スダレ状8m
4段滑り台状ナメ滝
4×8m
幅広2×3m
P
津奈木橋

タル沢悪沢～井戸沢

遡行：2019.7
作図：宗像兵一

片品川水系 中ノ岐沢小淵沢

初級 1級上／III
適期 7月～10月中旬
日程 1日（遡行2.5～3時間）

ナメ滝の続く穏やかな癒やし系の沢

小淵沢田代から袴腰山の稜線の水を集めて片品川支流の中ノ岐沢に流れ込む沢で、ニゴリ沢とも呼ばれる。沢自体は開けた感じのする沢ではないが、ナメと数多くのスダレ状のナメ滝を懸け、その多くが登れる滝なので、ナメやナメ滝登りの楽しめる癒やし系の沢として最近よく登られている。尾瀬国立公園のエリア内なので、くれぐれも小淵沢田代に立ち入らないようにしたい。

アプローチ

大清水から奥鬼怒林道を奥鬼怒方面へ向かい、小淵沢に架かる橋手前「小淵沢田代」の道標のある地点から小淵沢林道に入り、小淵沢の橋まで。約1時間30分。

下降ルート

終了点の登山道から小淵沢田代、尾瀬沼、三平峠経由一ノ瀬休憩所まで約2時間10分。一ノ瀬から低公害バスが大清水まで季節運行されている。または小淵沢林道、奥鬼怒林道経由で大清水まで約1時間50分。

アクセス　行き：JR沼田駅からのバスでは日帰りは難しいので、首都圏発の尾瀬行き夜行バスを利用するとよい　**帰り**：大清水（関越交通バス1時間39分）JR沼田駅
マイカー情報　関越道沼田ICから国道401号（沼田街道）を尾瀬沼登山口の大清水まで。有料駐車場あり。
参考タイム　小淵沢入渓点（1時間50分）3条10mの滝（40分）登山道
標高差　320m　**装備**　基本装備
地図　三平峠、燧ヶ岳
温泉　①戸倉の湯（第2・4火曜休）☎0278-58-7263　②ほっこりの湯（第1・3水曜休）☎0278-58-4568

スダレ状15m滝③

ナメ滝を登る

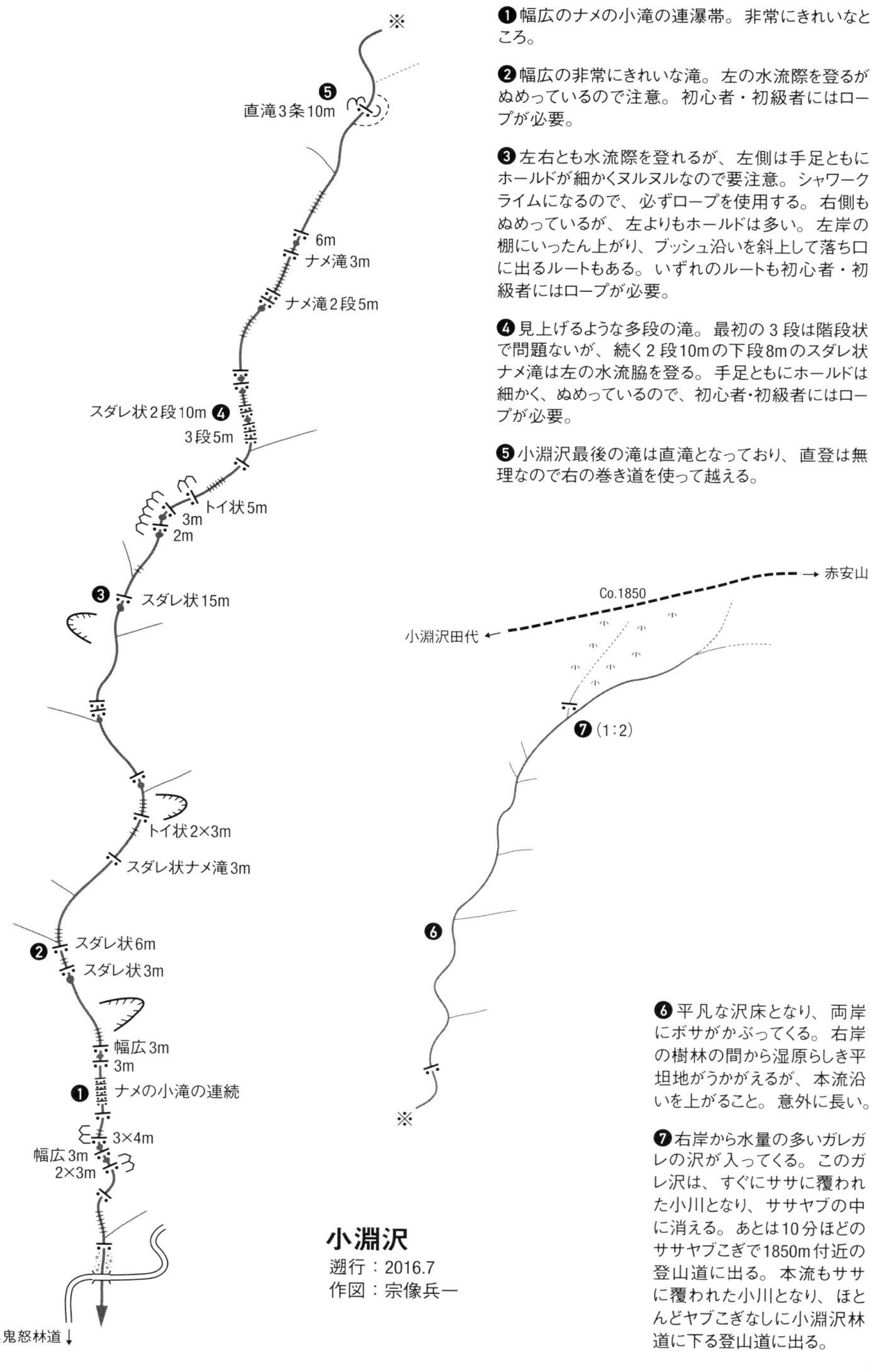

小淵沢

遡行：2016.7
作図：宗像兵一

❶幅広のナメの小滝の連瀑帯。非常にきれいなところ。

❷幅広の非常にきれいな滝。左の水流際を登るが、ぬめっているので注意。初心者・初級者にはロープが必要。

❸左右とも水流際を登れるが、左側は手足ともにホールドが細かくヌルヌルなので要注意。シャワークライムになるので、必ずロープを使用する。右側もぬめっているが、左よりもホールドは多い。左岸の棚にいったん上がり、ブッシュ沿いを斜上して落ち口に出るルートもある。いずれのルートも初心者・初級者にはロープが必要。

❹見上げるような多段の滝。最初の3段は階段状で問題ないが、続く2段10mの下段8mのスダレ状ナメ滝は左の水流脇を登る。手足ともにホールドは細かく、ぬめっているので、初心者・初級者にはロープが必要。

❺小淵沢最後の滝は直滝となっており、直登は無理なので右の巻き道を使って越える。

❻平凡な沢床となり、両岸にボサがかぶってくる。右岸の樹林の間から湿原らしき平坦地がうかがえるが、本流沿いを上がること。意外に長い。

❼右岸から水量の多いガレガレの沢が入ってくる。このガレ沢は、すぐにササに覆われた小川となり、ササヤブの中に消える。あとは10分ほどのササヤブこぎで1850m付近の登山道に出る。本流もササに覆われた小川となり、ほとんどヤブこぎなしに小淵沢林道に下る登山道に出る。

＊左俣遡行3.5～4時間
右俣下降2.5～3時間

片品川水系 根羽沢大薙沢

中級 2級／III
適期 5月下旬～10月
日程 1日（遡行6～7時間）＊

延々と続くナメ、「どこまで続くの!?」と口に出るほど

四郎岳と燕巣山（つばくろすやま）の稜線を水源とする沢で、入口には根羽沢金山跡があり、往時の面影を残すトロッコ軌道が今でも残っている。沢としては、中流部で２つに分かれ、左俣はしばらく単調な河原歩きが続くが、上流部は傾斜の強いきれいなナメ滝をいくつも懸ける。右俣は滝といえる滝はほとんどなく、黄土色の緩い傾斜のナメが延々と続く非常に快適な沢である。このナメ床はフェルト底にぴったりとなじみ、「どこまで続くの!?」と思わず口に出るほどだ。

なお、この沢は滝の多い左俣を遡行し、ナメ床の続く右俣を下降するほうが楽しめるだろう。図中の遡行アドバイスも左俣から右俣下降の順に記載した。

アクセス 行き：JR沼田駅からのバスでは日帰りは難しいので、首都圏発の尾瀬行き夜行バスを利用するとよい　帰り：大清水（関越交通バス１時間39分）JR沼田駅
マイカー情報 関越道沼田ICから国道401号（沼田街道）を尾瀬沼登山口の大清水まで。有料駐車場あり。
参考タイム 物見橋（1時間40分）二俣（左俣遡行２時間）登山道（15分）四郎峠・右俣下降点（右俣下降１時間40分）二俣（1時間）物見橋
標高差 570m
装備 基本装備
地図 三平峠
温泉 ①戸倉の湯（第2･4火曜休）☎0278-58-7263　②ほっこりの湯（第1･3水曜休）☎0278-58-4568

左俣３段20mの滝（❺）

アプローチ

大清水から根羽沢沿いの林道を入渓点の物見橋まで約40分。

下降ルート

根羽沢の林道に戻る道はないので、どちらかの沢を下降して大清水に戻る。交通機関利用の場合は、二俣からどちらかの沢を遡行後、登山道から丸沼側へ下山することもできる。丸沼高原スキー場バス停まで約２時間。

右俣のナメ地帯を下る（❽）

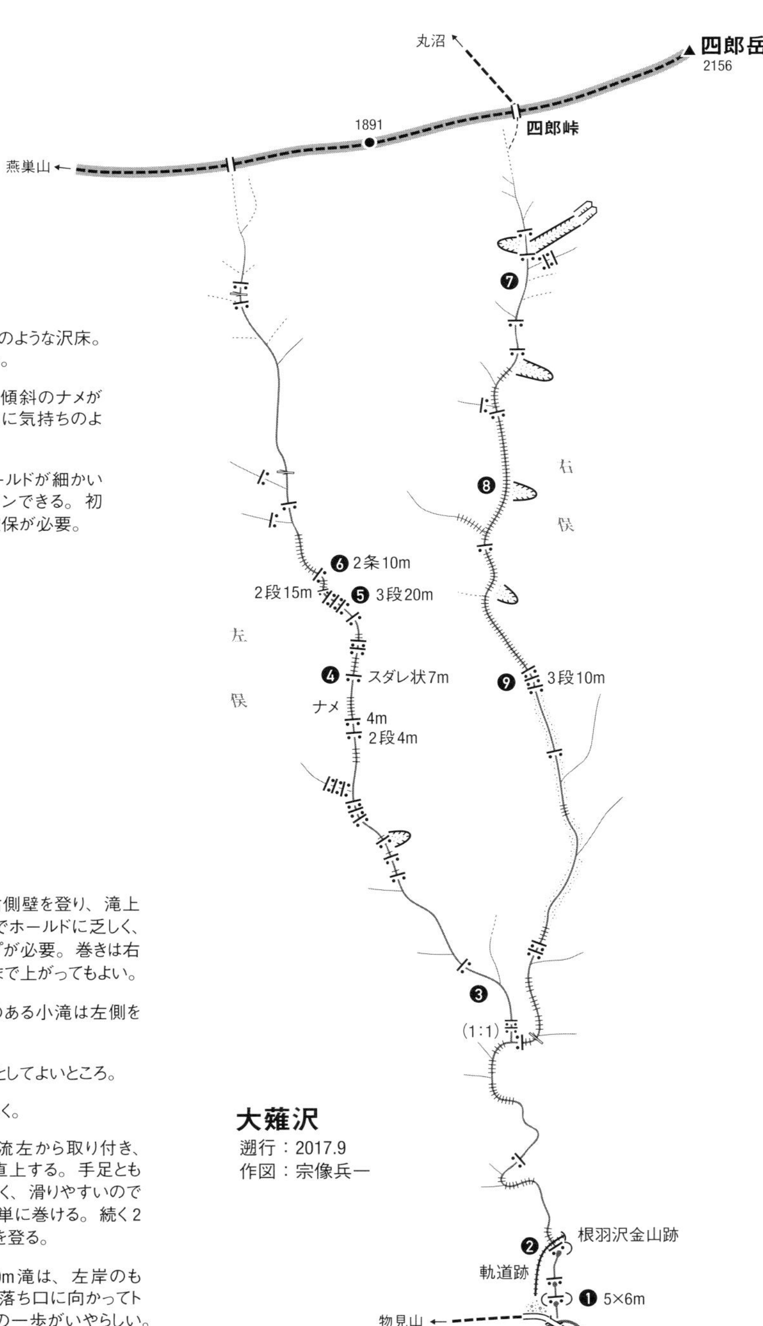

❼ガレの押し出しのような沢床。非常に荒れている。

❽黄土色の緩い傾斜のナメが延々と続く、非常に気持ちのよいところ。

❾手足ともにホールドが細かいが、クライムダウンできる。初級者にはロープ確保が必要。

❶大釜手前の右側壁を登り、滝上へ下りる。逆層でホールドに乏しく、初級者にはロープが必要。巻きは右岸から。軌道跡まで上がってもよい。

❷軌道下の釜のある小滝は左側をへつりで越える。

❸ビバークサイトとしてよいところ。

❹右側を小さく巻く。

❺3段20mは水流左から取り付き、中段で右に移り直上する。手足ともにホールドが細かく、滑りやすいので注意。右側を簡単に巻ける。続く2段15mは水流右を登る。

❻倒木のある10m滝は、左岸のもろいガレを登り、落ち口に向かってトラバース。最後の一歩がいやらしい。初級者にはお助けひもを出してやるとよい。右岸の草付とササヤブとの境を登ることもできる。

大薙沢

遡行：2017.9
作図：宗像兵一

鬼怒川水系
大谷川

柳沢川（やなぎさわ）

中級 2級下／III
適期　5月下旬〜10月中旬
日程　1日（遡行8.5〜9時間）

開放的なナメとスダレ状滝が印象的な深山の沢

錫ヶ岳から南に延びる尾根を源頭として、東に向かって流れ中禅寺湖に注ぐ。二俣の手前から左俣・右俣ともナメが続いて気持ちがいい。右俣はナメが終わるとスダレ状の美瀑があり快適に登れる。平坦なガレを過ぎると次第にササヤブの中に窪となって消えていくが、手強いササではない。稜線には山道がついており、ほぼ一定間隔に目印があるが、近年荒廃が進みかなり不明瞭になっている。左俣は右沢・左沢とも源頭付近はササに覆われ、顕著な窪状をなしていないので読図は慎重に行ないたい。左沢は滝らしい滝もなく下降向きの沢だが、右沢は懸垂下降の必要な滝がある。

低公害バスが運行する6月以降なら、右俣を遡行し左俣を下降しても充分日帰り可能だが、のんびり楽しむなら二俣付近を泊まり場とすることができる。

アクセス　行き・帰り：JR日光駅または東武日光駅（東武バス1時間7分）赤沼（低公害バス22分）西ノ湖入口
マイカー情報　日光宇都宮道路清滝ICまたは関越道沼田ICから国道120号を奥日光方面へ進み、戦場ヶ原の赤沼駐車場まで。低公害バスに乗り換える。
参考タイム　林道終点（35分）赤岩滝分岐（50分）二俣（右俣遡行2時間35分）稜線鞍部（55分）左俣左沢下降点（左俣左沢下降1時間10分）左俣二俣（1時間50分）林道終点
標高差　780m
装備　基本装備
地図　丸沼、男体山
温泉　①やしおの湯（木曜休）☎0288-53-6611　②薬師之湯（無休）☎0278-58-4126

アプローチ

西ノ湖入口バス停から柳沢川に沿って林道終点まで進むと、赤岩沢出合まで踏み跡が延びている。西ノ湖入口から林道終点付近まで約40分。

下降ルート

右俣を遡行し、稜線の山道から左俣を下降する。右俣の1980m付近から上流は平凡な沢歩きとなるため、近年は、右俣・左俣の中間尾根に上がり左俣右沢を下降するか、中間尾根を二俣に下るパーティも多い。

右／スダレ状の滝2段15m（6）
左／黒岩滝2段30m（9）

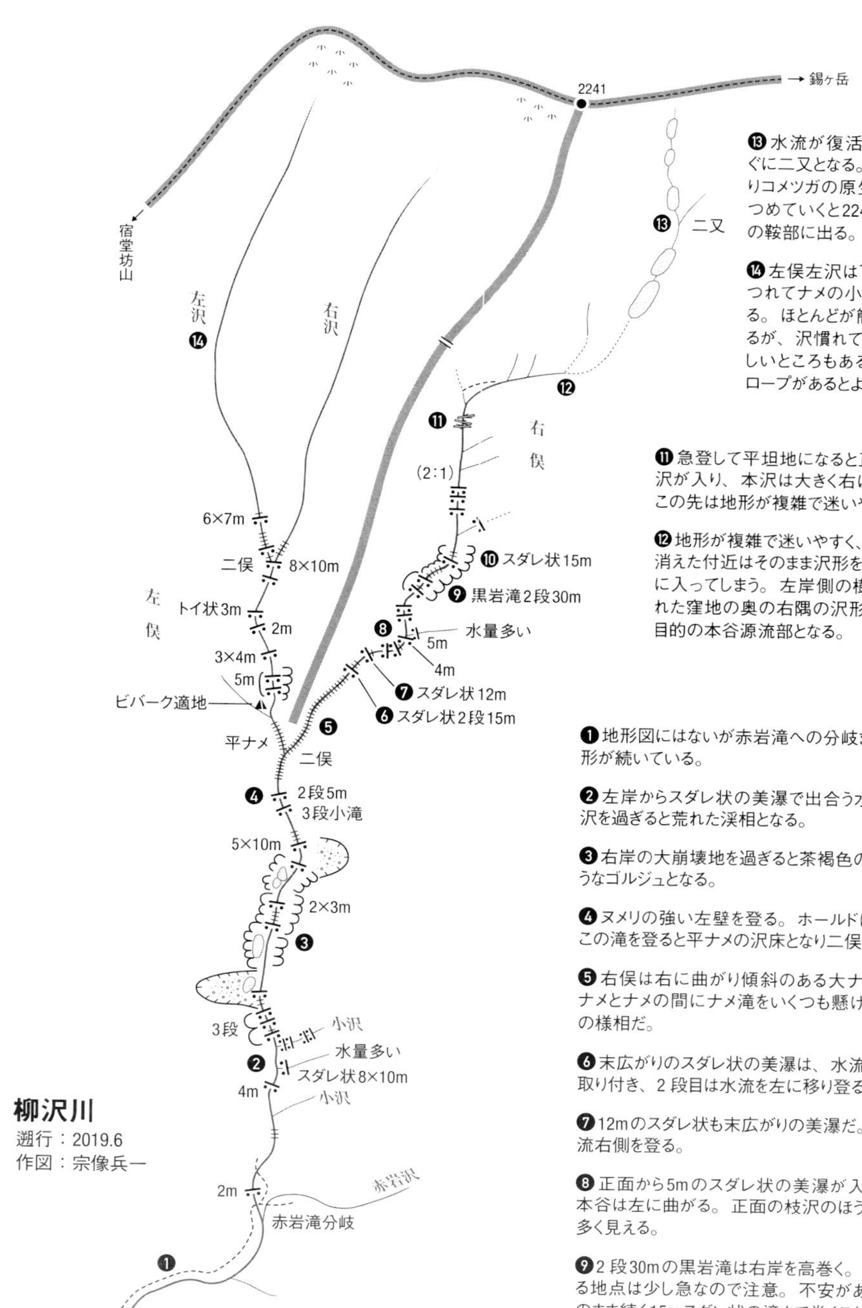

柳沢川

遡行：2019.6
作図：宗像兵一

❶ 地形図にはないが赤岩滝への分岐まで所々道形が続いている。

❷ 左岸からスダレ状の美瀑で出合う水量のある沢を過ぎると荒れた渓相となる。

❸ 右岸の大崩壊地を過ぎると茶褐色の土壁のようなゴルジュとなる。

❹ ヌメリの強い左壁を登る。ホールドは豊富だ。この滝を登ると平ナメの沢床となり二俣となる。

❺ 右俣は右に曲がり傾斜のある大ナメが続き、ナメとナメの間にナメ滝をいくつも懸ける別天地の様相だ。

❻ 末広がりのスダレ状の美瀑は、水流の右側に取り付き、2段目は水流を左に移り登る。

❼ 12mのスダレ状も末広がりの美瀑だ。ここも水流右側を登る。

❽ 正面から5mのスダレ状の美瀑が入る地点で本谷は左に曲がる。正面の枝沢のほうが水量が多く見える。

❾ 2段30mの黒岩滝は右岸を高巻く。滝上に下る地点は少し急なので注意。不安があれば、そのまま続く15mスダレ状の滝まで巻くこともできる。ここはナメとスダレ状の美瀑が続く別天地だ。

⓾ 15mスダレ状の美瀑は右側を登る。滑りやすいので慎重に。

⓫ 急登して平坦地になると正面から小沢が入り、本沢は大きく右に屈曲する。この先は地形が複雑で迷いやすい。

⓬ 地形が複雑で迷いやすく、特に水が消えた付近はそのまま沢形を行くと枝沢に入ってしまう。左岸側の樹林に覆われた窪地の奥の右隅の沢形をめざすと、目的の本谷源流部となる。

⓭ 水流が復活すると、すぐに二又となる。左沢に入りコメツガの原生林の中をつめていくと2241ピーク北の鞍部に出る。

⓮ 左俣左沢は下降するにつれてナメの小滝が出てくる。ほとんどが簡単に下れるが、沢慣れていないと難しいところもあるので補助ロープがあるとよい。

鬼怒川水系
大谷川

柳沢川(やなぎさわ)シゲト沢（シギト）

中級 2級／III

適期　5月下旬～10月中旬

日程　1日（遡行6～6.5時間）

人知れず眠る奥日光の秘渓

中禅寺(ちゅうぜんじ)湖畔千手(せんじゅ)ヶ浜の背後にそびえる黒檜(くろび)岳とシゲト山の稜線を水源とし、柳沢川に流入する沢だが、柳沢川との出合から下流はほとんど水がない。ただ最終堰堤を越え、1330m手前付近に右岸から枝沢が入る地点から水流が現われ、途中、中流部で再び水流がなくなるが、水流のあるところには深い釜をもった5～8mほどの登れる滝がいくつも懸かり、稜線まで逃げることなくつめ上がる楽しい沢だ。深い釜をもった滝が多く夏向きの沢でもある。

倒木の立てかかった8mほどの滝は、高巻きはかなり上まで行かなくてはならないので直登したほうがよいが、岩がもろく、水量のあるときはかなり水をかぶる。水量の多い時期は、登攀具（ハンマー、ハーケンなど）を持参したほうがよいだろう。

アプローチ

千手ヶ浜バス停から入渓点の柳沢川まで林道を約10分。

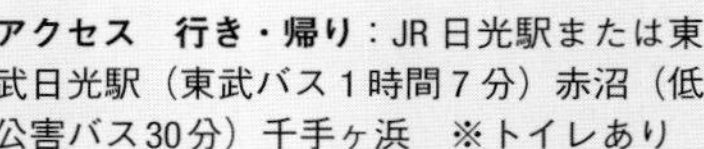

アクセス　行き・帰り：JR日光駅または東武日光駅（東武バス1時間7分）赤沼（低公害バス30分）千手ヶ浜　※トイレあり
マイカー情報　日光宇都宮道路清滝ICまたは関越道沼田ICから国道120号を奥日光方面へ進み、戦場ヶ原の赤沼駐車場まで。低公害バスに乗り換える。
参考タイム　柳沢川（15分）シゲト沢出合（40分）1330m手前右岸枝沢出合・水流が出てくる（5時間）稜線
標高差　655m　**装備**　基本装備
地図　中禅寺湖
温泉　①やしおの湯（木曜休）☎0288-53-6611　②薬師之湯（無休）☎0278-58-4126

下降ルート

黒檜岳まで踏み跡程度の道があり、黒檜岳からは登山道を千手ヶ浜バス停まで約2時間15分。最終バスに乗り遅れないよう注意。登山道はあまり歩かれていないのでわかりにくいところがあるが、要所に目印のテープがあるので見落とさないように。

右／倒木の立てかかった8m滝（❻）
左／シャワークライムで登る（❹）

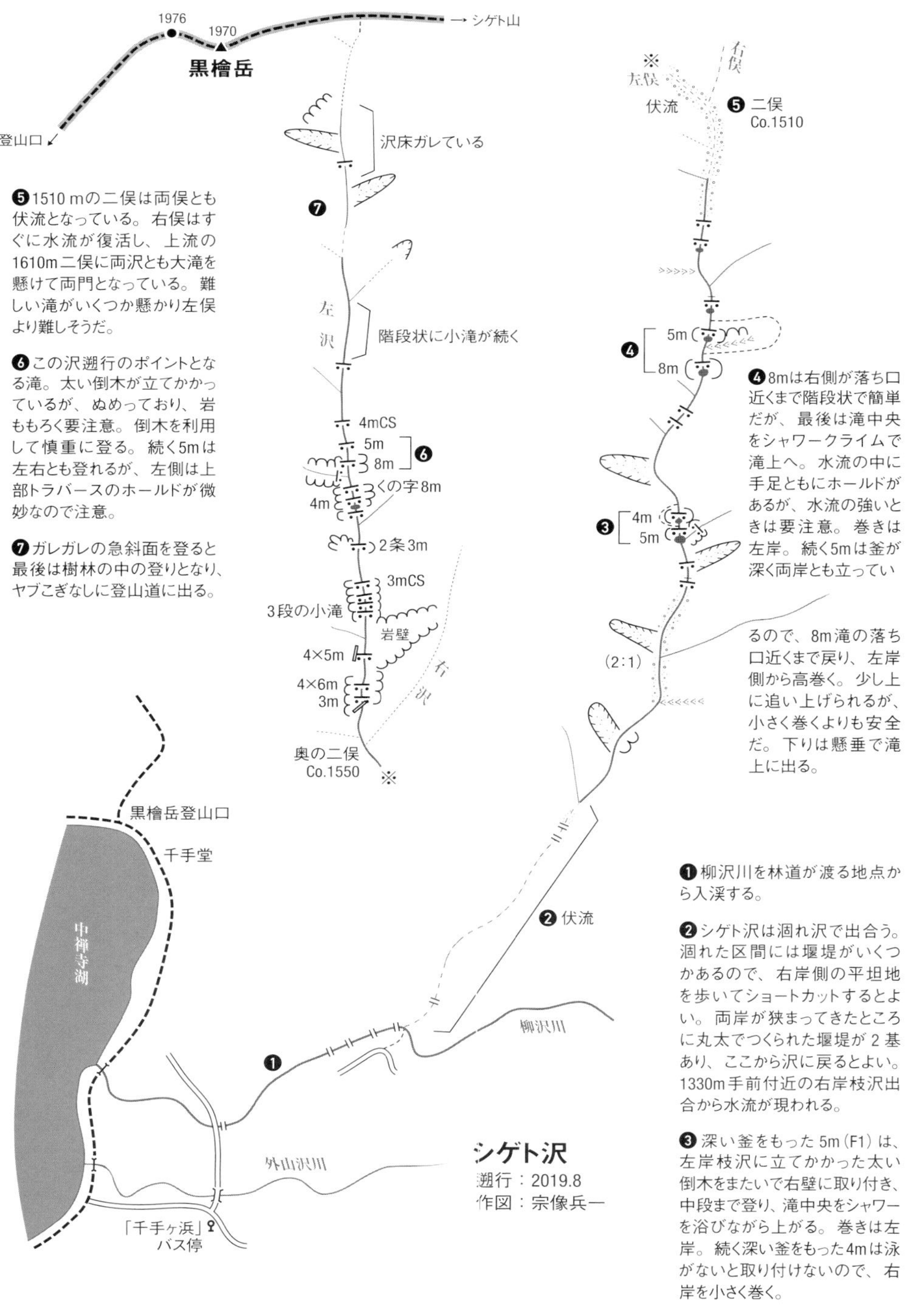

シゲト沢

遡行：2019.8
作図：宗像兵一

❶柳沢川を林道が渡る地点から入渓する。

❷シゲト沢は涸れ沢で出合う。涸れた区間には堰堤がいくつかあるので、右岸側の平坦地を歩いてショートカットするとよい。両岸が狭まってきたところに丸太でつくられた堰堤が2基あり、ここから沢に戻るとよい。1330m手前付近の右岸枝沢出合から水流が現われる。

❸深い釜をもった5m（F1）は、左岸枝沢に立てかかった太い倒木をまたいで右壁に取り付き、中段まで登り、滝中央をシャワーを浴びながら上がる。巻きは左岸。続く深い釜をもった4mは泳がないと取り付けないので、右岸を小さく巻く。

❹8mは右側が落ち口近くまで階段状で簡単だが、最後は滝中央をシャワークライムで滝上へ。水流の中に手足ともにホールドがあるが、水流の強いときは要注意。巻きは左岸。続く5mは釜が深く両岸とも立っているので、8m滝の落ち口近くまで戻り、左岸側から高巻く。少し上に追い上げられるが、小さく巻くよりも安全だ。下りは懸垂で滝上に出る。

❺1510 mの二俣は両俣とも伏流となっている。右俣はすぐに水流が復活し、上流の1610m二俣に両沢とも大滝を懸けて両門となっている。難しい滝がいくつか懸かり左俣より難しそうだ。

❻この沢遡行のポイントとなる滝。太い倒木が立てかかっているが、ぬめっており、岩ももろく要注意。倒木を利用して慎重に登る。続く5mは左右とも登れるが、左側は上部トラバースのホールドが微妙なので注意。

❼ガレガレの急斜面を登ると最後は樹林の中の登りとなり、ヤブこぎなしに登山道に出る。

鬼怒川水系
大谷川

外山沢川緑沢

中級 2級／III
適期 6月〜10月中旬
日程 1日（遡行4.5〜5時間）

3つの大ナメ滝をもつ美渓

前白根山から外山へ続く稜線の峰々を水源とする外山沢川の支流で、前白根山登山道の天狗平南側を水源とし、途中外山沢を入れて、ほぼ直線的に外山沢川に流下する流域面積の狭い水量の少ない沢だ。

緑沢は伏流で出合う薄暗い沢で、とても上流に日光四十八滝のひとつ緑滝が懸かっているとは思われないほど貧弱な入口だ。しばらくゴロタの河原を歩き、外山沢出合を過ぎるとゴルジュ状となり、突然地形図に記されている緑滝が現われる。この緑沢は、地形図上の緑滝から続く３つの大ナメ滝がメインで、ここを越えると水量が極端に少なくなり、3mから5m程度の滝や涸れ棚が源頭近くまで続く単調な沢となる。ツメはヤブこぎなしに登山道に出るが、下山の登山道は急勾配で歩きにくい。

アプローチ

低公害バスはフリー乗車区間なので弓張峠を下ったところで降ろしてもらうとよい。早朝のバスは小田代ヶ原までだが、歩いても数分程度。入渓点の外山沢川までは遊歩道から入ってもよいが、ヘアピンカーブ地点に山道があるので、ここから入るとよい。標高1460m付近外山沢川まで約15分。

下降ルート

登山道を湯元バス停まで約１時間10分。

アクセス　行き：JR日光駅または東武日光駅（東武バス１時間７分）赤沼（低公害バス12分）弓張峠下　帰り：湯元（東武バス１時間20分）東武日光またはJR日光駅
マイカー情報　日光宇都宮道路清滝ICまたは関越道沼田ICから国道120号を奥日光方面へ進み、戦場ヶ原の赤沼駐車場まで。低公害バスに乗り換える。
参考タイム　入渓点（45分）庵沢出合（15分）地形図上の緑滝下（１時間40分）２段40m滝上（１時間45分）登山道
標高差　870m　**装備**　基本装備
地図　男体山
温泉　五識の湯（不定休）☎0288-62-2166

20m大ナメ滝を登る（❶）

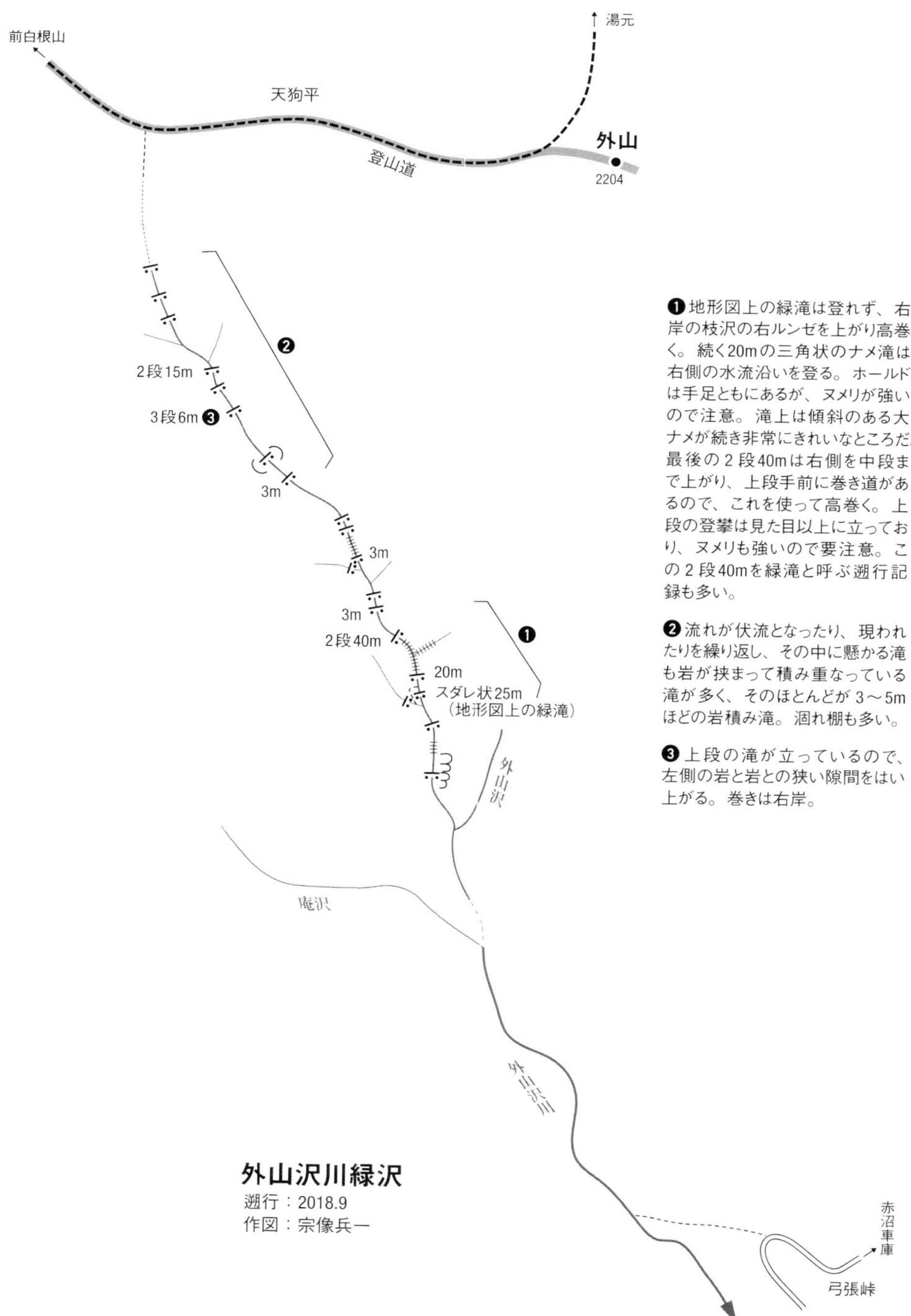

外山沢川緑沢

遡行：2018.9
作図：宗像兵一

❶地形図上の緑滝は登れず、右岸の枝沢の右ルンゼを上がり高巻く。続く20mの三角状のナメ滝は右側の水流沿いを登る。ホールドは手足ともにあるが、ヌメリが強いので注意。滝上は傾斜のある大ナメが続き非常にきれいなところだ。最後の2段40mは右側を中段まで上がり、上段手前に巻き道があるので、これを使って高巻く。上段の登攀は見た目以上に立っており、ヌメリも強いので要注意。この2段40mを緑滝と呼ぶ遡行記録も多い。

❷流れが伏流となったり、現われたりを繰り返し、その中に懸かる滝も岩が挟まって積み重なっている滝が多く、そのほとんどが3～5mほどの岩積み滝。泗れ棚も多い。

❸上段の滝が立っているので、左側の岩と岩との狭い隙間をはい上がる。巻きは右岸。

片品川水系

栗原川(くりばら)〜ツバメ沢〜ケヤキ沢

中級 2級下／III
適期 5月中旬〜10月
日程 2日（遡行13時間）

東京近郊にも、こんなにきれいな沢があったとは！

皇海山(すかい)から鋸山(のこぎり)、法師岳にかけての足尾山塊の山々の西面を水源とする栗原川は、上流部に林道があり、昔は足尾銅山への木材の一大供給地として谷あいにいくつかの集落が点在していた。現在、林道周辺や集落跡地周辺はかなり荒れている。それでも、ツバメ沢までの栗原川の本流は、東京近郊屈指ともいえる広大で明るいナメ床が続き、さらに大滝やゴルジュまで懐にもつ渓谷は希少でめずらしい。遡行しただれもが感嘆するイチオシの美渓だ。また、ツバメ沢を越えてからもナメとナメ滝を懸け、その支流にもナメやナメ滝が懸かり、アクセスがよかったなら、多くの沢屋が遡行するであろうきれいな沢が多い。かつて栄えた集落跡や索道跡を沢から沢へとつなぐ沢旅が楽しめるおすすめの渓だ。

アクセス 林道にタクシーが入らない可能性が高く、交通機関利用での入山は難しい。
マイカー情報 関越道沼田ICから国道120号を尾瀬方面に向かい、吹割大橋手前の信号を右折し、皇海山登山口の看板に従い栗原川林道に入り松ゾリ沢の橋先の駐車スペース（2〜3台）まで。栗原川林道は悪路で道幅が狭く、落石も多いため、車高の高い車でないと厳しい。
参考タイム **1日目**：入渓点（2時間15分）大膳ノ滝（2時間15分）円覚ノ滝経由ツバメ沢出合 **2日目**：出合・ツバメ沢遡行（2時間50分）林道・ケヤキ沢下降（4時間50分）栗原川（30分）駐車スペース
標高差 610m
装備 基本装備、50mロープ
地図 追貝、皇海山、袈裟丸山
温泉 ①望郷の湯（第2火曜休）☎0278-53-3939 ②しゃくなげの湯（木曜休）☎0278-20-0011

大膳ノ滝ゴルジュ入口（❺）

アプローチ

駐車スペースから踏み跡のある尾根を下り、すぐ左側の尾根に向かう踏み跡に移って下る。栗原川まで約30分。尾根末端から川へ下りるが、急で滑りやすく、チェーンアイゼンがあったほうが安全だ。

下降ルート

ケヤキ沢を下降し駐車スペースへ戻る。

ナメ床の続く非常にきれいな沢だ

❶川幅いっぱいに水を落とす岩塚ノ滝は登れない。少し戻った左岸の涸れ沢側に明瞭な巻き道があり、スギの植林地まで続いている。

❷源公平の集落跡は、広い平坦地に住居跡や道跡の石垣が見られる。

❸集落跡を抜けると源公ノ滝まで広々としたナメ床が続き、非常にきれいなところだ。

❹左側が行けそうだがツルツルの岩なので、ここは1段上がった巻き道を行く。

❺大膳ノ滝の前衛8mは泳いで取り付けそうだが、その上に2つ滝が連続して懸かり、特に最後の滝が難しいとのこと。ここは❹の滝下の右岸枝沢から円覚址に出て高巻く。

❻この枝沢は1カ所小滝だが難しいところがあるようだ。今回は小滝手前の石垣跡から左尾根に上がり、尾根の鞍部から滝上に懸垂で下りた。滝上から荒れた沢を登ると広々とした円覚址に出て石垣が散見される。明瞭な踏み跡をたどり円覚ノ滝の上に出る。

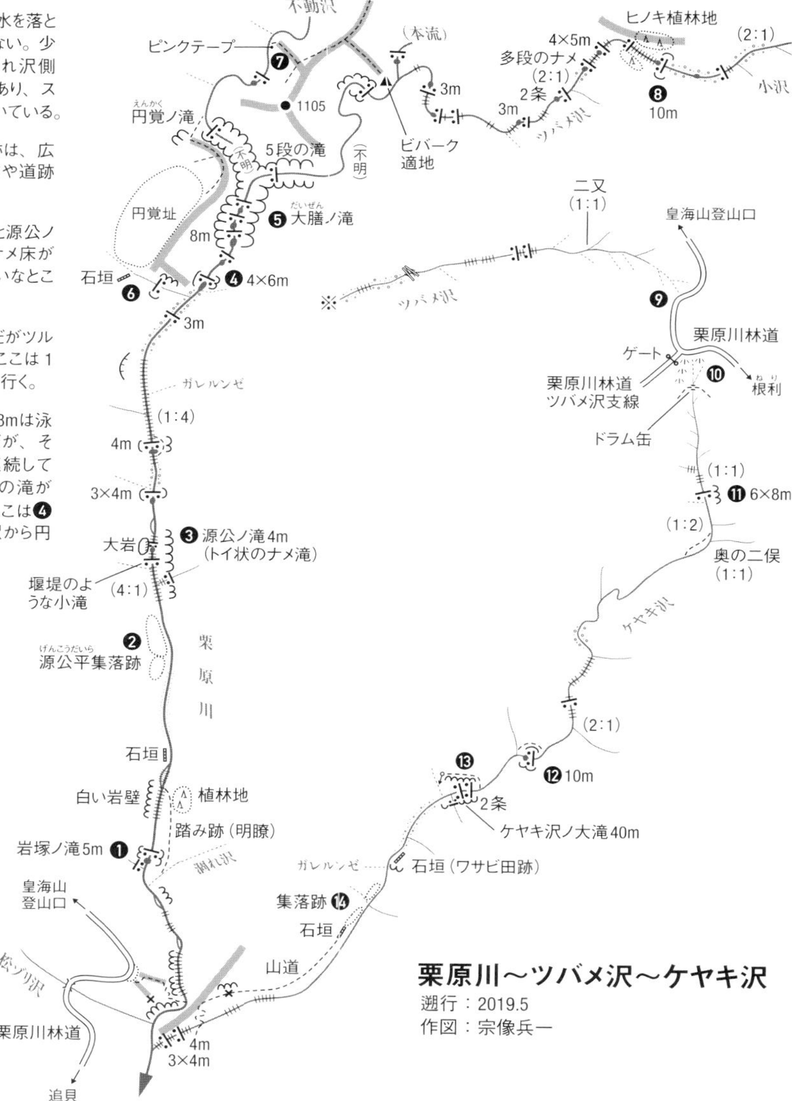

栗原川〜ツバメ沢〜ケヤキ沢

遡行：2019.5
作図：宗像兵一

❼不動沢を少し遡行すると、左岸の立ち木にピンクテープが巻かれており、ここから踏み跡に入ると1105ピーク側からの明瞭な山道に出る。この山道をたどってツバメ沢の出合に続く枝尾根を下ると、シャクナゲの林を通りツバメ沢出合下の本流に出る。ここにビバークによい平坦地がある。

❽左の壁を登る。初級者にはロープを出したほうがよい。

❾ツメは林道のガードレールをめざしガレガレの斜面を上がる。

❿ツバメ沢支線林道入口からササ原の傾斜の緩い斜面をケヤキ沢源頭部へ下る。水流が出てくると、すぐに支線林道下に埋め込まれたドラム缶を通過する。

⓫滝の左側を下る。

⓬右岸に明瞭な巻き道がある。

⓭大滝の手前に2条の小滝が懸かり、右岸側を少し上がった地点にあるトラロープをたどると右岸ルンゼに突き当たるので、その手前から立ち木を支点に懸垂30mでルンゼ下部に下る。

⓮沢が開けた地点から水がいったん涸れて石垣でつくられた山道が現われる。この山道を下るとよい。出合に近い標高800m付近で山道が崩れて通れなくなるので、手前から急な斜面を沢に下る。

渡良瀬川水系
神子内川

手焼沢〜長手沢

初級 1級上／II
適期 4月下旬〜10月
日程 1日（遡行7.5〜8時間）

深い釜と水のきれいな、初心者向きの癒やしの沢

半月山から茶之木平の稜線を水源とし、国道122号の日足トンネル出口の上に懸かる地蔵滝上で手焼沢と長手沢とが合わさり、国道下で神子内川に流入する。手焼沢、長手沢とも明るく開けてゴーロが多く、大きな滝もないうえ、水が非常にきれいなので、初心者が沢登りを体験するのによい沢だ。

稜線直下に中禅寺湖スカイラインが通り交通の便はよいが、2019年現在、日足トンネルから入渓するルートは、出合に続く山道が立入禁止となっているので、入渓は中禅寺湖スカイラインからとなり、初心者には沢下降が問題だ。

アクセス　行き・帰り：JR日光駅または東武日光駅（東武バス50分）中禅寺温泉（東武バス15分）茶ノ木平遊歩道入口
マイカー情報　日光宇都宮道路清滝ICまたは関越道沼田ICから国道120号を中禅寺温泉方面へ向かい、立木観音入口から中禅寺湖スカイラインに入り、狸山の登山道が交差する付近の路肩の駐車スペースまで。
参考タイム　手焼沢下降：登山道（1時間50分）二俣（1時間30分）長手沢出合　長手沢遡行：出合（4時間）1570m付近長手沢、手焼沢中間尾根　※手焼沢遡行は約4時間
標高差　620m
装備　基本装備
地図　中禅寺湖、日光南部
温泉　やしおの湯（木曜休）☎0288-53-6611

手焼沢のゴルジュ（❶）

アプローチ

バス停または駐車スペースから登山道を茶ノ木平へ向かい、手焼沢と長手沢との中間尾根手前から右側の手焼沢源頭へ下る。または中間尾根に所々不明瞭ながらも踏み跡があるので、これを使って出合に下り、どちらかの沢を遡行することもできる。中間尾根下降は約2時間。

下降ルート

手焼沢右俣から中禅寺湖スカイラインのバス停、または駐車スペースまで。

水のきれいな沢だ

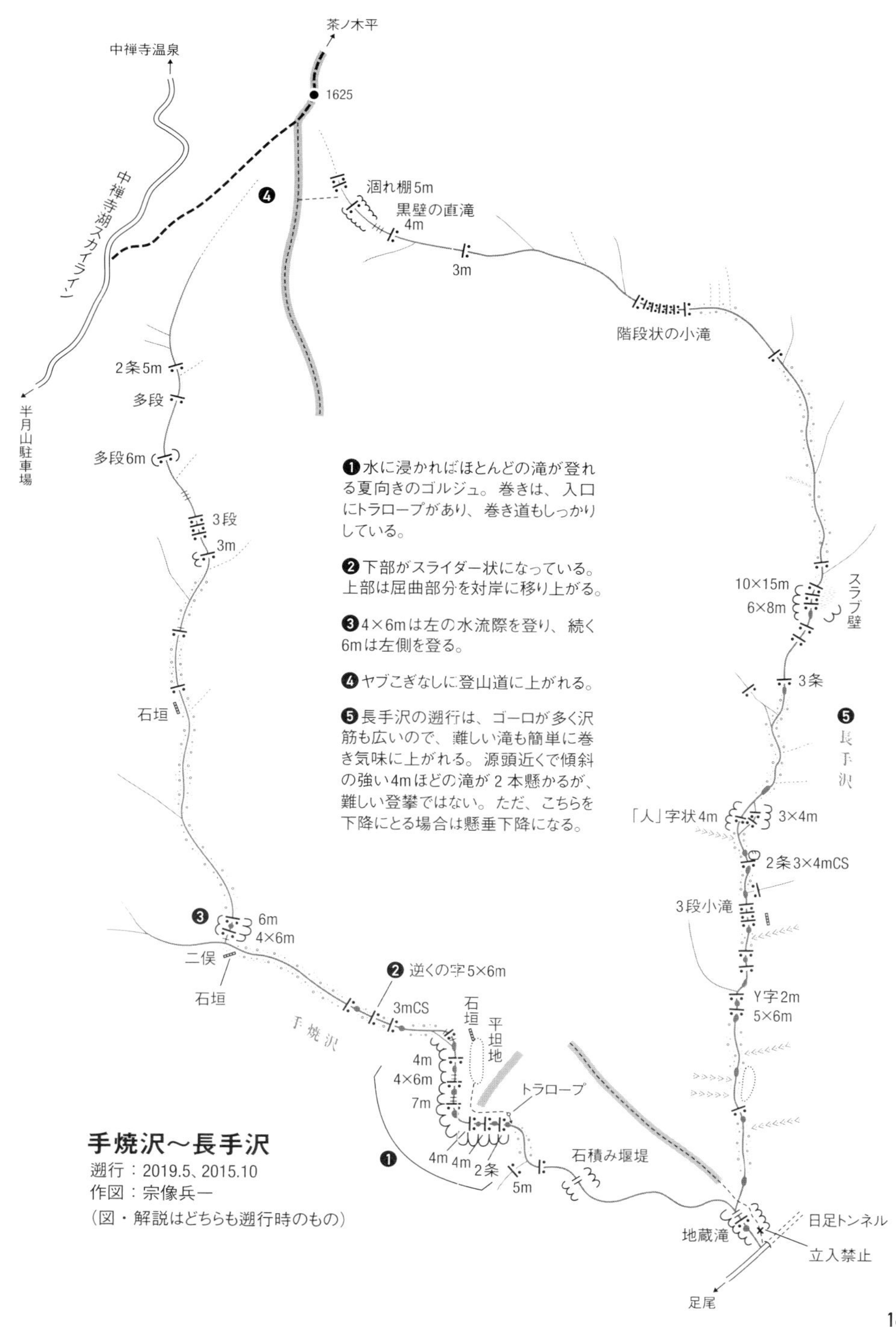

❶水に浸かればほとんどの滝が登れる夏向きのゴルジュ。巻きは、入口にトラロープがあり、巻き道もしっかりしている。

❷下部がスライダー状になっている。上部は屈曲部分を対岸に移り上がる。

❸4×6mは左の水流際を登り、続く6mは左側を登る。

❹ヤブこぎなしに登山道に上がれる。

❺長手沢の遡行は、ゴーロが多く沢筋も広いので、難しい滝も簡単に巻き気味に上がれる。源頭近くで傾斜の強い4mほどの滝が2本懸かるが、難しい登攀ではない。ただ、こちらを下降にとる場合は懸垂下降になる。

手焼沢～長手沢

遡行：2019.5、2015.10
作図：宗像兵一
（図・解説はどちらも遡行時のもの）

渡良瀬川水系
神子内川

黒沢（くろ）

中級 2級／Ⅲ+
適期 5月中旬〜11月上旬
日程 1日（遡行・下降8時間）

すべての滝を登ると意外に難しい沢だ

半月（はんげつ）山の南東面を水源とする沢で、二俣までは2つの小滝と出合下の10m滝の、おおむね平凡なゴーロの沢だ。二俣以降は右俣・左俣で渓相は異なる。右俣は出合から滝場が続き、滝場の終わりが豪快なゴルジュとなり、ゴルジュを抜けると小滝がいくつか懸かるのみ。あとはガレの涸れた沢床が長く続き、足尾特有のササ原のツメとなって半月山の第2駐車場に上がる。下降する左俣は、上部はガレた涸れ沢、石積み堰堤から水流が現われて2つほどの大きな滝を懸けるが、おおむね平凡な沢だ。ただ白い花崗岩と柱状節理の岩壁が見られ、謎の石橋状構造物があることも特筆できる。

黒沢はゴルジュ内の滝場以外、難しいと思われる滝には巻き道があるので初級者にも楽しく登れる沢だが、ゴルジュ内の滝の登攀は意外に難しいので、沢慣れた人の同行が必要だ。高巻くほうが難しそうだ。

アクセス 行き：JR日光駅または東武日光駅（東武バス20分）奥細尾 **帰り**：黒沢（日光市営バス22分）東武日光駅
マイカー情報 日光宇都宮道路清滝ICから中禅寺湖方面に向かい、細尾大谷橋の交差点を左折し、国道122号線を神子内林道入口まで。2〜3台の駐車スペースがある。
参考タイム 入渓点（30分）二俣・右俣（3時間40分）半月山第2駐車場・左俣下降（3時間10分）二俣（40分）ゲート
標高差 720m
装備 基本装備
地図 中禅寺湖
温泉 やしおの湯（木曜休）☎0288-53-6611

左俣3段の滝は懸垂下降で（❾）

アプローチ

林道入口のゲートから黒沢2号橋を渡らずに直進し、最初の堰堤上から入渓する。約10分。奥細尾バス停から歩いた場合は林道入口まで約1時間40分。

下降ルート

左俣を下降して黒沢のゲートに戻る。バス利用の場合は、半月山第2駐車場から日光駅方面へのバス（季節運行）もある。

ゴルジュ内トイ状の滝を登る（❹）

❽膝下ぐらいのササの中に踏まれた山道に出てから、左俣へ下りやすい斜面を下る。

❾3段の滝は左側を30mロープで2ピッチ懸垂下降する。

❿くの字滝は左岸に巻き道がある。巻き道は左岸枝沢近くまで続いている。

⓫アーチ状につくられた石橋。左岸側は岩壁で道はなく、何のために石橋状につくられたのか不明。ここは左岸側の上がったところに石垣があり、踏み跡が続いている。

黒沢

遡行：2019.5
作図：宗像兵一

❶右壁が登れるが、ヌメリが強く落ち口付近は要注意。取付の釜が深い。巻きは左から。

❷ミニゴルジュ入口の5mは左側に巻き道がある。この巻き道はゴルジュをすべて巻いている。

❸S字滝の中間部分はトイ状、下は末広がりの流れ。露岩部分はよく滑るので注意。❹のトイ状と一連の滝を形成している。

❹トイ状の滝で、最後はCS滝となっている。トイ状部分は細く速い流れとなっており、水流の両側はツルツルに磨かれた露岩だが、左側の露岩部分にあるわずかな窪みが足のホールドとなり、残置ハーケンも利用して上がる。最後の2mCSは左壁を登る。

❺10×15mはヌメヌメでよく滑る。ここは乾いた左壁を登る。初級者にはロープが必要。ここを越えると谷筋が開け、しばらくはナメの小滝が続く。

❻沢床はガレガレの荒れた河原が長く続く。

❼三又の右沢の上にガードレールが見える。ここは左沢に入り、膝ぐらいのササ斜面を上がると駐車場から延びる尾根に出る。出たところから少し右寄りに、足尾方面からくる山道をめざす。

渡良瀬川水系
庚申川

笹(ささ)ミキ沢

中級 2級上／III+
適期 5月中旬〜10月
日程 1日（遡行5.5〜6時間）

へつり、高巻き、ルーファイなど沢登り要素の詰まった沢

庚申(こうしん)山の東面、コウシンソウ自生地付近を水源とし、南流して庚申川に流入する沢で、中下流部は両岸が切り立っているにもかかわらず明るく、水のきれいな沢だ。上部は平凡だが、中下流部には立派な大滝が2つ懸かり、1230m付近の支沢には落ち口の見えない大滝が懸かる。深い釜あり、大滝の高巻きありと、へつり、滝の登攀、高巻きのルートファインディング、ロープワークなど、沢登りの技術を駆使して飽きさせない。足尾特有の樹林は薄く、ササ原で覆われた源流部をつめて登山道に上がり、コウシンソウの自生地や信仰の山の名所旧跡をたどりながらの下山もまた楽しい。

アプローチ

庚申山登山口の駐車場から林道を入渓点の笹美木(ささみき)橋まで約40分。

下降ルート

1470m付近で沢筋を離れ右岸の尾根に上がり、庚申山登山道に出て登山口の駐車場まで約2時間。

アクセス　行き・帰り：わたらせ渓谷鉄道通洞駅（タクシー約20分、約8km）庚申山登山口　※前泊しないと日帰りは難しい
マイカー情報　日光宇都宮道路清滝ICから細尾大谷橋交差点を経て国道122号を足尾方面へ進み、遠下交差点の次の交差点を右折、国民宿舎先の庚申山登山口駐車場まで。
参考タイム　笹美木橋（1時間）2段23m滝下（2時間40分）15m滝上（1時間）1305m付近左岸枝沢出合（50分）1470m付近
標高差　560m　**装備**　基本装備
地図　足尾、中禅寺湖、皇海山、袈裟丸山
温泉　国民宿舎かじか荘（庚申の湯、無休）☎ 0288-93-3420

8m滝は右岸高巻き（8）

2段大滝上段の登攀（3）

❽深く大きな釜をもった8mは、右岸を大高巻きしてトイ状の滝上に下りる。上部でトラバースする地点に薄い踏み跡があるが、高度感があるのでロープを出したほうがよい。

❾沢が開け、水も涸れる。登山道が近づく1470m付近から右岸尾根に上がる。尾根を少し登ると登山道に出る。かすかな踏み跡が尾根に向かって続いている。等高線からは1500～1530m付近から上がったほうが楽なようにも見える。

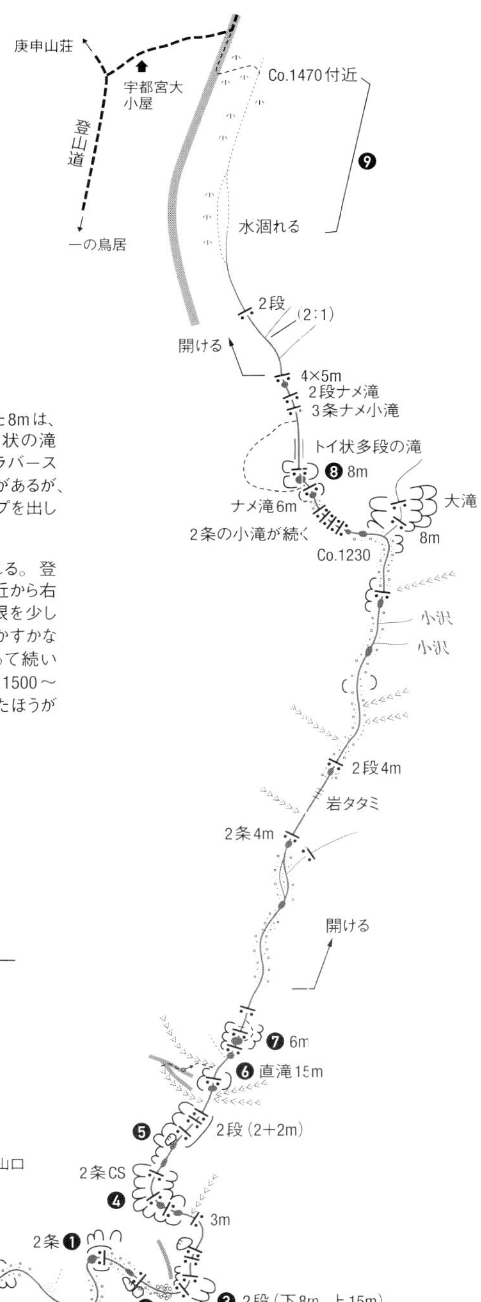

笹ミキ沢

遡行：2019.9
作図：宗像兵一

❶大きく深い釜をもった2mほどの滝は泳げば取り付ける。巻きは少し戻って右岸の岩場を登り、懸垂で岩棚に下りる。

❷巨岩の堆積したところは、巨岩を避けて右岸寄りから巻き上がる。

❸大滝の2段目は左奥に懸かっていて、1段目を登らないと見えない。1段目は少し戻った斜面を登り滝上に出る。2段目は直登不能。もう1段上がった地点から薄い踏み跡が左側へ巻くようについているが、滝の側壁に縦に走る正面の土のかぶったバンドが、傾斜は急だが登れる。土バンドに木の根が埋まっているので、ランニングの支点に利用し直上。古いスリングが残置された立ち木まで上がると、落ち口に向かって棚状にバンドが走っているので、トラバースして落ち口に出る（Ⅲ＋）。それほど難しい登攀ではないが、急な土斜面を登るのでスリップできず、緊張を強いられる。通常の高巻きルートは登っておらず不明。

❹薄暗いゴルジュに深い釜をもった小滝が懸かるが、簡単に通過できる。出口の2条CSも右側を登れる。

❺滝の右釜が深く、左側にある大岩を潜り抜けて滝に取り付く。

❻直登不能。少し戻った右岸のルンゼを登り、登りきる手前を右へ斜上トラバースして尾根に上がる。上がったところに薄い踏み跡があり、急斜面をトラバースして次のガレルンゼに向かっているが、ここはスリップ要注意。15mほど先にあるガレルンゼ手前の立ち木まで斜め懸垂で下り、ガレルンゼを少し下れば滝上に出る。

❼深い釜をもった6mは釜の右側をへつり、右壁に取り付いて登る（Ⅲ）。

思川水系
大芦川

東大芦川ヒノキガタア沢

中級 2級／III－
適期 5月上旬～11月上旬
日程 1日（遡行4～4.5時間）

見応えのある滝の多い沢

前日光の薬師岳から夕日岳、地蔵岳周辺の大芦川流域で沢登りになる沢としてヒノキガタア沢と蕗平沢があるが、ヒノキガタア沢には棒滝、ヒノキガタア滝、薬師滝といった見応えのある滝が懸かり、その多くが登れない滝で、高巻きルートも急なところを巻いているので難しい登下降を強いられる。ただ小滝も多く、なかなか楽しめる前日光の代表的な沢だ。高巻きルートには日光修験道の名残を感じる古い鎖が残る。

アプローチ

本沢沿いの林道をヒノキガタア沢との出合手前の堰堤まで約40分。バス利用の場合、一ノ鳥居バス停から大芦渓谷ヒュッテまで約2時間。

下降ルート

三ノ宿山方面へ続く山道を1221ピークと1159ピークの鞍部にある祠まで下り、1159ピーク手前から右に分岐する巻き道をたどると1159ピーク南西の肩から派生する支尾根に出る。シカ柵沿いの踏み跡から右の枝沢沿いに続く小尾根に乗り、これをたどると本沢林道に出る。この林道はかなり荒れている。途中、沢側のスギの植林地にピンクテープが巻かれた地点から、入渓点の林道終点にショートカットできる。つめ上げた尾根から大芦渓谷ヒュッテまで約2時間10分。バス利用の場合は薬師岳から細尾峠に出て、国道122号のバス停に下りる。

アクセス 行き：東武新鹿沼駅（鹿沼市リーバス42分）一ノ鳥居 **帰り**：栃木平（日光市営バス22分）東武日光駅 ※ヒュッテに前泊しないと日帰りはできない
マイカー情報 東北道鹿沼ICから鹿沼市内を経て県道14号を古峰ヶ原方面へ向かい、一の鳥居手前の橋を右折、林道河原小屋三の宿線に入り大芦渓谷ヒュッテ（避難小屋）まで。ヒュッテの駐車場を利用。
参考タイム 入渓点（5分）ヒノキガタア沢、本沢出合（40分）日陰沢出合（2時間30分）1110m二又・右沢（40分）登山道
標高差 600m **装備** 基本装備
地図 日光南部
温泉 前日光つつじの湯（火曜休）☎0289-86-1126

ヒノキガタア滝（❷）

3段の滝を登る（❸）

❺ゴルジュ出口を塞ぐように懸かる左滝は、以前は鎖があり左岸を高巻いていたようだ。鎖が岩壁の下に落ちている。ここは右岸のルンゼを少し上がり、ルンゼ右岸の登りやすそうなところを木の根を頼りに登り、小尾根に出て高巻く。下りはかなりの急斜面だがロープなしで下れる。ただし初級者がいる場合は懸垂で下りたほうがよい。

❻薬師滝は左岸の落ち葉の積もった泥壁から高巻くパーティが多いようだが、右岸のルンゼを少し上がり、ルンゼと滝の中間の小尾根を登って高巻いたほうが簡単だ。下りは左滝よりも楽に下りられる。

❼1110m二又以遠は、どちらを登っても問題なく登山道に上がれる。右沢を薬師岳東の鞍部をめざせば、膝下ぐらいのササ原でヤブこぎなしに薬師岳東尾根に上がれる。東尾根には地形図にない明瞭な道が三ノ宿山方面へ続いている。

❶直瀑の棒滝は、少し戻った左岸側の急斜面を鎖と木の根を頼りに上がり、やせた小尾根に出て少し登り、下降用に付けられた鎖を使って滝上に下る。

❷ヒノキガタア滝は2段くの字の滝で、地形図上では棒滝になっている。左の岩場の左脇にある鎖を使って小尾根に上がり、懸垂20mほどで滝上に下降する。

❸3段といわれるが、水量が多いと3段には見えない。堰堤下の4mは左から取り付き、中段を水流を浴びながら右に移って越える。堰堤は右から巻く。

❹両岸に岩壁が覆いかぶさり、威圧感のあるゴルジュだが、沢床は比較的広く2m前後の小滝が懸かる。枝沢の合流下に金剛滝が懸かる。

ヒノキガタア沢

遡行：2019.7
作図：宗像兵一

那須・高原山の沢

栃木・福島の県境にそびえる那須山塊は、三本槍岳、朝日岳、茶臼岳を合わせた那須岳を中心に、南に南月山、黒尾谷岳と続き、北に甲子山、大白森山、二岐山へと続く。特に最高峰の三本槍岳は、北東面が福島県側の阿武隈川、南西面が栃木県側の那珂川、北西面が阿武隈川の一大支流である大川支流加藤谷川の水源となっており、遡行価値の高い沢が多い。

阿武隈川の源流は、甲子温泉を要に、本谷、一里滝沢、南沢、白水沢といった那須の沢を代表する初級〜中級向きの沢が集まっている。那珂川源流は、苦土川の井戸沢、大沢がよく登られる。特に井戸沢はきれいな滝を多く懸け、ヤブこぎも少なく、この山塊を代表する初級者向きの沢だ。大沢はスラブ状の大小多くの滝が連続しており、滝登りを楽しめる秀渓だ。

北関東の山塊のひとつ高原山は、鶏頂山、釈迦ヶ岳、中岳、西平岳の山頂部からなる山々の総称で、山麓には塩原温泉郷と川治温泉郷があり、尾頭峠で北側の男鹿山塊につながっている。高原山の沢は塩原温泉郷で箒川に流入する鹿股川水系のスッカン沢と桜沢がよく登られるが、そのほかに、塩原ダム下の大黒岩付近に流れ込む下戸倉沢、奥塩原元湯温泉脇を流れる赤川が対象になる。川治温泉郷で男鹿川に流入する沢としては大下沢、坂本沢、小塩沢が初級〜中級向きの沢としておもしろいが、大下沢と坂本沢はヤマビルの生息域なので注意。高原山南面にもおもしろそうな沢がある。

なお、那須と高原山の間に位置する男鹿山塊は大蛇尾川などの名渓があるが、入・下山ともに難点があり、気軽に入渓することはできない山域だ。

高原山・赤川の赤茶けたナメ床を行く

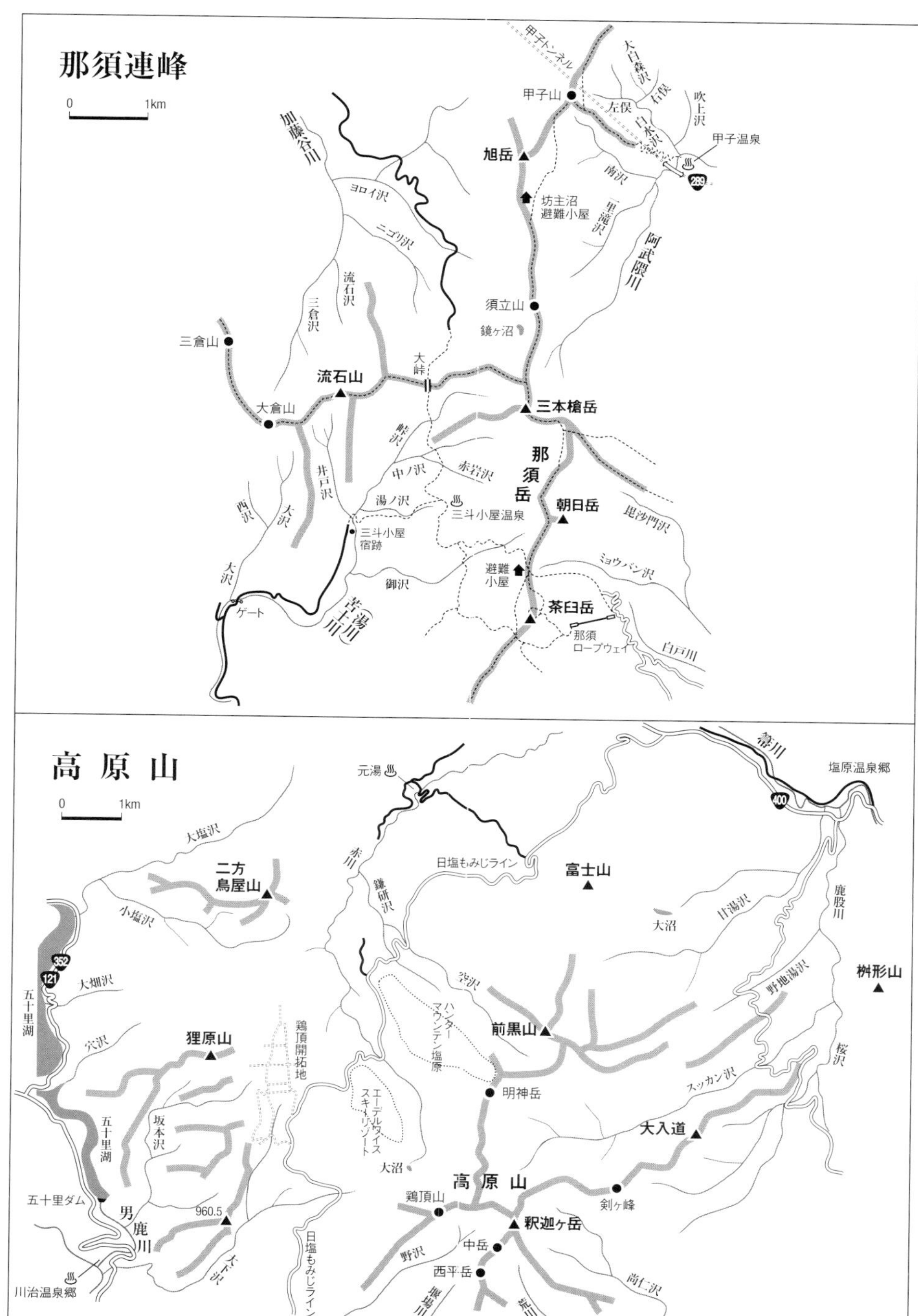
那須連峰
0
1km
甲子トンネル
甲子山
大白森沢
右俣
左俣
吹上沢
白水沢
甲子温泉
289
南沢
旭岳
坊主沼
避難小屋
一里滝沢
加藤谷川
ヨロイ沢
ニゴリ沢
阿武隈川
流石沢
三倉沢
須立山
鏡ヶ沼
三倉山
大峠
流石山
大倉山
三本槍岳
峠沢
赤岩沢
中ノ沢
那須岳
井戸沢
湯ノ沢
三斗小屋温泉
朝日岳
西沢
大沢
毘沙門沢
三斗小屋宿跡
ミョウバン沢
避難小屋
大沢
御沢
茶臼岳
ゲート
苦土川（湯川）
那須ロープウェイ
白戸川
高原山
0
1km
元湯
箒川
塩原温泉郷
400
大塩沢
赤川
日塩もみじライン
富士山
二方鳥屋山
鎌研沢
鹿股川
小塩沢
大沼
甘湯沢
352
121
大畑沢
五十里湖
空沢
桝形山
野地湯沢
鶏頂開拓地
ハンターマウンテン塩原
前黒山
穴沢
狸原山
桜沢
明神岳
エーデルワイススキーリゾート
スッカン沢
五十里湖
坂本沢
大入道
大沼
高原山
五十里ダム
鶏頂山
剣ヶ峰
男鹿川
960.5
釈迦ヶ岳
中岳
野沢
日塩もみじライン
西平岳
尚仁沢
川治温泉郷
境場川
荒川

阿武隈川水系 白水沢左俣左沢

しらみず

初級 1級上／III
適期 5月下旬〜10月
日程 1日（遡行3.5時間）

コンパクトにまとまり、滝登りも楽しめる初級の沢

甲子山東面を甲子温泉に向かって流れる短い沢である。甲子温泉付近で阿武隈川は本流、一里滝沢、南沢、そして白水沢とに分かれ、どの沢もよく登られている。

登山道は大黒屋の敷地を通っているのでちょっとためらわれるが、敷地を通り抜けないと登山道に入れない。旅館側も心得ているようなので思いきって踏み込みたい。白水沢は出合から二俣にかけていくつかの顕著な滝を懸けており、ほとんどの滝が登れ、難しい滝には巻き道がついている。二俣を過ぎると水量がぐっと減ってしまうのは残念だが、たいしたヤブこぎもなく登山道に出られるのがうれしい。下山も短いので体力に不安がある人にもおすすめできる。東京からの日帰りも充分可能である。

アクセス 行き・帰り：新白河高原口（福島交通バス36〜38分）甲子高原ホテル前
マイカー情報 東北道白河ICから国道289号を甲子温泉へ向かい、甲子温泉大黒屋入口付近の駐車スペースまで。甲子大橋を渡った駐車帯は駐車禁止なので注意。
参考タイム 大黒屋前（1時間20分）二俣（15分）奥の二俣・左沢（2時間）登山道
標高差 490m
装備 基本装備
地図 甲子山
温泉 ①大黒屋（無休）☎0248-36-2301 ②ちゃぽランド西郷（木曜休）☎0248-36-2626

アプローチ

甲子高原ホテル前バス停から旧国道を約3km、約40分歩いて甲子温泉大黒屋入口へ。ここから大黒屋の敷地を通り抜け、甲子山登山道を白水滝の入渓点に出る。

下降ルート

甲子峠と甲子温泉を結ぶ登山道に出て、甲子温泉入口の駐車スペースまで約1時間。バス利用の場合は、さらに甲子高原ホテル前のバス停まで約40分。

ナメ滝の多い非常にきれいな沢だ

❻左壁を登るがホールドが細かいうえ、岩に濡れた泥が乗って滑りやすい。初級者には必ずロープを出そう。

❼水流左を登るが、岩がもろいので注意。ここは左岸から巻いたほうがよい。

❽上部の急なナメ滝の部分が手足ともにホールドが細かく、ぬめっているので注意。初級者には必ずロープを出そう。

❾急勾配のナメとナメ滝が連続する。途中にある5mはホールドが細かいので、初級者には積極的にロープを出そう。

❿傾斜の強いナメ床が長く続く。フリクションで登るが、ヌメリが強いと苦労する。初級者にはロープが必要だ。

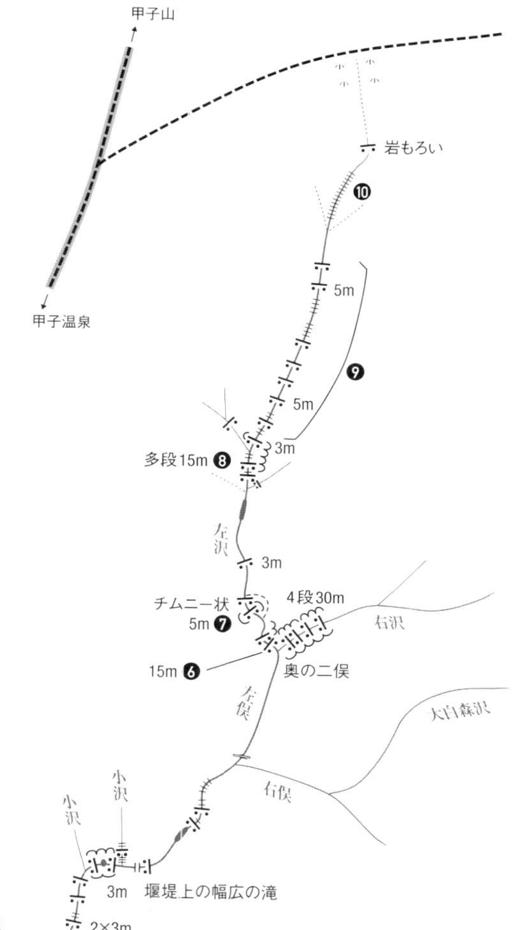

白水沢左俣左沢

遡行：2018.10
作図：宗像兵一

❶登山道からそのまま白水滝に向かい、滝の左壁に取り付き、落ち口へとへつり気味に登る。滝上の堰堤は左岸から踏み跡に従い高巻く。白水滝の左側はここ数年崩落が激しいので、初級者がいる場合は登山道を利用して衣紋滝から遡行するとよい。

❷Y字状に水流を落とす滝は逆層で難しく、右岸を小さく巻く。

❸2段20mの衣紋滝は右岸に小さく巻く踏み跡がついている。

❹左壁にしっかりしたホールドがある。

❺水量が多いと2条になる滝。左壁を登るが、手足ともにホールドが細かいので、初級者にはロープを出して登ろう。

阿武隈川水系

南沢（みなみ）

中級 2級／III

適期 5月下旬～10月

日程 1日（遡行4.5～5時間）

滝登りを楽しんだあとは秘湯の温泉で

甲子（かっし）山の南面から流れ落ちる南沢は、入口から10m前後の滝をいくつも懸け、その多くが登れる非常に楽しい沢だ。また滝も適度に懸かり、飽きがこないのも魅力だ。ただ大滝30mの登攀は、難しくはないが高度感があるので充分注意したい。

アプローチ

甲子高原ホテル前バス停から旧国道を約3km、約40分歩いて甲子（かし）温泉大黒屋（だいこくや）入口へ。ここから阿武隈川沿いの山道を南沢出合まで約20分。途中、南沢出合に下りる踏み跡がわかりにくいので注意。遡行図の説明も参照のこと。

下降ルート

甲子山登山道を大黒屋入口の駐車スペースまで約1時間。バス利用の場合は、さらに甲子高原ホテル前のバス停まで約40分かかるので、足のそろったパーティでないと日帰りは厳しい。

アクセス　行き・帰り：新白河高原口（福島交通バス36～38分）甲子高原ホテル前
マイカー情報　東北道白河ICから国道289号を甲子温泉へ向かい、甲子温泉大黒屋入口付近の駐車スペースまで。甲子大橋を渡った駐車帯は駐車禁止なので注意。
参考タイム　出合（3時間50分）大滝上（25分）奥の二俣（右沢50分）登山道
標高差　560m
装備　基本装備
地図　甲子山
温泉　①大黒屋（無休）☎0248-36-2301　②ちゃぽランド西郷（木曜休）☎0248-36-2626

10m滝の登攀 ❸

8m滝は抜け口が難しい ❺

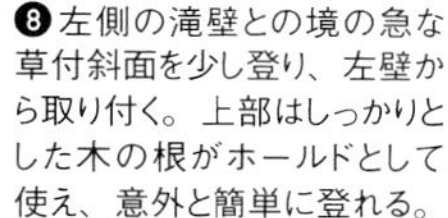

❽左側の滝壁との境の急な草付斜面を少し登り、左壁から取り付く。上部はしっかりとした木の根がホールドとして使え、意外と簡単に登れる。

❾左の水流脇を登る。取付はホールドが細かくぬめっているうえ、岩もはがれやすいので注意。

❿水量の多い左沢はすぐに平凡な流れとなり、ササが沢形を覆い、最後はササのヤブこぎわずかで登山道に出る。

⓫ガレた沢を少し上がると階段状の滝が懸かり、滝上からは傾斜の強いスラブ状のナメがスラブ壁まで続く。スラブ壁が見え、谷筋が開けたところから右の樹林帯へトラバースし、登山道をめざす。ガレの急斜面のトラバースに注意。

南沢

遡行：2016.10
作図：宗像兵一

❶地形図上の996m付近に一里滝沢方面へ向かう踏み跡があるので、この踏み跡を見落とさないようにする。本谷の沢床が間近に見えてきたら行きすぎている。

❷右側から登るが、滝の取付が滑りやすい。

❸右壁にある残置ハーケンを利用して登る。落ち口へ向かい斜上する地点の一歩が難しい。登攀部分は全般的にぬめっているので慎重に。

❹3段の滝の上段12mは直瀑で登れない。中段の滝上から右側のボサの中にある踏み跡をたどると滝上に出る。

❺右壁を登る。しっかりとしたガバがないので滝を乗り越すところが難しい。途中に古い残置スリングがある。

❻左壁を登るが、ホールドが手足ともに細かい。

❼傾斜の緩い斜滝。上部が悪そうに見えるが、ホールドは豊富にある。

那珂川水系
苦土川

大沢右俣

中級 2級／Ⅲ＋
適期　5月下旬〜10月
日程　1日（遡行5〜5.5時間）

つるつるに磨かれたスラブ滝に圧倒される

那須の沢のなかでは井戸沢に次いでよく登られる沢だが、下流部は堰堤だらけで、林道の終わりにある最終堰堤からが沢登りの対象となる。堰堤上の河原の脇に、地元山岳会の「現在地850m六右衛門沢」の看板が木にくくりつけてあるが、標高の数値は誤っており、六右衛門沢の表示も疑問だ。

入渓するとゴーロの河原が延々と続く。F1・2条6mからは、ツルツルに磨かれたスラブ状のナメ滝の連続となる。ナメ滝の登攀は手足ともにホールドが乏しく、傾斜もあって技術的に難しく、なかなか手強い。特に左俣は見上げるようなナメ滝が出合に懸かり、とても登れる沢には見えない。左俣の滝に圧倒されるため、どうしても右俣に引き込まれてしまうが、右俣も出合奥に20mを超えるスラブ状のナメ滝を懸け、なかなか難しい。

スラブ滝を抜けるとボサが沢筋を覆うが、沢床は滑りやすいナメ滝が水流の切れる地点まで続き、最後は五葉の泉の少し下に突き上げる。見た目は登れそうもない左俣も、取り付いてみれば手足ともにホールドが多く、それほど難しい登攀ではない。スラブ滝の登攀に時間がかかり下山も長いので、できるだけ早発ちをしたい。

アプローチ

タクシーは苦土川の林道には入らないので、ダム奥の深山橋から七千山林道分岐まで約20分歩く。さらに林道を入渓点まで徒歩約30分。

下降ルート

登山道を大峠から三斗小屋宿跡経由七千山林道分岐まで約3時間15分。

アクセス　行き・帰り：JR那須塩原駅（タクシー約1時間、約30km）深山橋　※那須塩原駅からレンタカー利用も可能
マイカー情報　東北道黒磯板室ICから板室温泉方面へ向かい、温泉手前を左折し、深山ダムから大川（白湯山）林道に入り大沢沿いの七千山林道分岐まで。駐車スペースあり。苦土川沿いのダートの林道は途中から荒れてくるので四駆車のほうが安心だ。
参考タイム　最終堰堤入渓（2時間50分）二俣（2時間10分）登山道
標高差　840m
装備　基本装備　**地図**　那須岳
温泉　①幸乃湯温泉（無休）☎0287-69-1126　②板室健康のゆグリーングリーン（第4水曜休）☎0287-69-0232

上／2条に流れるF1（❶）
下／中流部のポイントとなる20m滝（❷）

❻水量の少ないときは右の水流沿いを登れるが、水量が多ければシャワークライミングになる。ロープ必要。高巻きは右のブッシュ沿いを上がり、懸垂下降で沢床へ。

❼右のスラブ岩を上がる。

❽ヌルヌルのナメ滝が続く。スリップ注意。

❾右沢が涸れ棚で出合っているが、わかりにくい。そのまま進んでもすぐに沢形がなくなる。

大沢右俣

遡行：2017.10
作図：宗像兵一

❶右から上がる。

❷左ルンゼ状のところを少し上がり、滝の落ち口に向かって斜上し抜ける。残置支点あり。落ち口を抜けてから一枚岩の沢床はスリップ注意。ロープ必要。

❸右から上がり、大岩がかぶったところを落ち口に向かってトラバースするが、足場の岩がスラブで一歩が難しい。

❹スラブ状の滝が続く。

❺左俣は見上げるような滝が続いている。見た目より簡単に登れるが、高度感に威圧されるため、どうしても右俣に入ってしまう。

那珂川水系
苦土川

井戸沢（いど）

初級	1級上／III－
適期	5月下旬～10月
日程	1日（遡行3～3.5時間）

多くの登れる滝を懸けて一気につめ上がる開放的な沢

流石山（ながれいし）から大倉山にかけての尾根南面を水源とし、三斗小屋（さんどごや）宿跡に向かって流下する明るい沢である。直登可能な落差のある滝が多く、中級者にも満足な一本だ。しっかりとしたリーダーの下でなら初級者にも充分楽しめる。下流から中流域は樹林帯の中を流れ、落差のある滝はこの間にまとまっている。上流へ進むにつれてナメが広がり、両岸には草付やササが広がるため、登ってきた沢筋を一望のもとに振り返ることができる。右俣のツメは窪状となった沢筋の右岸にかすかな踏み跡が見つかるはずだ。左俣の最後はササヤブこぎになるが、明るく開放的な登高感が味わえる。

アクセス　行き・帰り：JR那須塩原駅（タクシー約1時間、約30km）深山橋　※那須塩原駅からレンタカー利用も可能
マイカー情報　東北道黒磯板室ICから板室温泉方面へ向かい、温泉手前を左折し、深山ダムから三斗小屋宿跡へ向かう大川（白湯山）林道に入り、ゲートのある橋まで。ゲート付近に駐車スペースがある。
参考タイム　入渓点（1時間50分）二俣（左俣1時間20分）登山道
標高差　680m　**装備**　基本装備
地図　那須岳
温泉　①幸乃湯温泉（無休）☎0287-69-1126　②板室健康のゆグリーングリーン（第4水曜休）☎0287-69-0232

アプローチ

タクシーはダム奥の深山橋までしか入らないので、駐車スペースのあるゲートまで約30分歩く。さらに三斗小屋宿跡を通り、三斗小屋温泉との分岐を直進すると入渓点の堰堤がある。ゲートから約1時間。

下降ルート

登山道を大峠から三斗小屋宿跡経由でゲートまで約2時間50分。交通機関利用の場合、三斗小屋温泉経由でロープウェイ山麓駅に下山することもできるが、足のそろったパーティでないと厳しい。

右／広々として気持ちのよい左俣源頭部
左／15m末広がりの滝（❷）

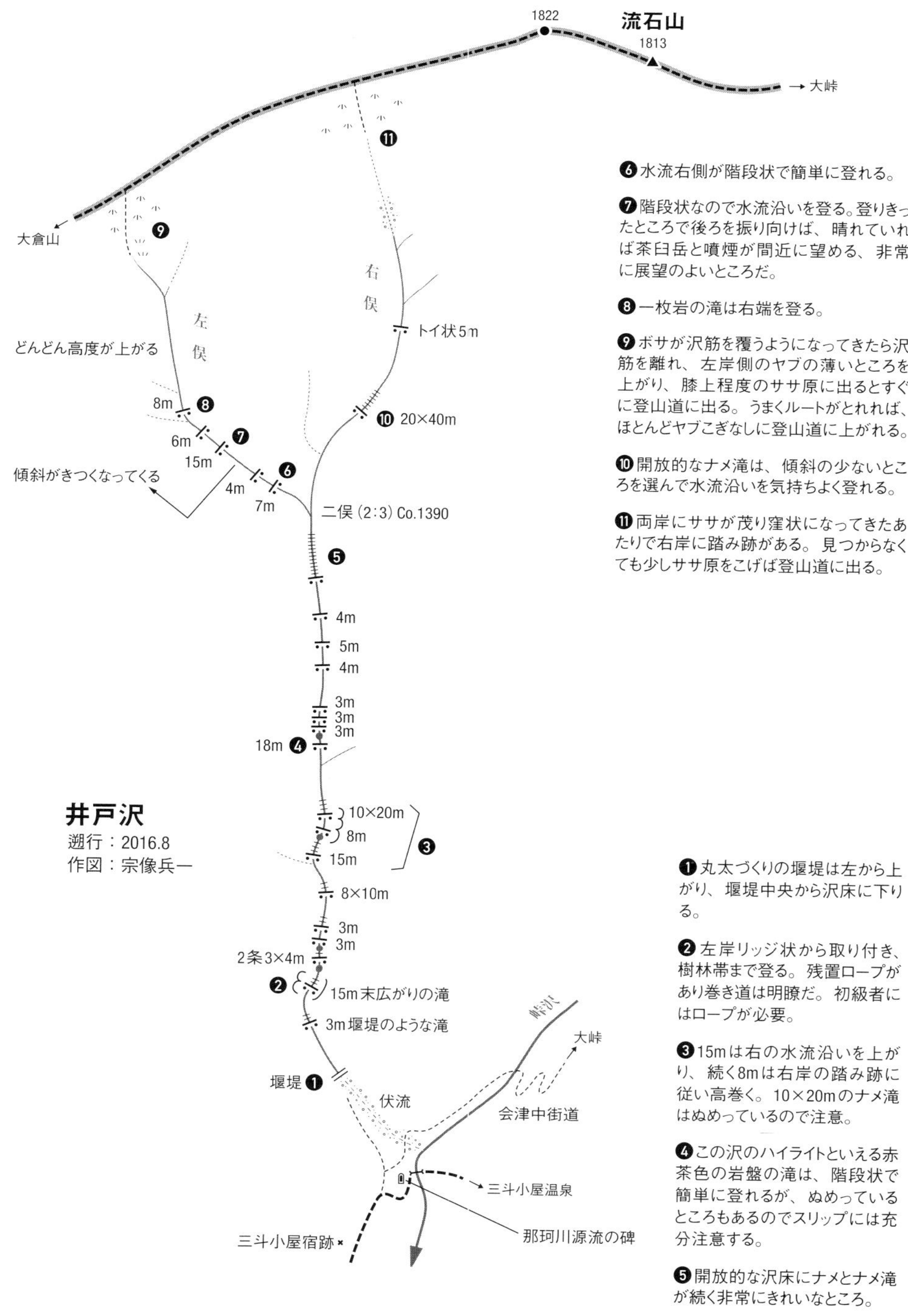
流石山
1822
1813
→ 大峠
大倉山
右俣
左俣
トイ状5m
どんどん高度が上がる
8m
6m
15m
4m
7m
20×40m
傾斜がきつくなってくる
二俣（2：3）Co.1390
4m
5m
4m
3m
3m
3m
18m
井戸沢
遡行：2016.8
作図：宗像兵一
10×20m
8m
15m
8×10m
3m
3m
2条3×4m
15m末広がりの滝
3m堰堤のような滝
堰堤
伏流
峠沢
大峠
会津中街道
三斗小屋温泉
三斗小屋宿跡
那珂川源流の碑
❶丸太づくりの堰堤は左から上がり、堰堤中央から沢床に下りる。
❷左岸リッジ状から取り付き、樹林帯まで登る。残置ロープがあり巻き道は明瞭だ。初級者にはロープが必要。
❸15mは右の水流沿いを上がり、続く8mは右岸の踏み跡に従い高巻く。10×20mのナメ滝はぬめっているので注意。
❹この沢のハイライトといえる赤茶色の岩盤の滝は、階段状で簡単に登れるが、ぬめっているところもあるのでスリップには充分注意する。
❺開放的な沢床にナメとナメ滝が続く非常にきれいなところ。
❻水流右側が階段状で簡単に登れる。
❼階段状なので水流沿いを登る。登りきったところで後ろを振り向けば、晴れていれば茶臼岳と噴煙が間近に望める、非常に展望のよいところだ。
❽一枚岩の滝は右端を登る。
❾ボサが沢筋を覆うようになってきたら沢筋を離れ、左岸側のヤブの薄いところを上がり、膝上程度のササ原に出るとすぐに登山道に出る。うまくルートがとれれば、ほとんどヤブこぎなしに登山道に上がれる。
❿開放的なナメ滝は、傾斜の少ないところを選んで水流沿いを気持ちよく登れる。
⓫両岸にササが茂り窪状になってきたあたりで右岸に踏み跡がある。見つからなくても少しササ原をこげば登山道に出る。

*桜沢（遡行2.5〜3時間）、スッカン沢（遡行2〜2.5時間）

那珂川水系 箒川 鹿股川桜沢・スッカン沢

初級 1級上／III
適期 5月〜11月上旬
日程 1日（遡行4.5〜5.5時間）*

まったく個性の違う見どころ満載の２つの美渓

釈迦ヶ岳を最高点とする高原山の東側を水源とし、鹿股川となって塩原温泉の箒川に流入する個性の違う美渓。スッカン沢はスッカンブルーといわれる青白く美しい流れの中に、雄飛ノ滝、仁三郎ノ滝、素簾ノ滝といった名瀑を懸け、柱状節理の岩肌が多く点在する。一方の桜沢は、清く澄んだ水の流れの中に、咆哮霹靂ノ滝、雷霆ノ滝といった登れる名瀑を懸け、幅広のナメ床を有する癒やしの沢で、圧巻は神秘的で青く澄んだ水をたたえたおしらじノ滝だ。この滝は観光名所ともなっている。２つの個性的な美渓を、遊歩道をつないで巡る、なんともぜいたくな沢登りが楽しめる。

アクセス　行き・帰り：JR矢板駅（タクシー約30分、約20km）山の駅たかはら　※人数がいればレンタカー利用が便利
マイカー情報　東北道矢板ICから県道30号を塩原方面に向かい、泉交差点を左折して県道56号に入り、山の駅たかはらまで。駐車場は山の駅たかはら、おしらじノ滝入口、雄飛橋にある。
参考タイム　桜沢：咆哮霹靂ノ滝（2時間10分）おしらじノ滝（20分）県道　スッカン沢：入渓点（35分）雄飛ノ滝（1時間40分）雄飛橋駐車場
標高差　290m　**装備**　基本装備
地図　塩原
温泉　①彩花の湯（第３水曜休）☎0287-34-1126　②小滝鉱泉（無休）☎0287-43-0941

アプローチ

桜沢のみを遡行する場合は、山の駅たかはらから遊歩道を咆哮霹靂ノ滝まで約１時間。両沢を遡行する場合は、先にスッカン沢を遡行後、雄飛ノ滝線歩道を歩いて出合に戻り、桜沢を遡行する。車利用の場合は、雄飛橋の無料駐車場から雄飛ノ滝線歩道を入渓点まで歩き、スッカン沢を遡行して駐車場に戻り、車を山の駅たかはらの駐車場に移動し、桜沢を遡行する。雄飛ノ滝線歩道はよく通行止めになるので、その場合は桜沢・スッカン沢出合に延びる❾の尾根を利用するとよい。雄飛橋から出合近くの遊歩道まで約１時間40分。

下降ルート

県道を利用して駐車地点に戻る。

上／仁三郎ノ滝（❼）
右／雷霆ノ滝を登る（❸）

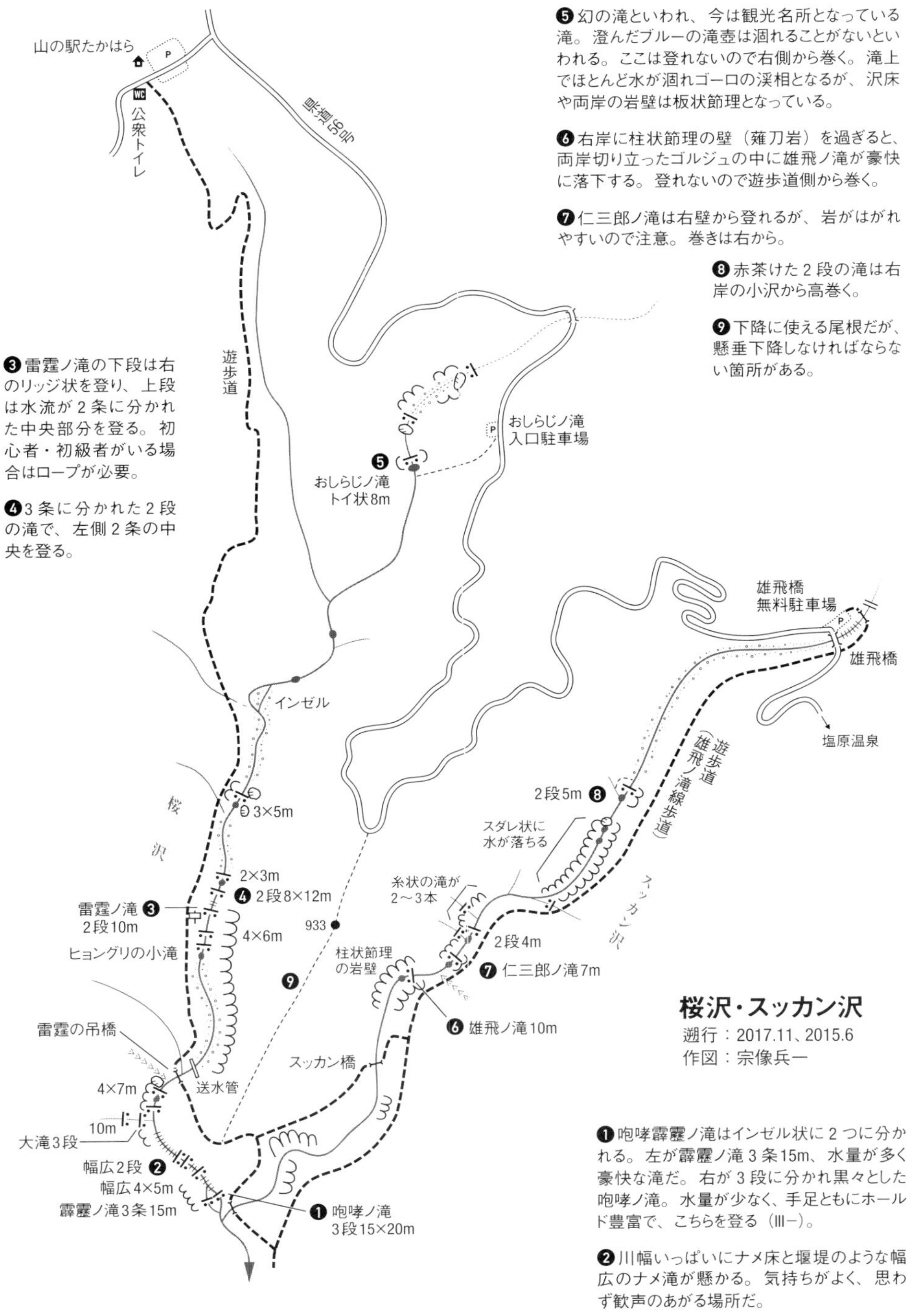

桜沢・スッカン沢

遡行：2017.11、2015.6
作図：宗像兵一

❶咆哮霹靂ノ滝はインゼル状に２つに分かれる。左が霹靂ノ滝３条15m、水量が多く豪快な滝だ。右が３段に分かれ黒々とした咆哮ノ滝。水量が少なく、手足ともにホールド豊富で、こちらを登る（Ⅲ－）。

❷川幅いっぱいにナメ床と堰堤のような幅広のナメ滝が懸かる。気持ちがよく、思わず歓声のあがる場所だ。

❸雷霆ノ滝の下段は右のリッジ状を登り、上段は水流が２条に分かれた中央部分を登る。初心者・初級者がいる場合はロープが必要。

❹３条に分かれた２段の滝で、左側２条の中央を登る。

❺幻の滝といわれ、今は観光名所となっている滝。澄んだブルーの滝壺は涸れることがないといわれる。ここは登れないので右側から巻く。滝上でほとんど水が涸れゴーロの渓相となるが、沢床や両岸の岩壁は板状節理となっている。

❻右岸に柱状節理の壁（薙刀岩）を過ぎると、両岸切り立ったゴルジュの中に雄飛ノ滝が豪快に落下する。登れないので遊歩道側から巻く。

❼仁三郎ノ滝は右壁から登れるが、岩がはがれやすいので注意。巻きは右から。

❽赤茶けた２段の滝は右岸の小沢から高巻く。

❾下降に使える尾根だが、懸垂下降しなければならない箇所がある。

那珂川水系 箒川 赤川本谷

中級 1級上／III
適期 5月中旬〜11月上旬
日程 1日（遡行6〜6.5時間）

（赤茶とブルー）

赤茶けた岩とコバルトブルーの釜のコントラストが美しい

鶏頂山直下にある大沼を源頭とする沢で、上流部で温泉成分が流入しているため岩盤は赤く変色し、水は乳白色の入ったブルーで、独特な色彩美が楽しめる沢だ。川沿いに塩原元湯温泉と遊歩道があり、元湯温泉を起点に遊歩道を使い入渓する。最初は単調な河原歩きが続くが、赤茶色に変色した堰堤を境に渓相が一変し、ゴルジュ状の中、広く深い釜をもった板状節理の滝や直瀑がいくつも懸かる。大滝以外は、多くの滝やゴルジュが登れるので楽しい。

アプローチ

元湯温泉から赤川沿いの林道を鎌研沢出合手前まで約45分。林道は崩落箇所があり荒れているので注意。林道は鎌研沢出合先まであるが崩落していて使えない。

アクセス　行き・帰り：JR那須塩原駅（タクシー約50分、約32km）塩原元湯温泉 ※レンタカー利用でないと日帰りは難しい
マイカー情報　東北道西那須野塩原ICから国道400号を塩原温泉方面に向かい、もみじライン入口交差点先の元湯温泉口を左折し、元湯温泉・大出館入口まで。ゲート前に4〜5台の駐車スペースあり。
参考タイム　入渓点（1時間25分）堰堤下（2時間20分）大滝下（1時間15分）1030m付近右岸枝沢出合（1時間15分）日塩もみじライン
標高差　340m
装備　基本装備（チェーンスパイクが有効）
地図　塩原、五十里湖
温泉　元泉館（無休）☎0287-32-3155（日帰り利用が制限される場合もある）

下降ルート

日塩もみじラインをハンターマウンテンスキー場方面に向かい、スキー場入口の先で左側に分岐する林道に入り、地形図上の林道終点から鎌研沢と赤川との出合に延びる尾根を下り、出合の少し下流から赤川の林道に上がる。元湯温泉まで約２時間。

車２台で入渓し、１台を終了点付近の日塩もみじライン駐車帯にデポできれば下山が短縮できる。

大滝20m（❺）

最初の板状節理の滝5m（❸）

赤川本谷

遡行：2019.11
作図：宗像兵一

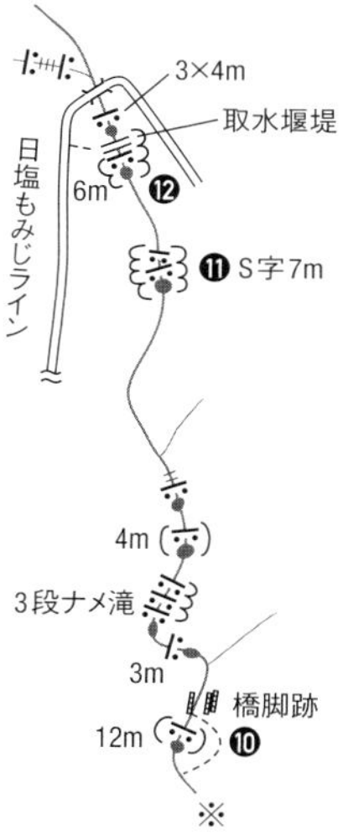

❶平凡な河原が続く癒やし系の渓相。ビバーク適地が多いが本流の水は飲めない。

❷右岸の泥壁のルンゼを木の根を頼りに上がると堰堤上への踏み跡がある。ルンゼは崩れやすく、チェーンスパイクが有効。ロープが必要。

❸最初に出てくる板状節理の滝。青い乳白色の深い釜と赤茶けた滝のコントラストがすばらしい。釜の左側をへつり、階段状の滝を登る。続く大釜は右岸から越える。

❹青い乳白色の大釜をもった滝。❸よりも傾斜はきついが、板状節理で手足ともホールド豊富だ。釜の左側をへつり、滝の左壁を上がる。岩がはがれやすいので注意。

❺大滝はまったく登れず、左岸の急斜面を落石に注意しながら直上し、岩壁沿いを落ち口に向かってトラバースすると、滝の真横の壁手前の立ち木にトラロープがあるので、これを使って１段下がると滝上に出られる。ここもチェーンスパイクが有効。傾斜が強く、高度感があり、スリップしたら止まらないので、必ずロープを出そう。

❻右岸枝沢はエスケープによい。枝沢を上がり、3本目の右岸の小沢を上がると日塩もみじラインに出る。

❼深く長い淵は左側をへつって越える。

❽左岸斜面を上がって越える。上部にトラロープが下がっている。チェーンスパイクがあるとよい。

❾赤川の渓谷美をつくっている温泉が噴出するところ。3mほどの滝となって落ちる。ここから上は通常の沢の色となる。

❿左岸斜面を登り高巻く。高巻いた先に橋脚の跡がある。

⓫釜が深くて取り付けないので右岸から高巻く。すぐ脇が日塩もみじラインなので、そのまま上がってもよい。

⓬右岸を巻くと取水施設に出る。施設の左側に階段があり、日塩もみじラインはすぐだ。

⓭林道終点から尾根に入る地点が複雑なのでGPSなどで確認し、別の尾根に入らないように注意する。

鬼怒川水系 大下沢（おおげ）

中級 1級上／III−
適期 5月～11月中旬
日程 1日（遡行5～5.5時間）

特徴のある滝が多く懸かるが、全体的には癒やし系の沢

鶏頂山（けいちょうざん）の北面を回り込むようにして川治（かわじ）温泉の鬼怒川（きぬ）に流れ下る沢で、川治温泉から日塩（にちえん）もみじラインまでが沢登りの対象となる。豊富な水流の中に多くの特徴ある滝やナメ滝を懸け、中流部に架かる林道の橋から地形図にも載る豪快な赤滝の間は、柱状節理の岩壁や滝が懸かる変化に富んだ沢だ。つめたところは日塩もみじラインの観光名所白滝（しら）。ここからは会津西街道と川治古道と、古道歩きを楽しみながら下山する。ヒルの生息地なので対策は万全に。

アプローチ

川治湯元駅から平方山（ひらかたやま）遊歩道駐車場まで約30分。

下降ルート

白滝橋から日塩もみじラインを川治温泉高原方向に進み、きぬがわ高原カントリークラブ入口の看板を左折し、大下沢左俣に架かる橋を渡った先で左折、シカの防護柵から会津西街道（道形一部不明瞭）を歩く。林道に出てしばらく下り、川治温泉の道標のあるところからは川治古道を下って平方山遊歩道駐車場に出る。ルートガイドの説明も参照。

アクセス　行き・帰り：野岩鉄道川治湯元駅
マイカー情報　日光宇都宮道路今市ICから国道121号を川治温泉方面に向かい、藤原消防署川治分署の脇を通り、広い駐車スペースの先で山側に上がる林道に入り、林道終点の平方山遊歩道駐車場まで。林道は落石が多く通行できないことがあるので、その場合は林道入口まで。
参考タイム　入渓点（2時間40分）おおげ橋（55分）赤滝下（1時間40分）日塩もみじライン
標高差　590m
装備　基本装備
地図　川治
温泉　薬師の湯（水曜休）☎0288-78-0229

特徴のある滝が多く懸かる沢だ（❶）

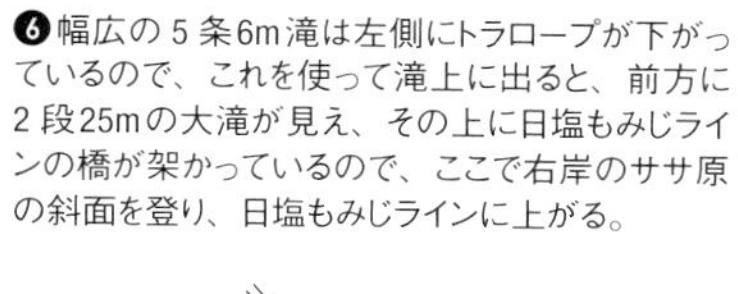

❻幅広の５条6m滝は左側にトラロープが下がっているので、これを使って滝上に出ると、前方に２段25mの大滝が見え、その上に日塩もみじラインの橋が架かっているので、ここで右岸のササ原の斜面を登り、日塩もみじラインに上がる。

❶右の水線沿いを登り、上段の深くえぐれた釜と下段の滝とのふちを対岸へ渡る。滑りやすいので注意。初級者にはロープが必要。

❷釜が深いので右岸を高巻く。

❸入口は深く長い淵だが、左壁際をへつりで越える。続く深い釜をもった柱状節理の滝は、釜の左側をへつり左滝壁を登る。ホールドが細かいので、初級者にはロープが必要。その上の細長い淵をもつナメ滝は、そのまま左をへつって越える。

❹ハング滝は左岸を簡単に巻ける。

❺赤滝のゴルジュは、左俣の滝の左側斜面に残置ロープがあるので、これを使って左俣の滝上に上がり、左俣に流れ込む小沢との間を少し上がると明瞭な山道が出てくる。山道をたどると赤滝の上流に出る。

❼大下沢左俣の橋を渡った先で左折する道に入り、道なりに進むとシカ防護柵のところに出る。2018年は防護柵の扉に鍵はかけられていなかったが、2019年は扉が溶接されて開けられないようになっていた。しばらく防護柵沿いにヤブをこぐと扉があり、そこから入ることができる。今後防護柵が閉められて入れないようだと、車を日塩もみじラインに１台デポする必要があるかもしれない。

❽会津西街道：防護柵沿いに進むと日光市の指定文化財「磁石石」の史跡がある。不明瞭な道形をたどり電柱と電線沿いに下ると宝暦14年と刻まれた馬頭観音がある。そこからは比較的はっきりとしてくる道形をたどって、いったん林道に出る。

❾川治古道：川治温泉の道標のあるところから明瞭な道形を下って平方山遊歩道駐車場に出る。

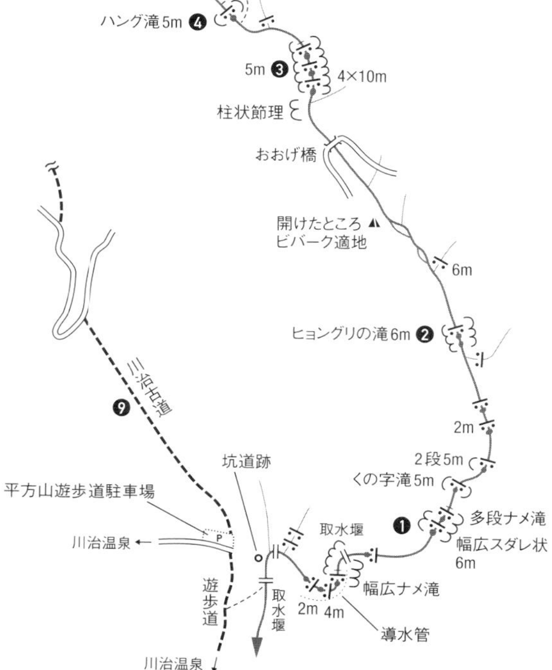

大下沢

遡行：2018.10
作図：宗像兵一

鬼怒川水系
男鹿川

坂本沢

中級 2級／III
適期 5月～11月中旬
日程 1日（遡行4.5～5時間）

適度に滝が懸かる癒やし系の沢

鶏頂開拓地の中を流れ下り、標高800m付近で狸原山南面の水を集め、五十里ダム下の男鹿川に流入する。沢登りではこれまでほとんど知られることもなかったが、水量も豊富で、狸原山から流入する沢の出合までは水もきれいで、適度に滝が懸かり、なかなか楽しめる沢だ。ただ、上流部に行くにしたがって沢床にゴミが目につくようになり、特に1060m付近左岸枝沢出合より上流では、鶏頂開拓地からのゴミが目立つのは残念だ。

初級者にも充分楽しめる癒やし系の沢だが、初級者だけでは難しいところもあるので、必ず沢慣れた人の同行が必要だ。

アクセス　行き・帰り：野岩鉄道川治湯元駅
マイカー情報　日光宇都宮道路今市ICから国道121号を川治温泉方面に向かい、藤原消防署川治分署の脇を通り、道が二手に分かれる手前の広い駐車スペースまで。下山が平方山遊歩道駐車場になるので、ここに停めるほうがよい。
参考タイム　堰堤上（2時間20分）二俣（50分）890m左岸枝沢出合（1時間30分）農道
標高差　660m
装備　基本装備
地図　川治、五十里湖
温泉　薬師の湯（水曜休）☎0288-78-0229

末広がりの滝3段8m（❶）

アプローチ

川治湯元駅から坂本沢最終堰堤の下まで徒歩約30分。車利用の場合は駐車スペースから徒歩約20分。

下降ルート

鶏頂開拓地からきぬがわ高原カントリークラブと反対方向へ歩き、日塩もみじライン手前、大下沢左俣の橋の手前を右折し、道なりに進むとシカ防護柵の地点に出る。以下は大下沢の項参照。農道から平方山遊歩道駐車場まで約1時間45分。さらに駐車スペースへ約20分、川治湯元駅へ約35分。

最初のゴルジュ入口の滝4m（❶）

増水して登れなかった連瀑帯入口8m（❹）

❶ゴルジュ帯入口の4mは釜の左をへつり、滝に取り付いて登る（Ⅲ）。ゴルジュの中は右側がゴーロ状で左壁側に2mほどの小滝が懸かる。中ほどにある大釜をもった4mは左側の棚状になったところから滝上に出る。出口の3段8mは階段状で右側を簡単に上がれる。

❷巨岩のゴーロの中に大釜をもった巨岩の積み重なった滝が続く。入口は巨岩に阻まれ登れず、右岸斜面のトラロープを使い越える。

❸右岸は植林地で本谷側が崖となっており、遡行時は大雨により増水していたので、植林地から水が滝となって連なり落ちていた。平水時は水流がないものと思われる。大きく右に曲がるところに懸かる大釜をもった2条3mは、釜の右岸側をへつり、滝の左壁に取り付き登る。右岸の岩壁がかぶっており、増水時はきわどい登攀を強いられる。ゴルジュ出口の深い釜をもった6m直瀑は、左岸側の棚状になった地点から越える。高度があり狭い部分もあるので注意。

❹坂本沢のポイントとなる連瀑帯。遡行時は大雨後の増水で取り付けず、右岸の急峻な小沢脇から上の植林地に出て高巻いた。植林地から沢に下る斜面が急なので注意。平水なら8m滝は左の釜をへつり、左壁から斜め上に水流を横断して右壁を登る（Ⅲ）。続く7mは水流左が登れる（Ⅲ）。

❺深い釜をもった7mは滝壁と左岸側の間の岩場が登れる（Ⅲ）。

❻沢床はゴーロとなって一気に高度を上げる。巨岩帯のゴーロはうまくルートをとらないと行き詰まるので注意。この付近は農園からの肥料袋やブルーシートなどのゴミが目立つようになる。

❼8m直瀑は登れず、左側の細流の滝と右岸の側壁の間を登り越える。続く7mは右側が階段状で簡単に登れる。

❽釜をもったナメの小滝を上がると沢が開け、小川状の流れとなる。右岸側の平坦地に農道が通っているようだ。そのまま進むと沢はコンクリートの水路に二分され、ここを避けて右岸のヤブに入るとシカの防護柵に塞がれる。扉を開けると農道だ。

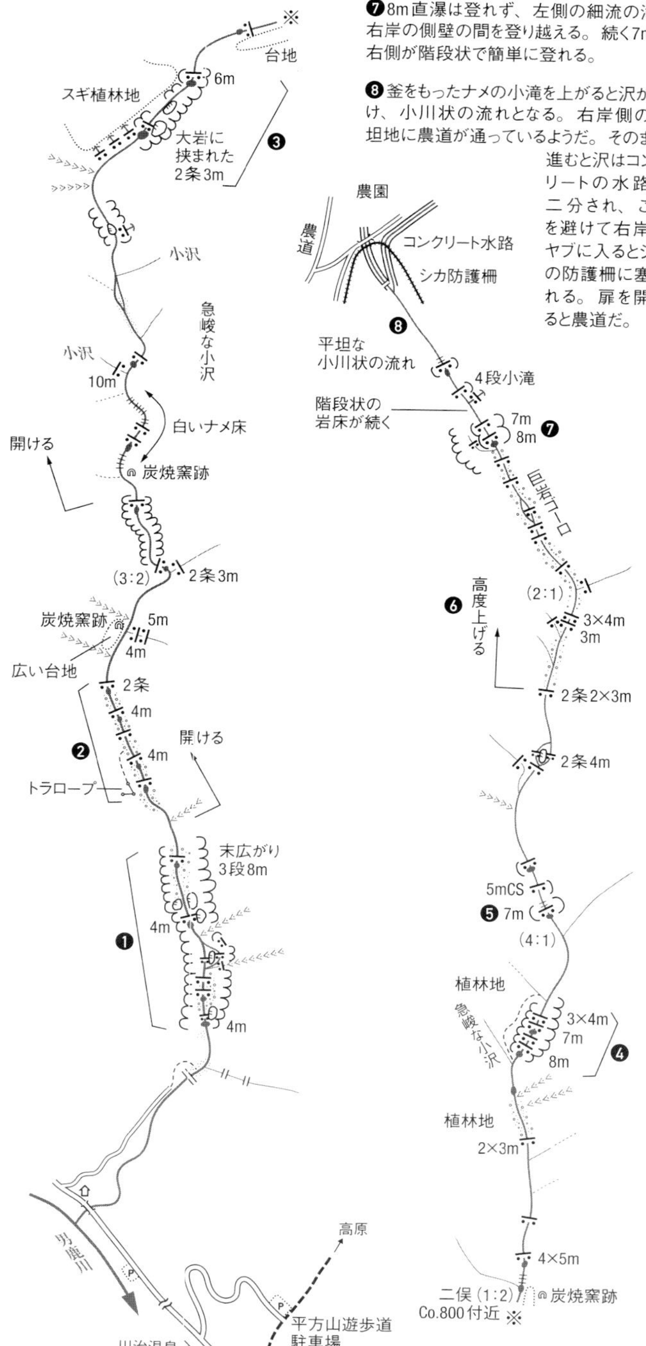

坂本沢

遡行：2019.10
作図：宗像兵一

鬼怒川水系
男鹿川

小塩沢（こしお）

中級 2級／III+
適期 5月～11月中旬
日程 1日（遡行5～6時間）

登れる滝とナメやナメ滝の続く秀渓

二方鳥屋山（にほうとや）を水源とする沢で、大塩沢の支流だが、採石場の道が出合まであり、小塩沢沿いにも、車は通れないが途中まで林道が続いている。小塩沢は三又近くまではナメ、ナメ滝や多くの登れる滝をもつなかなか楽しい沢だ。左俣に入ってすぐの逆さくの字2段12m上段幅広の滝は、ヌルヌルで登れそうもなく見えるが、中央の水流の薄い部分が登れる。遡行のポイントとなる滝だ。これ以降もナメやナメ滝が続いて楽しめるが、三又手前から左岸尾根上にあるゴルフ場からのゴルフボールが所々落ちていて少し興ざめする。三又からは水量も極端に少なくなり、最後はササ原の緩やかな斜面から二方鳥屋山の山頂に出る。

アクセス　行き・帰り：野岩鉄道湯西川温泉駅（タクシー約10分、約3.5km）小塩沢出合付近、または徒歩約40分
マイカー情報　日光宇都宮道路今市ICから国道121号を南会津方面に向かい、道の駅湯西川の看板のある信号を南会津方面へ直進し、大塩沢橋を渡ったところを右折した旧道の大塩沢林道入口まで。ゲート前に駐車スペース（2～3台）あり。
参考タイム　入渓点（1時間）二俣（1時間35分）奥の二俣（1時間30分）三又（1時間25分）二方鳥屋山
標高差　640m
装備　基本装備＋登攀具
地図　五十里湖
温泉　道の駅湯西川・湯の郷（第3火曜休）☎0288-78-1222

アプローチ

小塩沢を渡って沢沿いに続く林道を歩き、林道が沢と接する標高630m付近から入渓する。約20分。車利用の場合は大塩沢林道車止めから対岸の採石場への進入路を進む。入渓点まで約30分。

下降ルート

二方鳥屋山から比較的歩きやすい小塩沢右岸尾根をたどると林道に出る。この林道は小塩沢沿いの林道とつながっていて小塩沢出合に戻ることができる。二方鳥屋山から小塩沢出合付近まで約1時間10分。

逆さくの字2段12m上段の登攀（3）

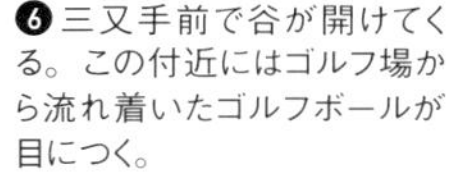
❻三又手前で谷が開けてくる。この付近にはゴルフ場から流れ着いたゴルフボールが目につく。

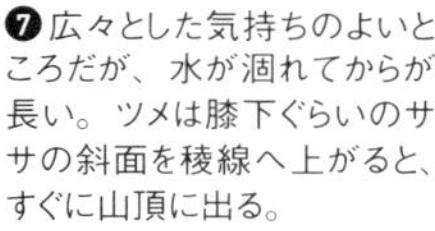
❼広々とした気持ちのよいところだが、水が涸れてからが長い。ツメは膝下ぐらいのササの斜面を稜線へ上がると、すぐに山頂に出る。

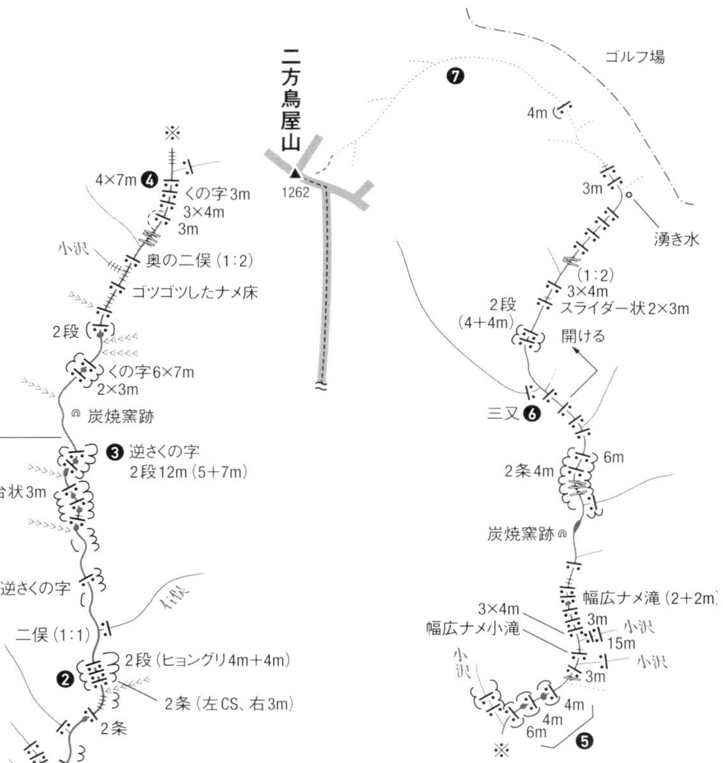

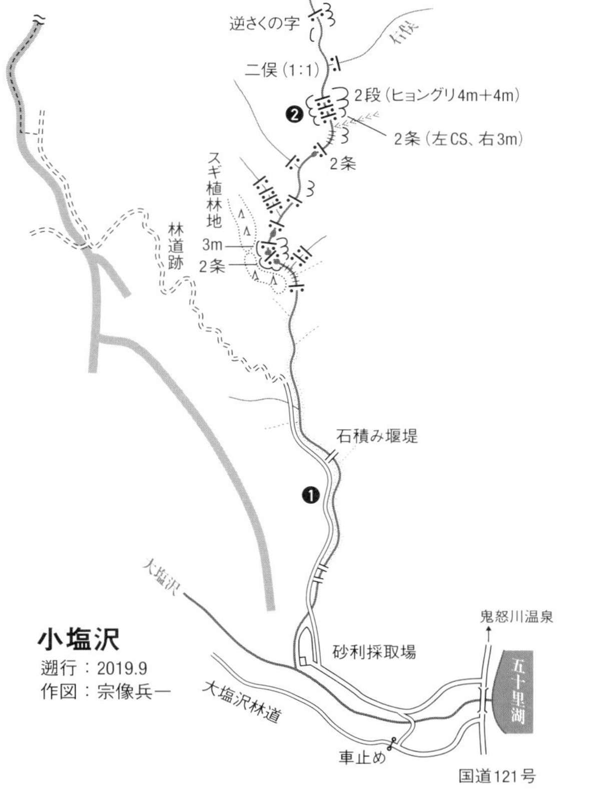

小塩沢

遡行：2019.9
作図：宗像兵一

❶下流部は平坦な河原が続くので、林道跡が河原に下るところから入渓するとよい。

❷手前の2条の滝は右の岩を登って越える。続く左岸がハングした2段8mは、左の岩場中央のクラック沿いを登る（Ⅲ）。

❸逆さくの字2段は小塩沢最大の滝。下段5mは右の水流沿いを登る。ホールドが手足ともに細かく、黒光りして滑りやすそうな滝だが難しくはない（Ⅲ－）。右側に立てかかった倒木を使って越える。続く上段7mは中央水流の薄いところから取り付き、上部はかぶり気味の左端の落ち口に上がる。ホールドが手足ともに細かく、落ち口付近はのっぺりとしたツルツルのナメ床なので注意。カムの効くところを探し、ランニングをとって慎重に登る（Ⅲ＋）。

❹ツルツルの傾斜の強いナメ滝。左の滝壁の岸沿いをフリクションで登る。

❺最初の6mは右を登る。続く釜の深い4mは右岸のホールドが細かい岩斜面を、落ち口に向かって斜上して越える。あまり上がりすぎると下りられなくなるので注意。次の4mは右側を登れる。

南アルプスの沢

山梨県側の南アルプスは、山麓までは首都圏から交通の便はよい。車利用なら高速道路網が整備され、奥多摩、奥秩父よりも比較的入渓しやすくなった山域だ。ただ南アルプスの沢は中・上級者向きのものが多いため、初級者にはなかなか入渓しにくいところでもある。

従来から登られてきた沢としては、まず野呂川上流域の小太郎山北面の扇沢、東面の小太郎沢が、鳳凰三山側では赤抜沢、シレイ沢が挙げられる。シレイ沢以外は中・上級者向きで、初級者はなかなか入渓しにくいのが実情だ。唯一、小仙丈ヶ岳南面の小仙丈沢が初級者向きとして挙げられるが、2019年の台風で広河原～北沢峠間の林道が崩落したため、当面は入渓できなくなっている。ほかに、沢慣れた人の同行を条件に初級者でも入渓可能な沢として、釜無川水系の神宮川（濁川）流域の笹ノ沢、ヤチキ沢、尾白川本谷、支流の鞍掛沢～乗越沢、大武川本谷が挙げられる。この水系の沢は岩がもろいので注意したい。

中部横断自動車道の工事が進み、富士川水系の沢にも入渓しやすくなった。早川流域、雨畑川流域、波木井川流域、戸栗川・福士川流域の沢は上級者向きの難しい沢が多いが、やはり沢慣れた人の同行のもとで初級者にも入渓可能な沢として、戸栗川流域の温井沢が挙げられる。ただ、この流域はヤマビルが多いのが難点だ。ほかに中級者向けとして、雨畑川流域の御馬谷、ギョウザがある。両沢とも水量が多いと難しく、充分な実力が必要となる。

本書では、しっかりとした指導者のもとでなら、初級者でも入渓可能な沢をいくつか取り上げてみた。

神宮川笹ノ沢のF2（末広がりの滝10×12m）

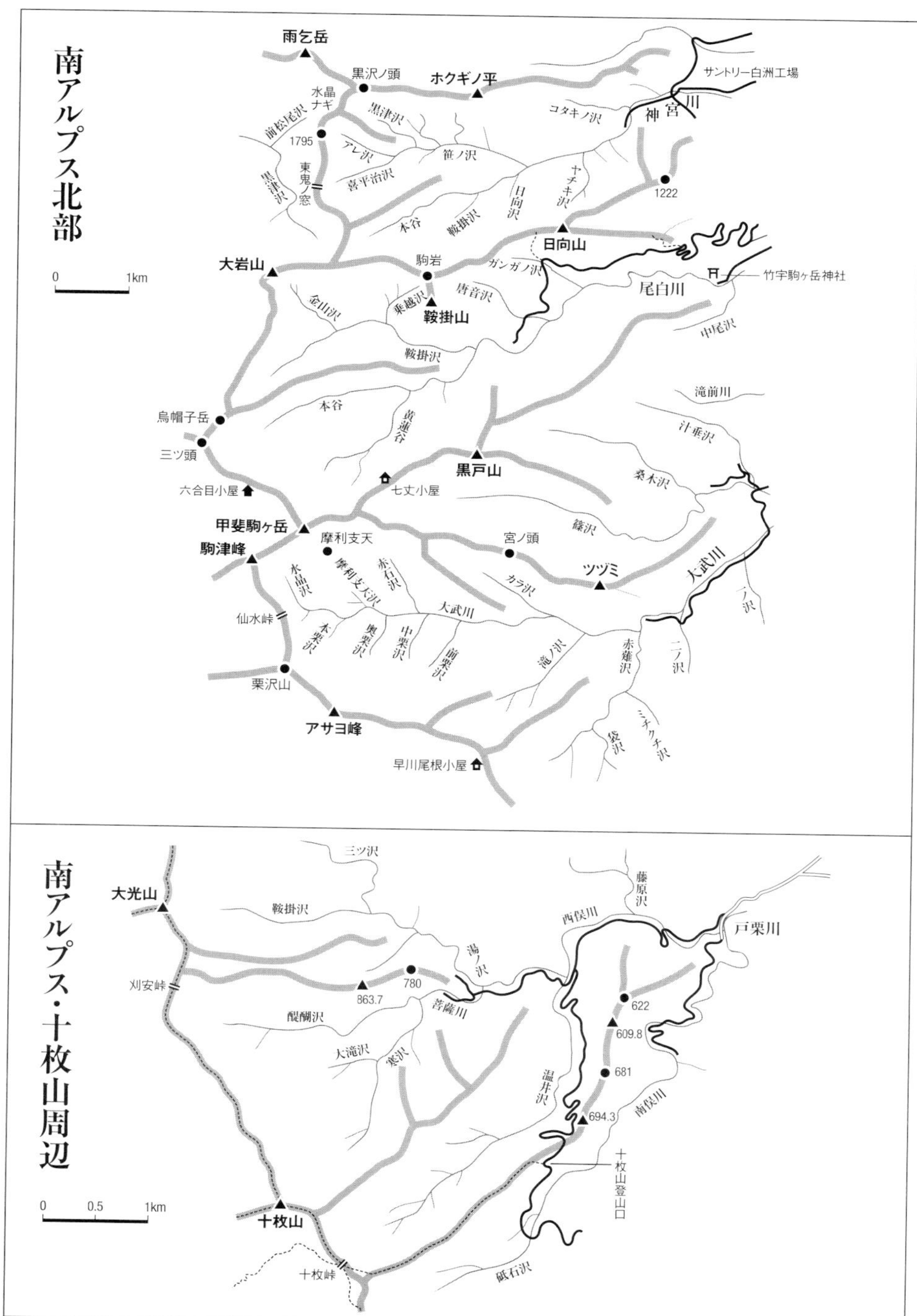
南アルプス北部
0
1km
雨乞岳
黒沢ノ頭
ホクギノ平
サントリー白州工場
水晶ナギ
前松尾沢
黒津沢
コタキノ沢
神宮川
1795
アレ沢
笹ノ沢
東鬼ノ窓
喜平治沢
ヤチキ沢
1222
黒津沢
日向沢
本谷
鞍掛沢
日向山
大岩山
駒岩
ガンガノ沢
竹宇駒ヶ岳神社
乗越沢
唐音沢
尾白川
金山沢
鞍掛山
中尾沢
鞍掛沢
滝前川
本谷
黄蓮谷
烏帽子岳
汁垂沢
三ツ頭
黒戸山
桑木沢
六合目小屋
七丈小屋
篠沢
甲斐駒ヶ岳
摩利支天
宮ノ頭
駒津峰
赤石沢
水晶沢
摩利支天沢
カラ沢
ツヅミ
大武川
一ノ沢
大武川
仙水峠
本栗沢
奥栗沢
中栗沢
前栗沢
滝ノ沢
赤薙沢
二ノ沢
栗沢山
アサヨ峰
袋沢
ミナクチ沢
早川尾根小屋
南アルプス・十枚山周辺
三ツ沢
藤原沢
大光山
鞍掛沢
西俣川
戸栗川
湯ノ沢
刈安峠
780
863.7
622
菩薩川
醍醐沢
609.8
大滝沢
寒沢
681
温井沢
南俣川
694.3
十枚山登山口
0
0.5
1km
十枚山
十枚峠
砥石沢

釜無川水系
神宮川

ヤチキ沢

初級 1級上／III(❸)
適期 5月〜11月中旬
日程 1日(遡行3時間)

短いが、コンパクトにまとまった沢

日向山の北面を水源とする小さな沢で、アイスクライミングのゲレンデとして登られることが多い。傾斜も強く、ほとんど休みなく5〜10mの滝を連続して懸け、その多くが登れる楽しい沢だ。また、北向きにもかかわらず沢が開け、花崗岩の白さで明るい。登る距離は短いがコンパクトにまとまり、下山もよいルートファインディングのトレーニングになるので、短時間でサクッと登るにはおすすめの沢だ。

アプローチ

林道をヤチキ沢の入渓点まで約15分。

下降ルート

1370m付近から日向山北東尾根に向かう踏み跡をたどり、北東尾根の1380m付近に出る。この踏み跡は所々不明瞭なので注意。北東尾根は旧登山道が所々残って、明瞭な道形となっている。1221.5ピークの手前から神宮(しんぐう)川の林道へ向かう明瞭な尾根に入り、踏み跡をたどって林道に出る。平坦部分になると踏み跡が不明瞭になるが、下りやすいところから林道に出る。ヤチキ沢終了点から北東尾根まで約20分、北東尾根から林道まで約50分。

アクセス　行き・帰り：JR日野春駅または小淵沢駅（タクシー約20分、約9km）神宮川車止め
マイカー情報　中央道須玉IC、長坂IC、小淵沢ICから釜無川対岸の国道20号へ出てサントリー白州工場方向へ向かい、工場南側を通る道へ入って、神宮川沿いの道を車止めまで。2019年6月現在、林道ゲート手前の神宮川を渡る地点が削られ、車はその手前まで。5〜6台の駐車スペースあり。
参考タイム　ヤチキ沢入口（50分）8mくの字滝（30分）二俣（55分）1370m付近終了点
標高差　440m　**装備**　基本装備
地図　長坂上条
温泉　尾白の湯（水曜休）☎0551-35-2800

2条6m上の大ナメを登る（❹）

くの字滝2段8m（❸）

❹2条6mは右岸の大きくえぐられた岩から簡単に登れる。滝上は沢床一面に広がるスラブ状ナメ滝がつながって、一連の大ナメ滝となっている。ナメ滝部分は非常に滑りやすく、できるだけ水流のない岩面の凸凹を拾いながらのフリクション登攀となる。

❺二俣は右のスラブ床に懸かるナメ滝の乾いたところをフリクション登攀する。水流部分は赤茶けた苔の張り付いた逆層、ヌメヌメのナメで登れない。

❻右岸を小さく巻いて落ち口に出る。

❼流れのある左沢の3連の滝に取り付く。

❽水の涸れたところから左側に踏み跡が出てくる。この踏み跡は所々不明瞭だが、ほぼ水平に日向山の北東尾根に向かって続いているので、ここで沢装備を解くとよい。

❶入口は白い砂礫が両岸に堆積し、沢床は水流のない花崗岩のザレとなっている。

❷白ザレのルンゼが2本入るところで沢は大きく右に曲がり、水流がスラブ岩で二分される。右は小滝、左はトイ状の流れ、その上から苔むした樹林に覆われた沢筋に変わる。

❸くの字状8mは右から登れるが上部は立っている。巻きは右に回り込んだところから。

ヤチキ沢

遡行：2019.6
作図：宗像兵一

釜無川水系 神宮川 笹(ささ)ノ沢

中級 2級／III
適期 5月下旬〜11月上旬
日程 1日（遡行4.5〜5時間）

大小の滝が連続する変化に富んだ楽しい沢

水晶ナギを水源にもつ笹ノ沢は、花崗岩の白さと白い砂床が際立つ明るい沢で、黒津沢との出合までは白砂に埋まった淵と大小の滝が次から次と懸かり、その中にゴルジュ状のところもあって変化に富んだ非常に楽しい沢だ。核心は出合から次々に懸かる大滝の処理で、その多くは登れないが、F3のトイ状25m以外は、巻き道は不明瞭だが左岸の段丘から高巻くことができる。黒津沢の出合には広い段丘があり泊まり場によいところだ。ここからは穏やかな流れとなり、アレ沢は小川のような流れとなって水晶ナギ下の鞍部に出る。

アクセス　行き・帰り：JR小淵沢駅（タクシー約20分、約9km）神宮川車止め
マイカー情報　中央道須玉IC、長坂IC、小淵沢ICから釜無川対岸の国道20号へ出てサントリー白州工場方向へ向かい、工場南側を通る道へ入って、神宮川沿いの道を車止めまで。2019年6月現在、林道ゲート手前の神宮川を渡る地点が削られ、車はその手前まで。5〜6台の駐車スペースあり。
参考タイム　林道終点（3時間10分）黒津沢出合（15分）アレ沢・喜平治沢出合（1時間20分）1700m付近稜線
標高差　640m
装備　基本装備
地図　長坂上条、甲斐駒ヶ岳
温泉　尾白の湯（水曜休）☎0551-35-2800

トイ状25m（❸）

アプローチ

車止めから林道終点まで約30分。

下降ルート

標高1700m付近稜線から薄い踏み跡をたどり、鞍部から水晶ナギまでは白い砂礫の斜面を登る。途中、踏み跡がわかりにくく前松尾沢側の樹林の尾根に引き込まれるが、水晶ナギをめざせば登山道に出られる。水晶ナギまで約20分。水晶ナギからは、立派な歩きやすい登山道を登山口まで約2時間。車止めへ戻るなら林道を約30分。

3段大滝は左岸に巻き道がある（❹）

カラ沢出合下流の大釜をもったナメ滝

横手ノ滝下の本谷

富士川水系
戸栗川

西保川温井沢（にしまたぬくい）

中級 2級／III
適期　4月下旬〜5月上旬、10月中旬〜11月上旬
日程　1日（遡行5.5〜6時間）

ヤマビルを避けて登る安倍奥山稜の変化に富んだ秘渓

十枚峠（じゅうまい）を源とする温井沢は、戸栗（とぐり）川水系のなかでは比較的やさしく登りやすい沢だ。ただこの周辺一帯はヤマビルが多く、ヤマビルを避けるには遡行時期が限られる。温井沢下部に架かる栃間橋から入渓するか、林道剣抜大洞線の途中の山道から下降して、下部連瀑帯の上流の河原から入渓する方法がある。下部連瀑帯は登れない滝や堰堤があり時間もかかるので、林道の途中から入渓するとよい。入渓点から上部も滝やゴルジュが所々に懸かり、変化に富んだなかなか楽しい沢だ。ただ、登れない滝も多く、遡行するパーティがほとんどいないので踏み跡もなく、高巻きのルート取りは難しい。滝の登攀も岩がもろく滑りやすいので特に注意が必要だ。最後までつめるのは時間的に難しいので、途中の右岸枝沢から登山道に上がるとよい。

アプローチ

路肩駐車スペースから温井沢に下る山道は不明瞭なので適当に沢に下る。なお、林道下の十枚山登山口バス停まで町営バスで入れるが、バス利用の場合日帰りは無理。

下降ルート

登山道を十枚山登山口まで約40分、登山口から駐車スペースまで約25分。

アクセス　行き：JR内船駅（タクシー約30分、約10km）温井沢下降点　**帰り**：十枚山登山口（タクシー約40分、約12km）JR内船駅
マイカー情報　中部横断道南部ICから国道52号を経て戸栗川沿いの県道809号に入り、十枚山登山口バス停の先で西保川と南保川に分かれる林道を右に入る。約2km進んだ分岐を左折して十枚山登山口方面への林道剣抜大洞線に入り、山道入口の駐車スペース（路肩1台程度）まで。
参考タイム　入渓点（1時間25分）❸入口6m滝（2時間20分）三俣（50分）1050m枝沢（50分）登山道
標高差　710m　**装備**　基本装備
地図　南部
温泉　なんぶの湯（無休）☎0556-64-2434

4m滝上から（❷）

13m滝（❻）

20m大滝（❼）

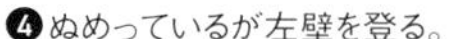
❹ぬめっているが左壁を登る。

❺1段目は右側壁から枝沢側に上がり、枝沢の滝下に下る。上段は大岩の右と左岸との間を登る。

❻右岸から上がり、懸垂で沢床に下りる。

❼右岸から上がり、下りは傾斜が急なので懸垂で下る。

❽右岸の急斜面を上がり高巻く。

❾入口（標高1050m）はわかりにくいが、沢に上がったところにワサビ田跡があるので、この沢をつめ、途中から左尾根側に斜上しながら登山道をめざすとよい。ヤブこぎはない。右岸枝沢に上がらず、そのまま本谷を上がってもワサビ田跡があり、水もすぐ涸れる。

温井沢

遡行：2018.11
作図：宗像兵一

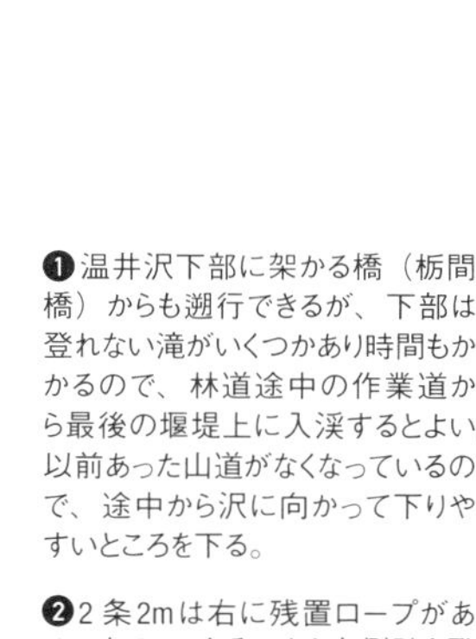
❶温井沢下部に架かる橋（栃間橋）からも遡行できるが、下部は登れない滝がいくつかあり時間もかかるので、林道途中の作業道から最後の堰堤上に入渓するとよい。以前あった山道がなくなっているので、途中から沢に向かって下りやすいところを下る。

❷2条2mは右に残置ロープがあり、上の4mもそのまま右側壁を登る。

❸直登する場合は、最初の6mは右から左側に移り上がる（Ⅲ+）が岩がもろいので要注意。次の7mは右を登る（Ⅲ）が滑りやすい。上段は簡単に登れる。巻きは左右どちらも可能だが左岸のほうが容易（直登すると遡行・ピッチグレードともに上がる）。

東京周辺その他

沢登りのエリアは、一部の沢を除き交通の便が悪く、日帰りもしくは1泊で行ける範囲は限られていた。近年は高速道路網の整備や、新幹線とレンタカーを組み合わせれば、かなり広範囲で行けるところが出てきている。ここでは首都圏から日帰りもしくは1泊で行ける、初級～中級者向きのルートの一部を紹介した。

谷川連峰の沢

首都圏からの交通の便もよく、アプローチも短いので入渓者が多く、紹介されることの多い山域だ。谷川連峰の沢は、群馬県側の利根(とね)川水系と新潟県側の魚野(うおの)川水系の2つに分けられる。

利根川水系には、谷川岳から白毛門(しらがもん)へと馬蹄形(ばていけい)に連なる山稜に囲まれた、湯檜曽(ゆびそ)川流域の沢がある。交通の便やアプローチの短さからよく登られる沢が多いが、ここ数年、毎年のように起きる大雨の被害で、湯檜曽川沿いの林道へ車の乗り入れができなくなった。アプローチが長くなったことで、谷川を代表する湯檜曽川本谷や湯檜曽川上流部の各支沢が、体力のない人には入渓が厳しくなっている。本書では、比較的短時間で遡行できる白樺沢を紹介している。谷川入門の沢として初級者に人気の白毛門沢があるが、本谷の東黒(ひがしくろ)沢も初級者向きのきれいな沢だ。ただ、この沢は稜線上に道がないので、途中で沢を下降しなければならない。ほかに谷川流域のヒツゴー沢や赤谷(あかや)川流域にも遡行価値の高い沢が多いが、谷川岳から平標(たいらっぴょう)山の主稜線南側の沢の入渓点付近は、最近ヤマビルが多くなっているので注意したい。

魚野川水系には有名な西ゼン、東ゼンをもつ仙ノ倉谷があり、谷川本峰から流下する万太郎谷本谷は、初級者に人気の名渓だ。また万太郎谷には中級・上級者向きの遡行価値の高い支谷が多い。関越トンネル付近で魚野川に流入する蓬(よもぎ)沢左岸の茂倉谷、檜又谷も遡行価値の高い沢だ。

ほかに大源太(だいげんた)山を水源とする大源太川の本谷である北沢、七ツ小屋山から清水峠の稜線を水源とする登川丸ノ沢左俣が、初級者向きの沢として登られる。

奥利根の沢

水上町藤原地区内の利根川上流部が奥利根山域といわれる。宝川流域には初級者に人気のナルミズ沢があるが、宝川林道終点付近に流入する板幽(いたゆう)沢もきれいなナメ滝を多く懸け、遡行して楽しい沢だ。矢木沢(やぎさわ)川流域で中級者向きの沢として登られるのは西メーグリ沢で、この沢を登り宝川の板幽沢を下山に使うパーティが多い。

矢木沢ダム上流の奥利根川源流部は入渓が不便で、利根川本谷をはじめ上級者向きの厳しい沢が多いが、奈良沢川本流のブサノ裏沢は巻機(まきはた)山の草原につめ上がる非常にきれいな中級～上級者向けの沢だ。

楢俣(ならまた)川流域は、奈良俣ダム上流へ向かう林道がゲートで封鎖され、林道歩きが長く入渓しにくくなっている。美渓といわれる楢俣川本流や右岸の沢は稜線上に道がないため入渓するパーティは少ないが、左岸の沢は尾瀬の至仏山登山道があるので、アプローチの林道歩きは長いが入渓しやすい沢が多い。左岸の沢では昔から狩小屋沢が至仏山への登路として登られていたが、最近はヘイズル沢がナメとナメ滝のきれいな沢として、初級者に人気の沢となっている。

巻機山・割引沢アイガメの滝

巻機山の沢

新潟県と群馬県との県境に位置する巻機(まきはた)山は、山頂部は牛ヶ岳、巻機山、割引(われめき)岳の山々を連ねて長く、五十沢(いかさわ)川流域左岸の沢と登(のぼり)川流域右岸の沢があり、群馬県側は奥利根の奈良沢川の源頭部でもある。

五十沢川流域は上級者向きの非常に厳しい沢が多く、初級～中級者向きの沢は登川右岸の沢に多い。特に巻機山本峰につめ上がる米子(こめこ)沢は沢登りを始めただれもが憧れる超人気の沢で、紅葉時はすばらしい景観を見せる。ただ残念なのは、日本百名山としての巻機山人気とともに、気軽に入れる沢なので事故が絶えない。地元から入渓禁止とされた時期もあった。初心者・初級者が沢登りの技術もなく簡単に遡行できる沢ではないので充分注意したい。井戸尾根登山道の反対側にも非常にきれいな初級者向きの三嵓(みつくら)沢がある。右岸の沢には傾斜の強いナメ滝の続く姥沢(うばさわ)川南ノ入沢や、北ノ入沢、広大なスラブ登攀の続く神字(かんじ)川金山沢といった中・上級者向けの沢があるが、下山に利用される金山沢と南ノ入沢との中間尾根の登山道が廃道化している。

そのほかの山域

本書では、難しい沢の多い奥只見のなかでも初級～中級者向けの沢として人気の恋(こい)ノ岐(また)川と、首都圏から比較的アクセスのよいところで、今まであまり紹介されたことのない初級～中級者向けの沢も挙げた。特に伊豆周辺は、沢に入れるところが少ない冬季に入渓するには手頃な沢だ。また、中央アルプスの幸(こう)ノ川や、名古屋周辺の人たちにはなじみのある南木曽(なぎそ)町の柿其(かきぞれ)川流域の岩倉川樽(たる)ヶ沢も紹介した。この周辺は非常に水がきれいで、すばらしい渓谷美を見せる沢が多い。首都圏からでも中央道を使えば日帰り圏内になったのはうれしい。

只見川水系

恋ノ岐川（こいまた）

中級 2級／III
適期 7月中旬〜10月中旬
日程 2〜3日（遡行14〜15時間）

奥只見の沢の入門ルート

恋ノ岐川は平ヶ岳（ひら）北面の沢のなかでは難しい滝やゴルジュもなく、美しいナメやナメ滝、釜を連続させて緩やかに流れる奥深く長い沢だ。イワナも多く、釣り人の入渓が絶えない。林道が延びていないので自然破壊を免れ、初級者も充分に奥只見（おくただみ）の沢の感触を味わえる美渓だ。

ただ下山が長く、入渓点に戻れる山道もない。このため、鷹ノ巣の平ヶ岳登山口に1台まわしておかなければ、車利用でも1泊2日の日程は厳しい。また、雪の多い年は7月まで多くの雪渓が残るので初級者には難しくなる。初級者同行の場合は2泊3日の余裕をもった日程とし、入渓時期も雪渓の消えるころを選びたい。ただし登山道周辺は原則幕営禁止なので、最終幕営地の選定は注意が必要だ。

アクセス　行き：JR浦佐駅・小出駅（タクシー約1時間30分、約55km）恋ノ岐橋
帰り：平ヶ岳入口（会津バス17分）尾瀬口船着場（奥只見観光渡船40分）奥只見ダム（南越後観光バス1時間20分）JR浦佐駅
マイカー情報　車は2台必要。関越道小出ICから国道352号を奥只見ダム方面へ向かい、シルバーライン、銀山平経由で恋ノ岐橋まで。もう1台はさらに奥の平ヶ岳登山口へまわしておく。恋ノ岐橋に駐車スペース、平ヶ岳登山口に無料駐車場あり。
参考タイム　恋ノ岐橋（4時間20分）三角沢出合（4時間）オホコ沢出合（5時間30分）登山道
標高差　1020m　**装備**　基本装備
地図　平ヶ岳、会津駒ヶ岳
温泉　白銀の湯（シーズン中無休）☎025-795-2611

アプローチ

恋ノ岐橋から入渓。恋ノ岐橋付近は車上荒らしの被害も多く注意を要する。

下降ルート

終了点から鷹ノ巣尾根を経て平ヶ岳登山口まで約4時間。下りたところがバス停だ。

登れる滝が多い

❻沢幅が狭く深い釜をもった小滝が多く懸かる。

❼右岸の小沢を上がると最短で登山道に上がれる。

❽40mの大ナメ滝は傾斜が強く、上部が難しい。初級者はロープが必要。大ナメ滝を越えて登山道が沢に最も近づくところから上がると、少しのササヤブこぎで登山道に出られる。そこから姫ノ池まで15分ほどだ。

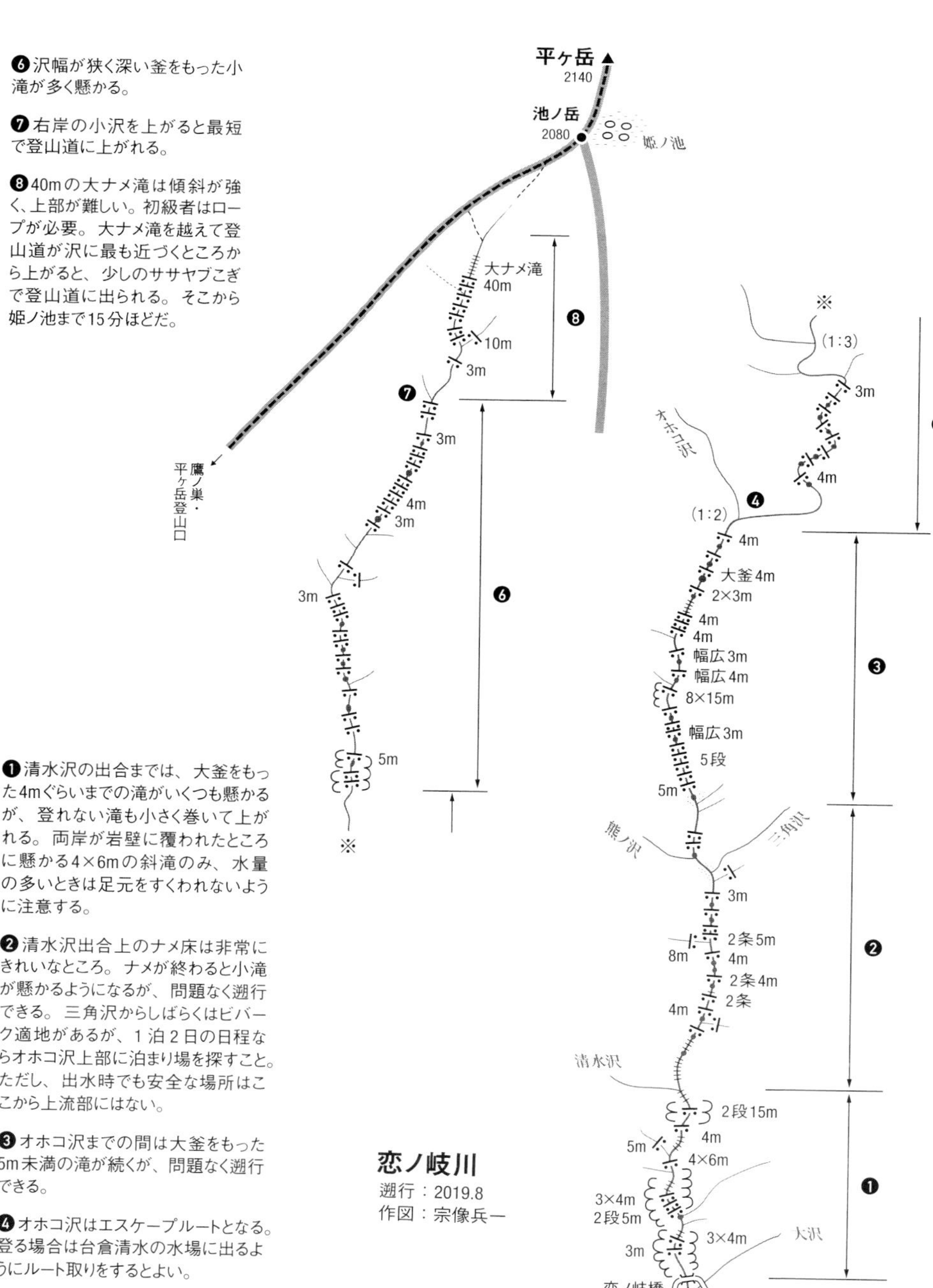

❶清水沢の出合までは、大釜をもった4mぐらいまでの滝がいくつも懸かるが、登れない滝も小さく巻いて上がれる。両岸が岩壁に覆われたところに懸かる4×6mの斜滝のみ、水量の多いときは足元をすくわれないように注意する。

❷清水沢出合上のナメ床は非常にきれいなところ。ナメが終わると小滝が懸かるようになるが、問題なく遡行できる。三角沢からしばらくはビバーク適地があるが、1泊2日の日程ならオホコ沢上部に泊まり場を探すこと。ただし、出水時でも安全な場所はここから上流部にはない。

❸オホコ沢までの間は大釜をもった5m未満の滝が続くが、問題なく遡行できる。

❹オホコ沢はエスケープルートとなる。登る場合は台倉清水の水場に出るようにルート取りをするとよい。

❺オホコ沢以遠は水量も少なくなるが、沢幅が狭く、深い淵をもった小滝が続く。上流部で唯一泊まり場となるところが得られるが、沢床に近く安全ではない。

恋ノ岐川

遡行：2019.8
作図：宗像兵一

魚野川水系
登川

割引沢ヌクビ沢三嵓沢

中級 1級上／III－
適期 7月中旬～10月
日程 1日（遡行3時間）

紅葉の時期におすすめの好ルート

前巻機山の南西面を水源とし、割引岳に発するヌクビ沢へ流れ下り、割引沢に合流する三嵓沢は、割引沢（天狗尾根）コースと避難道（巻道）コースの２つの入渓ルートがあり、避難道コースをたどってヌクビ沢から入渓するのが時間的に楽だ。ただ、一枚岩のスラブ床にナメとナメ滝を連続させた割引沢を遡行できる、明るく開豁な割引沢コースも捨てがたい。

ヌクビ沢はしばらくゴーロの渓相となるが、すぐに４段のスラブ状のナメ滝が懸かる布干岩となる。布干岩は、ツルツルのスラブ岩なのでスリップには要注意だ。三嵓沢は３～10mほどの滝を次々と懸け、そのほとんどが登れるので楽しい。ただ滝の多くはヌメリが強く注意が必要だ。ツメは灌木とササのミックスしたヤブになるが、うまくルートをとれば、それほどのヤブこぎもなく登山道に出られる。

アプローチ

清水バス停から桜坂駐車場まで約40分。さらに桜坂から天狗尾根、ヌクビ沢コースに入り、入渓点まで約１時間15分。途中、割引沢コースと避難道コースの分岐があるが、通常は避難道コースを行くとよい。沢コースは時間もかかるうえ、吹上ノ滝、アイガメノ滝付近に遅くまで雪渓が残り、この雪渓が消えた時期でないと厳しい。

下降ルート

終了点から井戸尾根登山道を下山して、桜坂駐車場まで約２時間。バス利用の場合は、さらに清水バス停まで約30分。

アクセス　行き・帰り：JR六日町駅（南越後観光バス35分）清水
マイカー情報　関越道塩沢石打ICから県道28号を塩沢方面に向かい、国道291号を右折し、清水集落を通って巻機山登山口の桜坂駐車場（有料）まで。
参考タイム　巻道コース入渓点（25分）三嵓沢出合（2時間20分）1800m付近登山道
※割引沢コース入渓点（1時間40分）巻道コース入渓点
標高差　780m
装備　基本装備
地図　巻機山
温泉　①金城の里（月曜休）☎025-782-1739　②湯らりあ（無休）☎025-770-0215

三嵓沢のF1・6m（❸）

布干岩を流れ落ちるナメ滝（❷）

❸三嵓沢のF1は左右どちらも登れるが、ぬめっているので注意。続く10mは左側を巻き気味に上がる。

❹右のバンドをトラバースして登る。

❺4mCSは右の沢に入り灌木帯をこいで滝上に出る。直登は中央を両サイドの大岩を利用して水流を浴びながら登る。

❻1770m付近から灌木とササのミックスしたヤブに入り、ヤブの薄いところを拾い、最後は膝程度のササ原をこいで登山道に出る。約20分のヤブこぎだが、ヤブが低いので見通しは利く。

❶スラブ床にナメとナメ滝が連続して懸かる非常にきれいなところ。一枚岩のナメとナメ滝はツルツルで滑りやすいので注意。難しい箇所は右岸にある沢コースの道を使って巻くとよい。アイガメノ滝は左側に残置ロープがある。

❷布干岩はツルツルのスラブ床で、スリップ要注意。

割引沢ヌクビ沢三嵓沢

遡行：2019.7
作図：宗像兵一

魚野川水系
登川

米子沢（こめこ）

中級 2級／III
適期 7月〜10月中旬
日程 1日（遡行4.5〜5.5時間）

沢登りを始めたら一度は行きたい、スケールの大きな美渓

日本百名山のひとつ、巻機（まきはた）山のおおらかな山容から流れ出るスケールの大きな明るい美渓。沢登りを始めた人なら一度は行ってみたいと思う沢である。東京近辺の沢では得られない、スケールの大きな景観と大ナメは見事。初級者でもしっかりとした指導者やリーダーのもとでならこの景観に浸れるという点も人気の理由だろう。

沢へは下部の最後のスリット堰堤から入渓。最初は河原歩きがしばらく続く。右岸からナメ沢が流入すると、ここからがこの沢の本番だ。連続する大きな滝を右岸の巻き道を使って沢に下りると、美しいナメ滝やスケールの大きな滝の連続となる。終盤は美しい大ナメが広がり、この沢を象徴する景観に癒やされクライマックスを迎える。そして、最後は穏やかな小川の流れとなり稜線に至る。

入渓者の多さゆえ事故も多い。スラブで構成された沢なので、滑落するとかなり下まで落ちてしまう危険性がある。登攀中のスリップには充分に気をつけてもらいたい。事故が多いため、地元では入渓を控えてほしいとのことなので、指導者・リーダーともども、くれぐれも慎重に行動されたい。

アプローチ

清水バス停から桜坂駐車場まで徒歩約40分。駐車場管理棟前の林道を10分ほどたどり、最後の堰堤下から入渓する。バス利用の場合、沢慣れたパーティ以外は日帰りは難しく、避難小屋泊まりとなる。

下降ルート

避難小屋から井戸尾根登山道を桜坂駐車場まで約2時間30分。バス利用の場合はさらに清水バス停まで約30分。

アクセス　行き・帰り：JR六日町駅（南越後観光バス35分）清水
マイカー情報　関越道塩沢石打ICから県道28号を塩沢方面に向かい、国道291号へ右折し、清水集落を通って巻機山登山口の桜沢駐車場（有料）まで。
参考タイム　入渓点（50分）ナメ沢出合（35分）栂ノ沢出合（1時間50分）大ナメ帯入口（1時間10分）二俣（25分）登山道
標高差　1070m
装備　基本装備
地図　巻機山
温泉　①金城の里（月曜休）☎025-782-1739　②湯らりあ（無休）☎025-770-0215

上／ゴルジュを見下ろす（❼）
下／大ナメ上部を行く（❿）

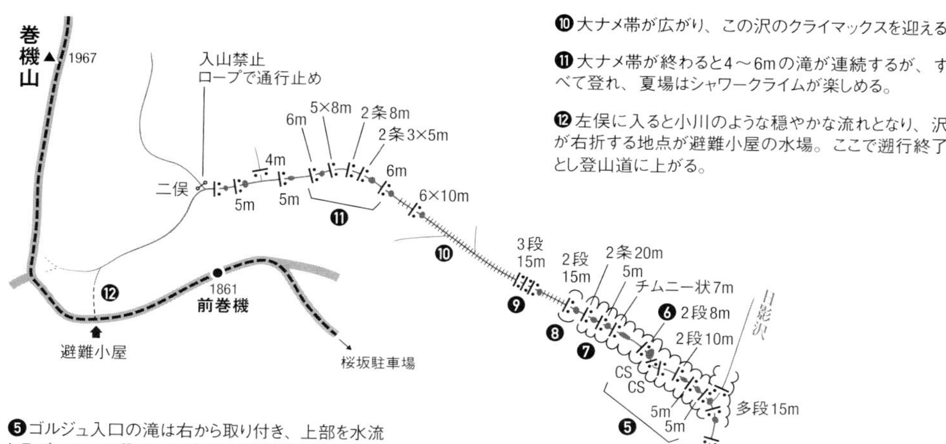

❿大ナメ帯が広がり、この沢のクライマックスを迎える。

⓫大ナメ帯が終わると4～6mの滝が連続するが、すべて登れ、夏場はシャワークライムが楽しめる。

⓬左俣に入ると小川のような穏やかな流れとなり、沢が右折する地点が避難小屋の水場。ここで遡行終了とし登山道に上がる。

❺ゴルジュ入口の滝は右から取り付き、上部を水流トラバース。2段10mは右壁を簡単に登れる。最初のCS滝は左岩壁に上がり、次のCS滝下にクライムダウンする。

❻CS滝上の広く深い釜をもった2段8mは、CS滝の右側を越えて、そのまま釜の右側をトラバースし右壁を登る。階段状の壁だが岩がもろいので注意。初級者にはロープを出してやるとよい。

❼チムニー状の滝は右側のバンドをたどると簡単に滝上に出る。続く5mは左壁に移り越えると2条20m下に出る。20mは右側に移り階段状の岩壁を登る。見た目は難しそうだが、手足ともにホールドがあるので意外に簡単に登れる。ただ高度感があるので、初級者にはロープを出してやるとよい。

❽15m2段の滝は1段目を右から登り、2段目は左のルンゼ状のところから上がる。水流左の残置スリングのラインも登れるが取り付くのが難しい。

❾右岸の草付帯から高巻く。途中に残置スリングがある。

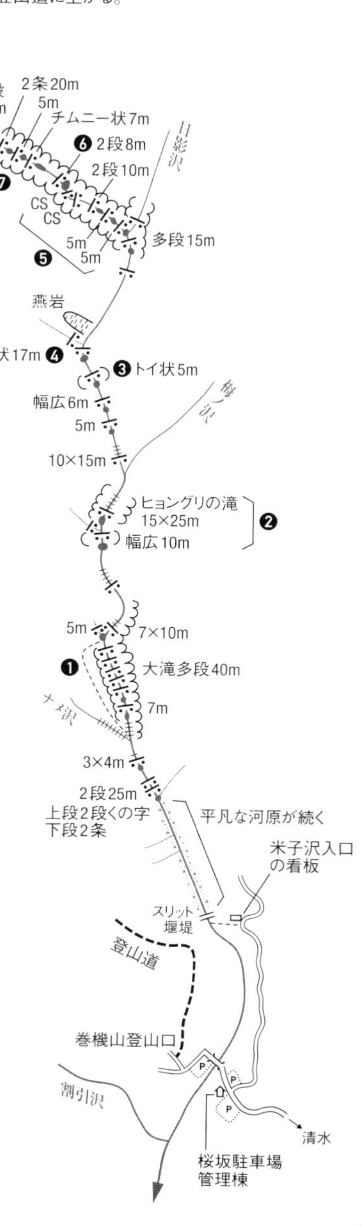

❶大滝はナメ沢との間の踏み跡をたどって高巻く。巻きすぎないように注意。

❷釜をもつ幅広の10m滝は左右どちらも登れるが、どちらも初級者にはロープが必要。続く深い釜をもったヒョングリの滝は右側のスラブ岩を登るが、ツルツルの岩床なのでスリップには充分注意する。

❸釜に浸かりトイ状部分に取り付いて登る。浸からずに行く場合は左壁のバンド沿いをトラバース気味に滝上に出る。いずれの場合も初級者にはロープが必要。

❹17m滝上に正面から小沢の滝が流入し、その右横には燕岩と呼ばれる岩峰がそびえ、17mスダレ状の滝を形成する滝壁が広がり、すばらしい景観をつくりだしている。

米子沢
遡行：2016.10
作図：宗像兵一

魚野川水系
大源太川

北沢本谷

中級 2級／Ⅲ+
適期 7月中旬〜10月中旬
日程 1日（遡行6〜7時間）

短いながらも変化に富んだ、流域を代表する沢

越後のマッターホルンと呼ばれる大源太山の西面を水源とする沢で、大源太川の本流である。中流部は水量の多い10m未満の滝を数多く懸け、三俣以遠の上流部はスラブ状の滝を連続させる変化に富んだ秀渓だ。ただ、ここも豪雪地帯の沢で、中流部のV字谷には7月中旬ごろまでズタズタの雪渓が残り、雪の多い年は厳しい遡行を強いられる。また源流部のスラブ滝は傾斜の強い草付のスラブで、逆層気味のところもあり緊張させられる。源頭部は森林限界を超え、草付スラブと灌木交じりのササ原と草地が広がり、非常に気持ちのよいところだ。ただし、三俣以遠の上流部の枝沢上部は密ヤブとなる。源頭部のスラブ帯まで忠実につめること。

アクセス **行き・帰り**：JR越後湯沢駅（南越後観光バス25分）旭原
マイカー情報 関越道湯沢ICから県道457号を大源太キャニオンへ向かい、旭原から太源太山登山口まで。登山口に駐車スペースがある。
参考タイム 村木沢出合入渓点（2時間40分）1100m付近三俣（3時間40分）1540m付近登山道（10分）大源太山
標高差 680m **装備** 基本装備
地図 茂倉岳、巻機山
温泉 岩の湯（水曜休）☎025-787-2787

アプローチ

旭原バス停から大源太山登山口を経て村木沢出合の入渓点まで約1時間30分。車利用の場合は登山口から約30分。

下降ルート

山頂から登山道を登山口まで約2時間。旭原までは約2時間50分。

大滝上段を直上する（❼）

❻左のクラック沿いを登る。

❼2段大滝の下段はスラブと右岸の壁沿いを上がり、かぶっている上段の滝との境のクラック沿いを左岸へ移り、上段の右壁を直上する。中段を斜め右上するところはヌメリが強く、上段の滝の水流を浴びるので要注意。以前は途中に残置支点があったが、2019年にはなくなっていた。

❽下段は水流右を上がり、中段で水流を浴びながら左に移り直上する。下段が非常にぬめっておりスリップ注意。

❾1段目はかなり狭く、ザックを引っかけないようにねじ上がり、中・上段は両手両足を突っ張って登る。通常は右の涸れ沢を少し上がり、草付を登って高巻く。

❿落ち口から傾斜の強いナメ部分に上がる一歩がいやらしい。落ち口の細かいフットホールドに立てないと苦しい。

⓫狭い岩の隙間から細かいホールドを拾って上がる。

⓬ほとんど水流のないスラブ滝は、手足ともにホールドが少なく、途中から右のブッシュ沿いを登る。続く8mのスラブ滝はホールドが細かいが快適に登れる。

⓭スラブ状の岩場を途中から右岸の灌木帯に上がり、灌木と草地の入り交じった斜面を直上し、登山道が見えてきたところから登山道に向かって草地の部分を拾って上がると、ヤブこぎなしにヤスケ尾根の登山道に出る。

❶左を簡単に登れる。右も水流左を登れるが、ミズゴケでぬめっているのでスリップ注意。水量の多いときはかなり水をかぶる。

❷深い釜をもった滝。釜の右側壁沿いを腰くらいまで浸かってへつり、右壁に取り付いて上がる。いったん左岸のバンドに上がり、右壁の取付にクライムダウンして登ることもできる。

❸4mCSは釜が深く、両岸とも立っているので難しいが、右壁にある残置支点を利用。ホールドが手足ともに細かくぬめっているので要注意。高巻きは左岸だが、灌木をつかんで強引に上がり、続く滝の上に出るようにルート取りをする。上がりすぎると下りられなくなるので注意。

❹左の水流をシャワークライムで登る。

❺ゴーロの中に釜をもった小滝が続く、なかなか楽しいところ。

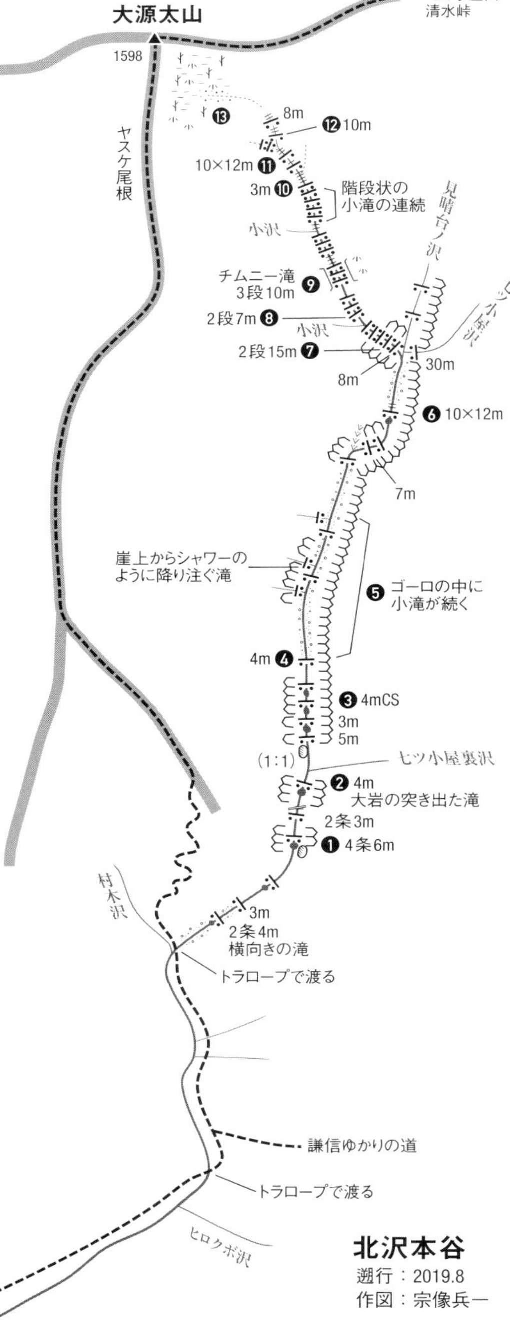

北沢本谷

遡行：2019.8
作図：宗像兵一

利根川水系 楢俣川 ヘイズル沢左俣右沢

中級	2級/III
適期	7月〜10月
日程	2日（遡行7〜8時間）

花崗岩のナメ床と滝のきれいな美渓

美渓として名高い楢俣（ならまた）川の支流で、小至仏（こしぶつ）山から笠ヶ岳の峰々の水を集めて楢俣川に流れ込む。水量も豊富で、楢俣川支流一の美渓といわれる。花崗岩の白い岩肌がつくりだす明るい沢床にナメやナメ滝を多く懸け、淡いグリーンの水の色は、遡行する人のだれもが絶賛する。「関東の赤木（あかぎ）沢」との呼び名もあるほどだ。ただ、この沢の欠点は、アプローチの林道歩きと下山の距離が長いことだ。

アプローチ

湯の小屋バス停から車道を進み、照葉荘（てるはそう）先の笠ヶ岳登山口の道標を左に入り、楢俣林道のゲート前に出てヘイズル沢出合上に架かる橋まで、徒歩約2時間20分。車利用の場合は駐車スペースからヘイズル沢出合まで約1時間30分。

アクセス　行き：JR上毛高原駅（関越交通バス25分）水上駅（同47分）湯の小屋
帰り：鳩待峠（関越交通バス35分）戸倉（同1時間22分）JR沼田駅
マイカー情報　関越道水上ICから国道291号を谷川岳方面へ進み、大穴交差点で県道63号へ右折し湯の小屋方面へ。湯の小屋バス停先の奈良俣ダム看板を左折、奈良俣トンネルを抜けたところを右折しキャンプ場分岐まで。分岐手前に駐車スペースあり。
参考タイム　入渓点（3時間20分）二俣（1時間30分）2段20m下（1時間30分）最後の堰堤（1時間30分）登山道
標高差　1180m　**装備**　基本装備
地図　藤原、至仏山
温泉　①湯元館（無休）☎0278-75-2501　②戸倉の湯（第2・4火曜休）☎0278-58-7263

下降ルート

登山道を鳩待（はとまち）峠まで1時間30分。車利用の場合は笠ヶ岳経由で駐車スペースまで約4時間。または鳩待峠に下山してタクシーで駐車スペースへ戻る。車が2台あれば、1台を津奈木（つなぎ）橋周辺にデポすると下山が楽になる。

15m大滝（❻）

白い花崗岩の明るい沢だ。3段12m大ナメ滝（❷）

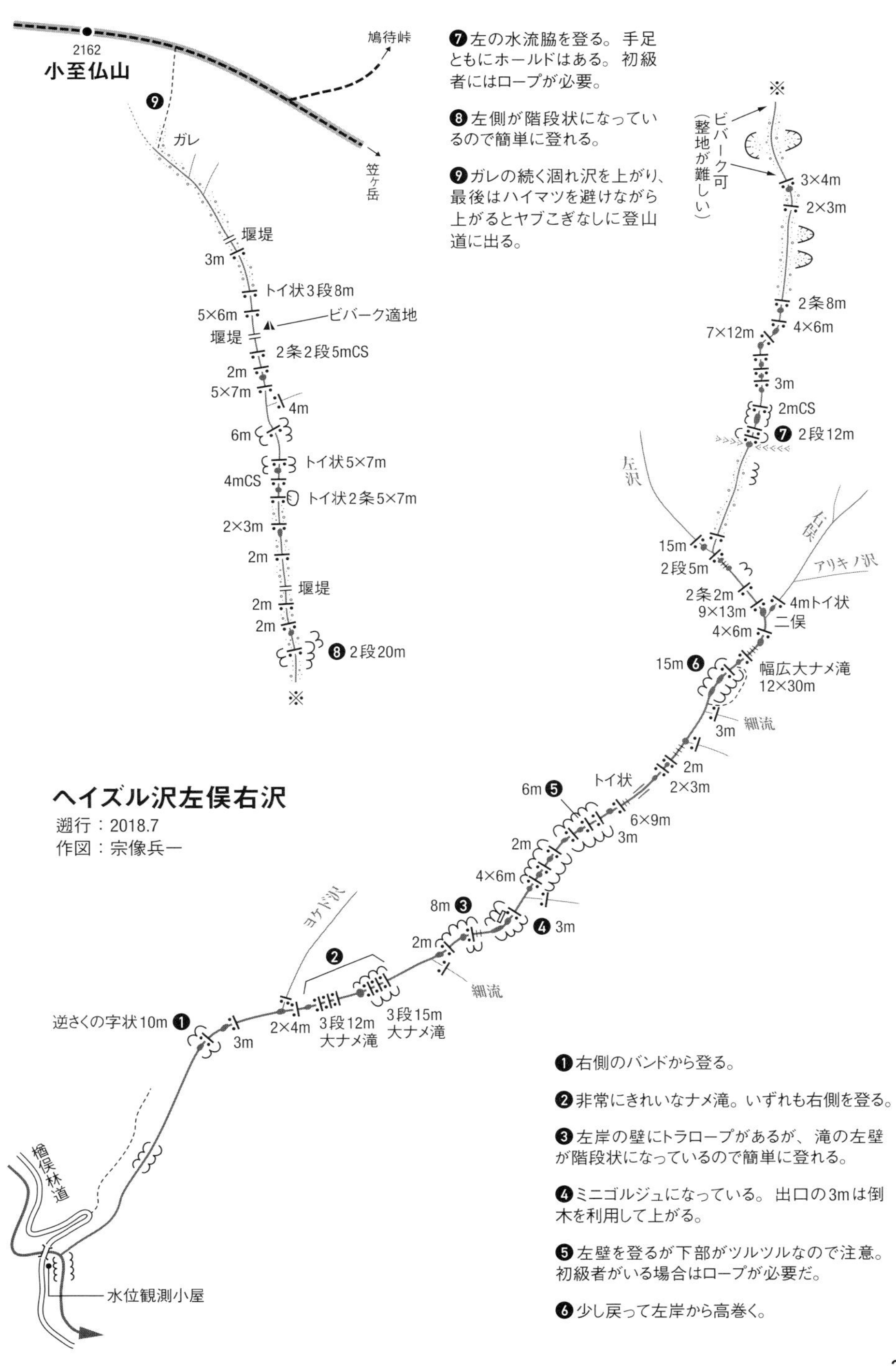

❼左の水流脇を登る。手足ともにホールドはある。初級者にはロープが必要。

❽左側が階段状になっているので簡単に登れる。

❾ガレの続く涸れ沢を上がり、最後はハイマツを避けながら上がるとヤブこぎなしに登山道に出る。

ヘイズル沢左俣右沢

遡行：2018.7
作図：宗像兵一

❶右側のバンドから登る。

❷非常にきれいなナメ滝。いずれも右側を登る。

❸左岸の壁にトラロープがあるが、滝の左壁が階段状になっているので簡単に登れる。

❹ミニゴルジュになっている。出口の3mは倒木を利用して上がる。

❺左壁を登るが下部がツルツルなので注意。初級者がいる場合はロープが必要だ。

❻少し戻って左岸から高巻く。

利根川水系
宝川

板幽沢（いたゆう）

初級 1級上／III(❷)
適期　7月〜10月
日程　1日（遡行3〜3.5時間）

ナメとナメ滝の連続する美渓

布引山（ぬのびき）を水源とする沢で、稜線上に道はなく、ヤブも濃く下山ルートが難しい。このため矢木沢（やぎさわ）川支流のメーグリ沢やナルミズ沢と結んで、沢から沢への継続ルートで使われることが多いようだ。下流部の巨岩ゴーロ帯と中ほどの広々とした河原は単調だが、大滝上部からはナメとナメ滝の連続する非常にきれいな沢なので、この沢だけ遡行しても充分楽しめる。特に紅葉に彩られる時期はすばらしい景観を見せる。

アプローチ

宝川入口バス停から板幽沢の橋まで約1時間25分。車利用の場合は宝川温泉駐車場から約1時間。

アクセス　行き・帰り：JR上毛高原駅（関越交通バス25分）JR水上駅（関越交通バス29分）宝川入口　※バスは本数が少ないため、バス利用での日帰りは難しい
マイカー情報　関越道水上ICから国道291号を谷川岳方面へ進み、大穴交差点で県道63号へ右折し、藤原湖上流部で左折し宝川方面へ。宝川温泉を過ぎた先にある無料駐車場まで。※2019年現在、この駐車場は宝川温泉利用者以外駐車禁止となっている。帰路に宝川温泉を利用するとよい。
参考タイム　板幽橋（1時間45分）大滝上（25分）布引沢出合（1時間15分）菊石沢出合
標高差　710m
装備　基本装備
地図　藤原、茂倉岳
温泉　①宝川温泉（無休）☎0278-75-2614　②湯テルメ谷川（第3木曜休）☎0278-72-2619

最初の滝上の大ナメ滝 ❶

下降ルート

稜線上に道はなくヤブが濃いので、菊石沢との出合で引き返し、沢を下降するとよい。林道まで約2時間20分。林道から車止めまで約45分。

大滝上からは適度に滝が懸かる（❷の上）

板幽沢

遡行：2019.10
作図：宗像兵一
※奥布引沢遡行図提供：渓人「流」

❶左側にある大岩の脇から登る。水量が多い場合は右岸から簡単に高巻けるが、巻きルートは次の大ナメ滝もいっしょに巻いてしまう。10×15m大ナメ滝は水流の左が登れる。

❷大滝は最初の3条6mは水量の少ない左の中央部から取り付いて登るが、取付が手足ともホールドが細かく微妙でロープが必要。上の8×12mは中央が登りやすいがスリップ注意。巻きは6m滝右側にトラロープあり。巻く場合はすべて巻くことになる。

❸左側が登れるが、取付の釜が深い。巻きは左岸。

❹5mは登れず、左右どちらも巻ける。

❺入口の滝の右岸側にトラロープがあるので、これを使って高巻く。

❻菊石沢は出合上に4mの直滝が懸かる。奥布引沢は4m程度の滝がいくつか懸かるが問題なく登れる。日帰りする場合は、菊石沢との出合か1480m付近二又で引き返す。

❼大滝の巻きルート途中の平坦地から尾根筋をめざして少し上がると山道が出てくる。昔の作業道のようだが比較的明瞭だ。下山はこの山道を使うとよい。スギ植林地の中に入ると道形が不明瞭になるが下草がないので比較的歩きやすい。できるだけ初沢沿いをたどると、初沢の林道ゲート付近の山道に出る。

利根川水系
湯檜曽川

東黒沢白毛門沢

（ひがしくろ しらがもん）

初級 1級上／III
適期 7月中旬～10月中旬
日程 1日（遡行5～5.5時間）

上越の快活"ナメとスラブ入門"の美渓

初級者でも上越らしい快活なナメと爽快なスラブを楽しめる渓といえば、この白毛門沢を推奨したい。入渓する東黒沢に連続するナメでは、朝日を浴びた水流がキラキラと足元に乱舞する。長大なナメの代表格が「ハナゲノ滝」で、増水時に白竜のごとくうねるスケールはまさに圧巻。続くナメの先で両門の滝となって左から出合うのが白毛門沢だ。白毛門沢に入ると階段状のナメや斜滝がトイをかけグングン高度を上げていく。1000m付近からは大小の滝が連続し、大滝「タラタラのセン」や、その上の大ナメ滝と巨岩付近は絶景だ。

右岸から水量の多い枝沢が入るとまもなく二俣で、ここは確実に右俣に入る。キスゲの咲く草付を、大空に向かってせり上がる白い沢筋。スケールの大きい上越らしいスラブの世界が始まる。乾いたスラブ帯から背丈の低いササヤブに入り、踏み跡を忠実にたどると、大パノラマが待つ白毛門山頂に飛び出る。

近年このエリアは、ナメを滑り降りるキャニオニングでにぎわう。のんびりとナメを楽しむには早朝の入渓が望ましい。また、夏場は雷雨の起きやすいところなので、特に源流部のスラブの露岩帯は要注意。水の出るのも早く、午後雷雨予報が出ているときは入渓を控えるか、午前中に遡行を終える計画にすること。

アプローチ

東黒沢を渡る橋の手前から右の踏み跡に入り、堰堤を越えたところから入渓する。

下降ルート

白毛門山頂から登山道を下る。登山口へ約2時間15分。

アクセス　行き・帰り：JR上毛高原駅（関越交通バス39分）またはJR水上駅（関越交通バス14分）土合橋
マイカー情報　関越道水上ICから国道291号を北上。JR土合駅先の踏切を渡り、左曲する急カーブの右奥に白毛門登山口駐車場（60台、無料）がある。夏場は早朝から満車になる場合があるので注意。
参考タイム　駐車場（50分）白毛門沢出合（1時間45分）大滝タラタラのセン（1時間）二俣（1時間20分）白毛門山頂
標高差　1030m
装備　基本装備
地図　茂倉岳
温泉　①湯テルメ谷川（第3木曜休）☎0278-72-2619　②鈴森の湯（第2・3・4水曜休）☎0278-72-4696

大滝タラタラのセン（❼）

ツバメタクシー（松井田駅・横川駅）☎027-393-1181
成和タクシー（下仁田駅）☎0274-82-2078
上信ハイヤー（下仁田駅）☎0274-82-2429
［入浴施設］ 碓氷峠の森公園交流館・峠の湯 ☎027-380-4000 営10:00〜21:00（最終受付20:30） 休第2・4火曜日
リブマックスリゾート軽井沢 ☎0267-41-3535 営7:30〜10:00、15:00〜22:00（最終受付21:00） 休無休
妙義ふれあいプラザ・もみじの湯 ☎0274-60-7600 営3〜11月10:00〜20:00、12〜2月10:00〜19:00（最終受付30分前） 休月曜日、年末
八千代温泉・芹の湯 ☎0274-84-3812 営10:00〜21:00 休木曜日、第2金曜日
下仁田温泉・清流荘 ☎0274-82-3077 営11:00〜14:30 休月2回不定休
星尾温泉・木の葉石の湯 ☎090-4733-4939 営11:00〜18:00 休月曜日
向屋温泉・ヴィラせせらぎ ☎0274-59-2585 営12:00〜20:00（月・木曜日は15:00〜、最終受付19:30） 休不定休
野栗沢温泉・すりばち荘 ☎0274-59-2161 営業11:00〜20:00 休不定休

■尾瀬・日光・足尾

［交通機関］ 会津バス（本社）☎0242-22-5560
尾瀬シャトルバス（御池〜沼山峠）／会津バス（田島）☎0241-62-0134
関越交通（沼田）☎0278-23-1111
関越交通（鎌田）☎0278-58-3311
関越交通（高速バス尾瀬号）☎0120-530215
東武バス日光 ☎0288-53-2100
日光低公害バス／栃木県立日光自然博物館 ☎0288-55-0880
日光市営バス／日光市市民環境部生活安全課 ☎0288-21-5151
鹿沼市リーバス／鹿沼市市民部生活課 ☎0289-63-2163
丸沼タクシー（沼田駅）☎0278-22-4018
関越交通タクシー（沼田駅）☎0278-24-5151
老神観光タクシー（老神温泉）☎0278-56-3311
大和交通（日光駅）☎0120-301717
中央交通（日光駅）☎0800-800-7878
足尾観光タクシー（間藤駅）☎0288-93-2222
［入浴施設］ 尾瀬檜枝岐温泉・燧の湯 ☎0241-75-2290 営4月下旬〜11月中旬6:00〜21:00（火曜日のみ12:00〜、最終受付20:30） 11月中旬〜4月下旬12:00〜21:00（最終受付20:30、土日祝日6:00〜） 休無休
会津高原温泉・夢の湯 ☎0241-66-3131 営10:00〜20:00 休第2・4木曜日
尾瀬ぷらり館・戸倉の湯／尾瀬戸倉観光協会 ☎0278-58-7263 営夏期10:00〜18:00、冬期12:00〜19:00 休夏期第2・4火曜日、冬期火・水曜日 ※夏期は4月29日〜10月末、冬期は12月21日〜4月末
寄居山温泉・ほっこりの湯 ☎0278-58-4568 営10:00〜20:00（土日祝〜21:00、最終受付30分前） 休第1・3水曜日
日光和の代温泉・やしおの湯 ☎0288-53-6611 営業10:00〜21:00（最終受付20:30） 休木曜日、年末年始
白根温泉・薬師之湯 ☎0278-58-4126 営4月下旬〜11月下旬10:00〜18:00、11月下旬〜4月下旬11:00〜19:00（最終受付30分前） 休無休
奥日光湯元温泉・五識の湯 ☎0288-62-2166 営11:00〜20:00（最終受付夏期19:00、冬期18:00） 休不定休
白沢高原温泉・望郷の湯 ☎0278-53-3939 営10:00〜21:00 休第2火曜日（8月は無休）
南郷温泉・しゃくなげの湯 ☎0278-20-0011 営10:00〜21:00 休木曜日
国民宿舎かじか荘（庚申の湯）☎0288-93-3420 営11:00〜20:00（土曜・休前日〜18:00）、シーズン期間等により終了時刻の繰り上げあり 休無休
前日光つつじの湯 ☎0289-86-1126 営3〜11月10:00〜21:00、12〜2月10:00〜20:00（最終受付1時間前） 休火曜日、年末年始

■那須・高原山

［交通機関］ 福島交通（白河）☎0248-23-3151
塩原自動車（那須塩原駅）☎0287-65-2121
黒磯観光タクシー（黒磯駅）☎0287-62-1526
那須合同自動車（黒磯駅）☎0287-62-0001
矢板ツーリング・タクシー（矢板駅）☎0287-43-1234
川治観光タクシー（川治湯元駅）☎0288-78-0240
トヨタレンタカー那須塩原駅前 ☎0287-65-3100 営8:00〜20:00
ニッポンレンタカー那須塩原駅前 ☎0570-090725 営8:00〜19:00（年末年始〜18:00）
ニコニコレンタカー矢板店（矢板駅）☎0287-43-0881 営8:00〜20:00
［入浴施設］ 甲子温泉・大黒屋 ☎0248-36-2301 営10:00〜15:00 休無休（冬期は水曜日休館）※恵比寿の湯（露天風呂）は〜13:00
ちゃぽランド西郷 ☎0248-36-2626 営4〜10月10:00〜21:30、11〜3月10:00〜21:00 休木曜日（夏休み・GW・年末年始を除く）
幸乃湯温泉 ☎0287-69-1126 営10:00〜21:00（最終受付20:00） 休無休
板室温泉・板室健康のゆグリーングリーン ☎0287-69-0232 営4〜10月10:00〜19:00、11〜3月10:00〜18:00 休第4水曜日、年末年始
みかえりの郷・彩花の湯 ☎0287-34-1126 営10:00〜22:00（最終受付21:00） 休第3水曜日
小滝鉱泉 ☎0287-43-0941 営9:00〜17:00 休無休

元湯温泉・ゑびすや ☎0287-32-3221　営10:10～14:00　休木曜日
秘湯の宿・元泉館 ☎0287-32-3155　営8:00～20:00(最終受付18:00)　休無休　※休前日、休日、繁忙期などは日帰り利用が制限される場合がある
元湯温泉・大出館 ☎0287-32-2438　営10:00～16:00(最終受付14:00)　休無休　※都合により入浴できない日もある
川治温泉・薬師の湯 ☎0288-78-0229　営10:00～21:00　休水曜日(年末年始・GWは無休)
道の駅湯西川・湯の郷 ☎0288-78-1222　営9:30～21:00(最終受付20:00)　休第3火曜日

■南アルプス

[交通機関]　山梨交通(本社) ☎055-223-0821
南アルプス市営バス／南アルプス市企業局 ☎055-282-2016　※運行期間中は、広河原インフォメーションセンター ☎090-2673-2406
南アルプス林道バス ☎0265-98-2821
三共タクシー(日野春駅) ☎0551-42-2328
大泉タクシー(長坂駅) ☎0551-32-3611
北杜タクシー(長坂駅) ☎0551-32-2055
大泉タクシー(小淵沢駅) ☎0551-36-2525
小淵沢タクシー(小淵沢駅) ☎0551-36-2525
南部交通(内船駅・井出駅) ☎0556-66-2125
[入浴施設]　甲斐駒ヶ岳温泉・尾白の湯 ☎0551-35-2800　営10:00～21:00(最終受付20:30)　休水曜日(GW・夏休み・年末年始は無休)
金山沢温泉 ☎055-288-2244　営4～6月土日祝日10:00～19:00、7～10月10:00～18:00(土日祝日～19:00)、11月1週の日祝日11:00～16:00　休4～6月平日、7～8月無休、9～10月火曜日、11月2週～4月第4金曜日冬期休業
森のなかの温泉・なんぶの湯 ☎0556-64-2434　営10:30～21:00(最終受付20:00)　休無休

■東京周辺その他

[交通機関]　会津バス(田島) ☎0241-62-0134
奥只見観光(遊覧船) ☎025-795-2242
南越後観光バス(小出営業所:浦佐～奥只見ダム) ☎025-792-8114
南越後観光バス(湯沢車庫:湯沢駅前～旭原) ☎025-784-3321
南越後観光バス(六日町営業所:六日町～清水) ☎025-773-2573
関越交通(沼田) ☎0278-23-1111
茨城交通 ☎029-251-2335
箱根登山バス(湯河原) ☎0465-62-2776
浦佐タクシー(浦佐駅) ☎025-777-3456
やまとタクシー(浦佐駅) ☎0120-133141
観光タクシー(小出駅) ☎025-792-1100
小出タクシー(小出駅) ☎025-792-0019
新治タクシー(水上駅) ☎0278-62-3111
太田駅前タクシー(常陸太田駅) ☎0294-72-0122
新星タクシー(常陸太田駅) ☎0294-72-1266
湯河原タクシー(湯河原駅) ☎0465-62-3718
伊豆箱根交通(修善寺駅) ☎0558-72-1811
おんたけタクシー(木曽福島駅) ☎0264-22-2525
木曽交通(木曽福島駅) ☎0264-22-3666
南木曽観光タクシー野尻案内所(野尻駅・十二兼駅) ☎0264-55-4155
南木曽観光タクシー(南木曽駅) ☎0264-57-3133
トヨタレンタリース静岡修善寺駅前店 ☎0558-74-0100　営8:00～20:00
日産レンタカー修善寺駅前店 ☎0558-72-2332　営8:30～19:00
駅レンタカー木曽福島営業所 ☎0264-23-3060　営9:00～18:00
日産レンタカー木曽福島店 ☎0264-24-0323　営9:00～18:00
[入浴施設]　銀山平温泉・白銀の湯 ☎025-795-2611　営4月上旬～11月上旬10:00～20:00(最終受付19:00)　休シーズン中無休、冬期休館
島新田温泉・金城の里 ☎025-782-1739　営10:00～21:00(最終受付20:30)　休月曜日
六日町温泉・湯らりあ ☎025-770-0215　営9:00～21:00(最終受付20:30)　休無休
湯沢温泉・岩の湯 ☎025-787-2787　営10:00～21:00(最終受付20:30)　休水曜日
湯の小屋温泉・湯元館 ☎0278-75-2501　営11:00～19:00(土日祝10:00～、冬期は17:00まで)　休無休
尾瀬ぷらり館・戸倉の湯→尾瀬・日光・足尾参照
宝川温泉 ☎0278-75-2614　営9:00～17:00(最終受付16:00、利用時間4時間)　休無休
谷川温泉・湯テルメ谷川 ☎0278-72-2619　営10:00～20:30(最終受付20:00、7～10月は9:00～20:30)　休第3木曜日
仏岩温泉・鈴森の湯 ☎0278-72-4696　営平日11:00～20:30、土日祝10:00～21:00(最終受付1時間前)　休第2・3・4水曜日(8月は無休)
竜っちゃん乃湯 ☎0294-87-0543　営10:00～20:00(最終受付19:00)　休水曜日、年末年始
みやかみの湯(奥湯河原温泉) ☎0465-20-7538　営7:00～23:00(最終受付22:00)　休無休
ニューウェルシティ湯河原・いずみの湯 ☎0465-63-3721　営11:00～翌朝9:00　休無休
船原温泉・湯治場ほたる ☎0558-75-1028　営11:00～20:00(最終受付19:00)　休水・木曜日
テルメいづみ園(湯ヶ島温泉) ☎0558-85-2455　営10:00～21:30(平日3時間・日祝2時間まで、最終受付21:00)　休火曜日
木曽駒天神温泉・国民宿舎青雲荘 ☎0264-24-2800　営8:30～22:00(最終受付21:30)　休無休
木曽福島代山温泉・せせらぎの四季 ☎0264-24-2626　営10:00～21:00(最終受付20:30)　休水曜日
柿其温泉・渓谷の宿いちかわ ☎0264-57-2655　営10:00～20:00　休不定休

宗像 兵一（むなかた・ひょういち）

1947年生まれ。1970年ごろから本格的に沢登りを始め、北海道から四国・九州まで広範囲に足を延ばす。3月から11月のほとんどを沢登りに費やし、遡下降した沢は数知れず。特に、東北・朝日連峰の沢への思い入れは強く、その集大成ともいえる『朝日連峰 水源の沢』（私家版）をまとめる。沢から沢へ、沢から頂へと山谷を縦横に歩きまわる沢登りを好み、主宰する沢登りの教室の講習で年間100日を超える遡行をこなす。共著・編著に『登山技術全書 沢登り』『東京起点 沢登りルート120』（ともに山と溪谷社）、『東京周辺の沢』（白山書房）ほか。沢登り・登山スクール「溪友塾」主宰。

『朝日連峰 水源の沢』

新版 東京起点 沢登りルート100

2020年7月30日　初版第1刷発行

著　者　宗像兵一
発行人　川崎深雪
発行所　株式会社 山と溪谷社
〒101-0051
東京都千代田区神田神保町1丁目105番地
https://www.yamakei.co.jp/

印刷・製本　大日本印刷株式会社

■乱丁・落丁のお問合せ先
山と溪谷社自動応答サービス☎03-6837-5018
受付時間／10:00～12:00、13:00～17:30（土日、祝日除く）

■内容に関するお問合せ先
山と溪谷社☎03-6744-1900（代表）

■書店・取次様からのお問合せ先
山と溪谷社受注センター
☎03-6744-1919　FAX03-6744-1927

＊定価はカバーに表示してあります。
＊乱丁・落丁本などの不良品は、送料当社負担でお取り替えいたします。

ISBN978-4-635-18054-2